GEORG MARKUS

Wenn man trotzdem lacht

GEORG MARKUS

Wenn man trotzdem lacht

Geschichte und Geschichten
des österreichischen Humors

Mit 65 Abbildungen

AMALTHEA

Bildnachweis

Kövesdi (Seite 23), Kraft (30, 135), Simpl-Archiv (32), G. Lion (43), Bildarchiv der Österreichischen Nationalbibliothek (50), IMAGNO (55, 71, 79, 86, 91, 105, 119, 124, 141, 167, 186, 219, 231, 243, 254, 256, 266), IMAGNO/Österreichische Nationalbibliothek (59), Institut für Zeitgeschichte/Universität Wien (64), Hans Moser Nachlass, Wiener Stadt- und Landesbibliothek (68), Bil Spira (108), Fritz C. Maier (112), Doliwa (114, 307), Sigmund Freud Copyrights Ltd., London (155), Middleton/ New York Times (181), Privatarchiv Ronald Leopoldi (192), Rudolf Angerer (204), Votava (209), Theater in der Josefstadt (223), Nikolaus Haenel (225), Erich Lessing (229), picturedesk/ORF (236, 275, 299, 311, 313, 334), Privatarchiv Löwinger (249, 251), Privatarchiv Christian Weinheber-Janota (259), Fred Riedmann/Kurier (262), Kindermann (293), Gerhard Sokol/Kurier (321) sowie Amalthea Verlag, Privatarchiv des Autors und Kurier-Archiv.

Der Verlag hat alle Rechte abgeklärt. Konnten in einzelnen Fällen die Rechteinhaber der reproduzierten Bilder nicht ausfindig gemacht werden, bitten wir Sie, dem Verlag bestehende Ansprüche zu melden.

Besuchen Sie uns im Internet unter:
www.amalthea.at

© 2012 by Amalthea Signum Verlag, Wien
Alle Rechte vorbehalten
Umschlagsgestaltung: Kurt Hamtil, Verlagsbüro Wien
Umschlagfotos Vorderseite: Johann Nestroy/IMAGNO, Helmut Qualtinger/ Erich Lessing, Karl Farkas/IMAGNO, Maxi Böhm/Gerhard Bartl, Hans Moser/ Archiv; Rückseite: Peter Altenberg/IMAGNO, Gerhard Bronner/privat, Ernst Waldbrunn/Gerhard Sokol, Cissy Kraner/Doliwa, Fritz Grünbaum/IMAGNO
Herstellung und Satz: VerlagsService Dr. Helmut Neuberger & Karl Schaumann GmbH, Heimstetten
Gesetzt aus der 12,5/17,15 Goudy
Printed in the EU
ISBN 978-3-85002-804-2

Für Daniela, Mathias und Moritz,
die meinem Leben
viel Humor schenken

INHALT

MAN MUSS SCHON SEHR VIEL HUMOR HABEN
Fast kein Vorwort

Vorwörter pflegen ernsthaft zu beschreiben, was auf den folgenden 340 Seiten eines Buches stehen wird. Soll man aber ein Buch, das die Geschichte des österreichischen Humors erzählt, mit ernsthaften Worten beginnen? Das würde so manchen Leser zu Recht dazu bringen, es gleich wieder beiseitezulegen.

Wozu also ein Vorwort? Ich kann Sie beruhigen: Es ist keines – oder besser gesagt – *fast* keines. Dieses Buch erzählt die Geschichte des österreichischen Humors anhand der Biografien und einzelner Anekdoten seiner Schöpfer und Interpreten. Und anhand zahlreicher Beispiele, die diesen Humor dokumentieren. Die Beispiele können nur in Auszügen wiedergegeben werden, denn würde ich ganze Kabarettnummern, Satiren, Chansons oder Witzsammlungen zitieren, entstünde kein Buch, sondern ein 24-bändiger Brockhaus des österreichischen Humors. Ja, in diesem Land findet man, sobald man sich auf die Suche begibt, eine unglaubliche Fülle an Pointen.

Sie werden hier Neues, Ihnen noch Unbekanntes finden, aber auch manch »alten Bekannten«, denn was wäre ein Humorbuch ohne Klassiker, wie das eine oder andere Nestroy-Zitat, den *G'schupften Ferdl* und diese oder jene Doppelconférence der Herren Farkas und Waldbrunn.

Dass ich nur *fast* kein Vorwort schreibe, liegt daran, dass ich erwähnen muss, dass dieses Buch in dieser Form nicht entstanden wäre, hätte ich nicht das Glück gehabt, vielen legendären Meistern

15

des österreichischen Humors persönlich begegnet zu sein. Ich konnte sie noch fragen und erhielt auf diese Weise wertvolle Geschichten und Hinweise aus erster Hand. Unter ihnen waren Karl Farkas, Helmut Qualtinger, Gerhard Bronner, Georg Kreisler, Maxi Böhm, Heinz Conrads, Fritz Eckhardt, Paul Hörbiger, Stella Kadmon, Fritz Muliar, Helly Möslein, Bobby Pirron, Friedrich Torberg, Hans Weigel, Ernst Waldbrunn, Peter Wehle, Paul Löwinger, Martin Flossmann, Cissy Kraner und Hugo Wiener. Was sie mir erzählten, ist Teil dieses Buches.

Zu danken habe ich auch Erika Conrads, Felix Dvorak, Erwin Javor, Peter Minich, Guggi Löwinger, Elfriede Ott, Vera Borek, Louise Martini, Trude Marzik, Helmut Zwickl, Ronald Leopoldi und Carina Kerschbaumsteiner, Maximilian Deym und Victoria Bauernberger vom Amalthea-Verlag sowie Dietmar Schmitz. Und ganz besonders Ulrich Schulenburg und Maria Teuchmann vom Thomas-Sessler-Verlag.

Jemand hat einmal auf die Frage, warum es gerade in Österreich eine solche Vielfalt von Humor gibt, geantwortet: »Weil man schon sehr viel Humor haben muss, um in diesem Land leben zu können.«

Damit ist alles gesagt, und ich hör jetzt auf, bevor das noch ein wirkliches Vorwort wird.

Georg Markus
Wien, im August 2012

Woher der Wiener Schmäh kommt

Eine Spurensuche

»Aber bitte keine Namen«
Der Humor der Österreicher

Man kann dem Österreicher so manches nachsagen, nur eines nicht: humorlos zu sein. Das Lachen ist hierzulande von geradezu existenzieller Bedeutung und die Heiterkeit mit der anderer Völker nicht vergleichbar. Es gab zu allen Zeiten Menschen, die ihren Frohsinn nicht verloren hatten – selbst dann, wenn die Umstände ganz und gar nicht danach waren. Zu den mit einer eigenen Humorbegabung ausgestatteten Österreichern zählten berühmte Satiriker, Kabarettisten und Komödianten, aber auch einfache Leute, denen der Schmäh in die Wiege gelegt wurde.

Paul Morgan war ein Profi. Seine Karriere begann gerade, als die österreichisch-ungarische Monarchie ihrem Ende entgegensah, er stellte sich auf Wiener Kabarettbühnen und erzählte lebensnahe Geschichten – wie die von Herrn Pinkus, den ein Problem plagte, das manch einem bekannt vorkommen wird:

> »Sie scheinen ein diskreter Mensch zu sein«, sagte Herr Pinkus zu mir, »ich kann Ihnen also getrost anvertrauen, was mir gestern passierte. Ich gehe durch die ... na, wie heißt die Straße gleich rechts von der ..., die parallel zur ... Dingsda läuft. Gegenüber liegt der ... -platz, wo an der Ecke das Café ... Also, wie ich so gehe, begegne ich der kleinen blonden Frau ... Wie heißt sie bloß, Sie kennen sie bestimmt. Ihr Mann hat die Lederhandlung in der Dingsstraße, seinen Kompagnon kennen Sie auch ... dessen erste Frau war eine geborene ... – Herrgott noch einmal, die dicke Frau, sie liegt mir auf der Zunge.

Also, die blonde Frau erzählt mir, ihr Mann wäre verreist nach ... wie heißt das Nest da oben bei ... Wir unterhalten uns – wer kommt des Weges? Der Herr ... dieser lange, magere Mensch ... Sie wissen schon, wen ich meine. Nun, der sieht mich mit der kleinen Frau, glaubt Gott weiß was und sagt, er wird's ihrem Manne schreiben, dem Dingsda, der jetzt in Dings ist.

Na, was sagen Sie zu der Gemeinheit, mir solche Dinge zu sagen?«

Zu guter Letzt verabschiedete sich Herr Pinkus von Paul Morgan mit den Worten: »Sie können die Geschichte meinetwegen jedem weitererzählen – aber bitte keine Namen!«

Das also ist der Wiener Schmäh. Er kommt – um es ganz offen zu sagen – von überall her, nur nicht aus Wien, wie Hans Weigel, ein Kenner des Heiteren, nachwies: »Der österreichische Komiker Girardi hatte einen italienischen Namen, und seine große Antipodin, die Wiener Volksschauspielerin Hansi Niese, stammte aus Sachsen. Nestroy war böhmischen Ursprungs, Ödön von Horváth balkanisch-magyarisch, selbst das Herrscherhaus wurde aus der Schweiz importiert, und das Wiener Schnitzel stammt aus Italien.« Die Liste lässt sich beliebig fortsetzen: Hans Moser, der eigentlich Julier hieß, hatte französische Ahnen, die von Karl Farkas kamen aus Ungarn, Fritz Grünbaum wurde in Brünn und Paul Hörbiger in Budapest geboren.

Was, bitte sehr, ist dann das Österreichische am Wiener Schmäh?

Nun, es ist genau diese Mischung, die den Bewohnern des Landes zu einem so ausgeprägt hohen Maß an guter Laune verholfen hat.

Den Humor in der Form, wie wir ihn heute kennen, gibt es seit knapp zweihundert Jahren, beginnend mit Nestroy und Raimund. Was davor war, ist schwer mit unserem Heiterkeitsverständnis zu vereinbaren. Scherze, die der vornestroyanischen Zeit entstammen, können uns nicht mehr zum Lachen bringen, selbst der berühmte Komiker Stranitzky* würde uns mit seinen Reimen, die er – als Wiener Mädel verkleidet – vortrug, kaum ein Schmunzeln entlocken, zu sehr haben sich die Zeiten geändert. In schier endlos langen Strophen jammert Stranitzky als ewige Jungfrau, weil kein Mannsbild an ihm/ihr picken bleiben will, bis er/sie endlich zum Schluss kommt:

> Alle Morgen früh, fall ich nieder auf die Knie,
> Und ruf alle Götter an, mir zu geben einen Mann!
> Mag er bucklig sein – haben auch ein halbes Bein,
> Mag er hinken oder stinken,
> Nur dass ich nicht bleib allein!

Die Leute haben damals gebrüllt vor Lachen, und Stranitzky war ihr Abgott, eine Art Heinz Conrads der Barockzeit, aber es war nicht unser Humor, bestenfalls ein Vorläufer desselben. Wesentlich näher kommen wir der Sache, sobald wir uns den Pointen des Theatergenies Johann Nestroy nähern. Sein Satz

> Die Phönizier haben das Geld erfunden – aber warum so wenig?

würde jedem modernen Kabarettprogramm ebensolche Lacher bescheren wie zu seiner Zeit. Und dieses Zitat von zeitlosem Witz ist nur eines von Hunderten, die er uns hinterlassen hat.

---

* Josef Anton Stranitzky (1676–1726) schuf die Figur des Wiener »Hanswurst«

20

Das Wort *Schmäh* bedeutet in Österreich eigentlich Lüge, aber unter *Wiener Schmäh* versteht man den Humor der Bewohner dieser Stadt. Wiener Schmäh haben, heißt nicht einfach lustig sein, er beinhaltet auch Melancholie, Sarkasmus und ein bisserl Bösartigkeit. Der Schmäh war und ist in allen Schichten zu Hause, an der Ringstraße wie in der Vorstadt, auch wenn er da nasal und dort im tiefsten Dialekt vorgetragen wird. Den Wiener Schmäh beherrschen Sektionschefs und Prostituierte, Kutscher und Rechtsanwälte, Oberärzte und Unterläufel.

Eine Frau war gestorben. An ihrem offenen Grab stand ihr Gatte neben dem Hausfreund. Der Hausfreund war völlig gebrochen und weinte fassungslos. Schließlich legte der Gatte tröstend seinen Arm um die Schulter des anderen und meinte: »Nimm's nicht so schwer. Ich werde sicher noch einmal heiraten!«

Während die Deutschen den Wiener Schmäh - so sie ihn mundartlich verstehen - im Allgemeinen lieben und heute noch für dessen große Vertreter Hans Moser, Paul Hörbiger und Peter Alexander schwärmen, kommt es umgekehrt selten vor, dass der Wiener für deutschen Ulk - auch Schnurre, Klamauk oder Narretei genannt - ein besonderes Faible entwickelt, Loriot und Heinz Erhardt vielleicht ausgenommen. »Der Wiener fällt auf den Schmäh nur selten herein«, meinte Wiens Lokalphilosoph Jörg Mauthe, »der Fremde aber mit Sicherheit. Er nennt's dann Wiener Charme«.

Zu Österreichs bedeutendsten Satirikern neben Nestroy und Raimund zählen Karl Kraus, Egon Friedell, Alfred Polgar, Fritz Grünbaum, Helmut Qualtinger und Karl Farkas - um mit einer wirklich winzig kleinen Auswahl anhand weniger Beispiele zu beginnen.

Karl Kraus:

Der Wiener wird nie untergeh'n, sondern im Gegenteil, immer hinaufgehen und sich's richten.

Egon Friedell:

Gott nimmt die Welt nicht ernst, sonst hätte er sie nicht schaffen können.

Alfred Polgar:

Es hat sich bewährt, an das Gute im Menschen zu glauben, aber sich auf das Schlechte zu verlassen.

Fritz Grünbaum:

Auf einen Mann, der Geschichte macht, kommen mindestens tausend Frauen, die Geschichten machen.

Karl Farkas:

Gott hat aus dem Chaos die Welt erschaffen, und wir haben aus der Welt ein Chaos gemacht.

Helmut Qualtinger:

Das Problem für jeden Wiener: Man kann es in Wien nicht aushalten. Aber woanders auch nicht.

Neben diesen und Dutzenden anderen Großen des Wiener Humors haben sich die »kleinen Leute«, wie erwähnt, ihren eigenen Schmäh geschaffen: den Witz – und mit ihm eine Reihe von

»Man kann es in Wien nicht aushalten. Aber woanders auch nicht«: Helmut Qualtinger

Witzfiguren. Da wären einmal der Altgraf Bobby und dessen nicht minder vertrottelter Gefährte Rudi.

> *Bobby und Rudi sind zu den Olympischen Spielen geladen. Bobby fragt, während er die Leichtathleten beobachtet: »Sag, verstehst du das, Rudi, warum rennen denn die Leut' ständig auf dem Platz hintereinander her?«*
>
> *»Natürlich«, entgegnet der Freund, »das ist ein Wettrennen. Einer wird der Erste und gewinnt.«*
>
> *»Aha, verstehe«, sagt Bobby. »Aber warum rennen dann die anderen?«*

Zum ehernen Bestand unter Österreichs Witzfiguren zählt auch die neureiche Frau Pollak, die parvenühaft und ungeübt im Gebrauch von Fremdwörtern als Quelle immer wieder neuen Gelächters lebendig bleibt:

> *»Stellen Sie sich vor, Frau Pollak, in New York wird alle fünf Minuten ein Mann überfahren!«*
>
> *»Mein Gott, der Arme!«*

Zu den Fixpunkten im österreichischen Humor gehören des Weiteren die Witze über die Burgenländer, die ausgerechnet dann ihre Hochkonjunktur erlebten, als einer aus ihren Reihen - nämlich Fred Sinowatz - österreichischer Bundeskanzler wurde:

Warum lagern die Burgenländer so viele leere Weinflaschen im Eiskasten? – Es könnt' einmal wer kommen, der nix trinken mag.

»Was Humor ist, das hat wohl noch niemand zu erklären vermocht«, meinte Egon Friedell, »und ich glaube, schon der bloße Versuch, diesen Begriff näher bestimmen zu wollen, ist ein Beweis von Humorlosigkeit.«

Da ich mich dieser Gefahr nicht aussetzen will, wende ich mich der ungleich humorvolleren Praxis zu.

»Das Schönste am Seitensprung ist der Anlauf«

Das Unterhaltungskabarett der 1920er Jahre

»Am liebsten ließe ich mich von mir scheiden«
Die Kabarettgenies Fritz Grünbaum und Karl Farkas

Mit diesem Zitat von Egon Friedell sind wir in den 1920er Jahren, der Blütezeit des Kabaretts und der Satire, angelangt. Unterhaltungskanonen wie Fritz Grünbaum, Karl Farkas, Hermann Leopoldi, Armin Berg und Paul Morgan brachten das Publikum zum Lachen, dazu kamen die literarischen Kabaretts um Peter Hammerschlag und Jura Soyfer und geniale Satiriker wie Karl Kraus, Anton Kuh, Roda Roda, Alfred Polgar und Friedell eben. Egal, ob es damals um bloße Unterhaltung oder um politisch-zeitkritische Texte ging – alles spielte sich auf höchstem Niveau ab.

Die Zeiten waren schlecht. Und das war die beste Voraussetzung dafür, dass Kabarett und Satire mehr Zuspruch fanden als je zuvor. Die mächtige Monarchie war nach einem grausamen Krieg zur kleinen, bedeutungslosen Republik geworden, deren Bewohner hungern und frieren mussten und auch noch in eine gigantische Inflation schlitterten. Der kürzeste Witz in dieser Zeit:

Treffen sich zwei Kaufleute: »Servus, was treibst du?«
»Preise!«

Die Tristesse erweckte eine Sehnsucht nach befreiendem Lachen, die Menschen wollten Kummer und Sorgen wenigstens für ein paar Stunden loswerden. Kabaretts, Revue- und Operettenhäuser schossen aus dem Boden und boten Humoristen reichlich Gelegenheit für ihre Aufführungen.

Da waren zunächst zwei Brettlgenies, die füreinander bestimmt waren, die einfach zusammenkommen mussten: Fritz Grünbaum und Karl Farkas galten in der Zwischenkriegszeit als die unumschränkten Herrscher des Kabaretts, denen das Publikum zu Füßen lag. Grünbaum war zuerst da, er war um dreizehn Jahre älter, und sein Stern ging wie ein Komet auf. Das Publikum brüllte vor Lachen, wenn er etwa sein Gedicht *Die Schöpfung* vortrug.

> *Wenn man so näher betrachtet die Welt,*
> *Die ganze Schöpfung: den Wald und das Feld,*
> *Die Ochsen zu Land und im Wasser die Fischel,*
> *Die Christen in Linz und die Juden in Ischl,*
> *Die Sonn, die bei Tag ist, und den Mond, der bei Nacht ist,*
> *Kurz wenn man bedenkt, wie schön das gemacht ist,*
> *Und weiß, dass das Ganze mit Haut und mit Haar*
> *Doch eigentlich nur eine Postarbeit war,*
> *Weil alles, der Körper, der Geist und die Seele,*
> *Die Hunde, die Pferde, das Schwein, die Kamele,*
> *Die Antisemiten und Israeliten,*
> *Die Rosen, die Lilien und die Banditen,*
> *Die Bankdirektoren, die Schuster und Affen,*
> *Kurz, alles in nur sieben Tagen geschaffen.*
> *Da kann man nur sagen, bewundernd die Pracht:*
> *»Besser, pardon, hätt ich's auch nicht gemacht«* ...

Grünbaum war am 7. April 1880 in Brünn als Sohn eines jüdischen Kunsthändlers zur Welt gekommen und begann als Stegreifsprecher, um sein Jusstudium in Wien zu finanzieren. Schon seine ersten Auftritte waren so komisch, dass man ihn als professionellen Conférencier ins Kabarett Hölle holte.

27

Gestern war ich bei Kopplers geladen.
Wir sind schon befreundet aus Grado, vom Baden.
Das heißt, Freunde vom Baden sind wir nicht,
Wenn ich schon ganz erzählen soll die Geschicht'.
Das Baden macht nämlich uns beiden kein' Spaß:
Die Luft ist zu trocken, das Meer ist zu nass,
Dann spritzen die Wellen, man hat keine Ruh',
Man badet und badet und weiß nicht, wozu!
Na, schließlich war uns das beiden zu fad,
Er schimpfte aufs Schwimmen und ich auf das Bad.
Er ging nicht ins Wasser, und ich blieb am Strand,
Was brauch ich viel reden? Heut sind wir bekannt.
Und gestern war ich zum Essen dort.
Also bei Kopplers ist Essen ein Sport.

Alles ist frisch, was dort kommt auf den Tisch,
Nur die Frau Koppler ist nicht mehr ganz frisch.
Aber, was schadet ein übles Gesicht?
Wenn man nicht hinschaut, bemerkt man es nicht.
Ich bin sogar bei der Hausfrau gesessen.
No, ich hab nicht geschaut, ich hab nur gegessen,
Den Blick auf den Teller, das Auge voll Glanz,
Ich kann Ihnen sagen: Das war eine Gans!
Ich meine natürlich nicht die neben mir,
Sondern die Gans auf dem Essgeschirr ...

Die Hölle befand sich im Keller des Theaters an der Wien und nützte diese Lage insofern, als sie sich über die »oben« gespielten Operetten lustig machte. Während etwa auf der großen Bühne Lehárs *Lustige Witwe* aufgeführt wurde, lief in der Hölle die Parodie *Die zweite Ehe der lustigen Witwe*. Mit den Jahren entwickelte sich das Etablissement vom Kleinoperettentheater zum Kabarett und wurde schließlich zu der Bühne, auf der Fritz Grünbaum die moderne Conférence erfand. Während sich seine Vorgänger meist durch anzügliche Witze und billige Späße hervortaten, faszinierte er durch geistreiches Wortspiel, oft mit aktuellen Bezügen. Vom Keller des Theaters an der Wien aus wurde Grünbaum auf den Wiener und Berliner Revue- und Kabarettbühnen zur absoluten Nummer eins. Der 1,55 Meter kleine und nicht gerade attraktive Fritz Grünbaum wusste seine Chance zu nützen – auch indem er sein wenig vorteilhaftes Äußeres voll Selbstironie in Reimform beschrieb.

> *Ich bitte, beginnen wir mit der Figur.*
> *Es ist doch sicher, dass meine Statur*
> *An Größe und Breite und überhaupt*
> *Keine michelangelesken Reminiszenzen erlaubt.*
> *Ja, dass ich im Urteil der sehenden Leute*
> *Eher quasi einen Missgriff der Schöpfung bedeute.*
> *Nennen Sie meine Bedenken nicht kleinlich,*
> *So klein wie ich sein, ist wirklich peinlich ...*

Und über seinen schütteren Haarkranz dichtete er:

> *Am liebsten ließe ich mich von mir scheiden,*
> *Ich kann nämlich Leute mit Glatze nicht leiden ...*
> *Innerlich trag ich den Lockenschatz*
> *Und äußerlich scheint mir die Sonn auf die Glatz!*

*»Ich kann nämlich Leute
mit Glatze nicht leiden«:
Fritz Grünbaum*

Für die damalige Zeit außergewöhnlich waren auch die auf offener
Bühne vorgetragenen »Publikumsbeschimpfungen« Fritz Grünbaums:

> *Wenn ich so abends im Cabaret*
> *Schmonzes plaudernd auf dem Podium steh*
> *Da grübel ich oft so in mich hinein:*
> *Wie reizend könnt mein Beruf doch sein*
> *Und wie wär mir beim Cabaret alles doch recht –*
> *Wenn's nur kein Publikum geben möcht ...*

An dieser Stelle unterbrach sich Grünbaum eines Abends, blickte
durch seine dicken Brillen in die erste Tischreihe und sagte:
»Meine sehr geehrten Damen und Herren, da ganz vorne. Es ist
schon schlimm genug, dass ich Sie in dieser Zeit essen sehen muss,

aber muss ich Sie auch noch essen hören?« Um dann mit seinem Gedicht fortzufahren:

Ich hab einen Hass auf das Publikum!
Ich schwör's – ich schau mich nicht einmal um.
Wenn ich hier auf dem Podium steh
Und notgedrungen hinuntersteh –
Natürlich – jetzt schrei'n Sie sofort drauf »Oho!«
Aber was soll ich mir tun? Es ist trotzdem so.
Und wenn Sie auch schrei'n, dass die Ohren mir klingen
Sie können ja doch nicht zur Liebe mich zwingen!

Im Herbst 1922 sprang dem 29-jährigen Schauspieler Karl Farkas im *Wiener Tagblatt* das Inserat »Das Cabaret Simplicissimus sucht Nachwuchskräfte« ins Auge. Er bewarb sich als »Blitzdichter« und forderte Kabarettdirektor Egon Dorn bei seinem Vorstellungsgespräch auf, ihm aktuelle Themen oder prominente Namen zu nennen, auf die er ein Gedicht machen würde. Dorn rief ihm »Leo Slezak« zu, worauf Farkas in der Sekunde dichtete: »Glaubt mir, dass ich euch keinen Schmäh sag', der beste Sänger ist der Slezak.« Der junge Schauspieler wurde engagiert und trat von nun an täglich im Simpl auf. Das Publikum rief ihm die Namen berühmter Künstler zu, die er zu Kurzgedichten formte: »Die Frau, der ich mein Interesse lieh, das ist die Paula Wessely.« Als ihm eines Abends der Name des Geigers Jan Kubelík zugerufen wurde, »blitzdichtete« Farkas gleich vierzeilig:

Wenn ich in der Stube lieg',
Denk ich an den Kubelik.
Der hat sogar bei Richard Strauss,
Die allerbeste Strichart 'raus.

31

Die Bühne des Kabarett Simpl, als Farkas dort als junger »Blitzdichter« agierte

Farkas war am 28. Oktober 1893 als Sohn des aus Ungarn stammenden Schuhfabrikanten Moriz Farkas in Wien zur Welt gekommen. Die Vorzeichen, Schauspieler oder gar Kabarettist zu werden, standen schlecht, denn sein Vater bekämpfte die künstlerischen Neigungen seiner beiden Söhne vehement. Bis es zu einer Katastrophe kam. Karls neunzehnjähriger Bruder Stefan wollte akademischer Maler werden, wurde aber vom Vater gezwungen, in die familieneigene Schuhfabrik einzusteigen. Da erhängte sich Stefan Farkas in seinem Zimmer in der elterlichen Wohnung.

Der Vater erkannte nun, wohin sein autoritäres Verhalten geführt hatte. Noch unter schwerem Schock stehend, sagte er zu Karl, für den er bereits eine Karriere als Rechtsanwalt vorgesehen hatte: »Mein Sohn, ich will dich zu nichts zwingen. Mach deine Matura und werde dann, was du für richtig hältst.«

Karl Farkas absolvierte die Handelsakademie und die Akademie für Musik und darstellende Kunst in Wien. Nach dem Krieg rüstete er als Leutnant ab, war als Schauspieler, Opern- und Operettenregisseur in Olmütz, Mährisch-Ostrau und Linz tätig.

Im Herbst 1921 kam er an die Neue Wiener Bühne, spielte Klassiker und Komödien. »Doch auf die Idee, Kabarettist zu werden, wäre ich nie gekommen«, erzählte er später, »da Kabarettisten für mich in dieser Zeit noch zur Gattung niederer Lebewesen zählten.«

Die Inflation der frühen Zwanzigerjahre machte es nötig, über den eigenen Schatten zu springen und sich um einen Nebenerwerb zu kümmern, um überleben zu können.

Farkas wurde nach seinem Vorsprechen im Simpl sehr bald als neuer Star unter den Wiener Kabarettisten gefeiert und war über Nacht eine Berühmtheit. Die Wiener stürmten das Kabarett auf der Wollzeile, um die neuesten Farkas-Reime zu hören – etwa in dem Lied *Pflückt ein Mädel Ribisel* zur Musik von Ralph Benatzky:

> *In Wien geht man so gern auf Urlaub,*
> *Genießt die Wälder im Naturlaub.*
> *Doch muss man, ist die Kasse klein,*
> *Sich in Gastein kastein.*
> *Und statt ans Mittelmeer zu fahren,*
> *Hat man keine Mittel mehr zu fahren.*
> *Im Schrebergarten pflückt man heut',*
> *Die Urlaubsfrüchte mit der Maid:*
>
> *Pflückt ein Mädel Ribisel,*
> *Zwickt man sie ins Knie bissl.*

Pflückt das Mädel Orchideen,
Kriegt sie häufig Storchideen.
Pflückt der Jüngling grüne Mandeln,
Kriegt er Sehnsucht anzubandeln.
Pflückt er mit ihr Rosmarien,
Was geht's uns an, loss' mar ihn ...

Neben Grünbaum zählte nun auch Farkas zur ersten Garnitur der Conférenciers, für deren Berufsstand er selbstverständlich eine originelle Beschreibung fand:

Ein Conférencier ist ein Mann, der dem Publikum möglichst heiter zu erklären versucht, dass es heutzutage nichts zu lachen gibt.

Doch im Mittelpunkt blieb weiterhin Farkas' Genie als Blitzdichter. »Es war atemberaubend«, erinnerten sich Simpl-Besucher, »die Leute riefen ihm die dümmsten Sachen zu – und Farkas machte daraus in Sekunden ein kluges Gedicht«. Als etwa der in Genf beheimatete Völkerbund 1922 den Sanierungsplan für Österreich genehmigte, »schüttelte« Farkas den Unterschied zwischen »Frankfurtern« und »Wienern« aus dem Ärmel:

Die Frankfurter werden mit Senf garniert,
Die Wiener werden in Genf saniert.

In dem 1912 als Biercabaret Simplicissimus eröffneten Etablissement – es ist heute das älteste bestehende deutschsprachige Kabarett – traf Farkas auf den kongenialen Fritz Grünbaum, mit dem er nun die ursprünglich aus Budapest kommende Doppelconférence etablierte.

FARKAS: Ich gehe vorgestern über die Straße – ein gellender Pfiff, ein Mann in jagender Hast an mir vorbei, trägt einen Frauenhut.

GRÜNBAUM: Auf dem Kopf?

FARKAS: In der Hand! Hinter ihm die Polizei. Der Mann hatte nämlich in dieser Nacht viermal in ein und demselben Modesalon einen Einbruch verübt.

GRÜNBAUM: Da muss er ja den ganzen Laden ausgeräumt haben.

FARKAS: Nein, einen einzigen Hut hat er gestohlen – für die Frau, die er liebt!

GRÜNBAUM: Warum musste er wegen eines Hutes viermal einbrechen?

FARKAS: Sie hat ihn immer wieder zurückgeschickt – umtauschen!

»Warum musste er wegen eines Hutes viermal einbrechen?« Karl Farkas und Fritz Grünbaum, die kongenialen Partner in der Doppelconférence

Neben ihrer Arbeit fürs Unterhaltungskabarett drehten Grünbaum und Farkas Filme, sie schrieben und übersetzten Stücke, Revuen und Textbücher, inszenierten und waren Theaterdirektoren. Farkas bekanntestes Stück war *Die Wunder-Bar*, er textete den Evergreen *Wenn die Elisabeth nicht so schöne Beine hätt* und glänzte als schöner Sigismund im *Weißen Rössl*. Grünbaum wiederum verfasste Libretti für die »Silberne Operette«, die von Ziehrer, Lehár und Kálmán vertont wurden. *Die Dollarprinzessin* mit der Musik von Leo Fall ist sein bekanntestes Werk, das Robert-Stolz-Lied *Du sollst der Kaiser meiner Seele sein* und *Ich hab das Fräul'n Helen baden sehen* sind seine größten Schlager. Trotz der vielen Erfolge in anderen Bereichen blieben Farkas und Grünbaum dem Kabarett treu. Auch wenn Letzterer seine Auftritte so definierte:

> *Das Cabaret ist mein Ruin!*
> *Naja, jetzt steck ich einmal drin*
> *Und denk mir »Vorwärts mit Courage!«*
> *Und schließlich hab ich doch die Gage*
> *Und kann – was nicht imstand die meisten –*
> *Mir's reizendste Verhältnis leisten*
> *Allein – ich tu das nicht aus Neigung!*
> *Mir fehlt die inn're Überzeugung,*
> *Mir fehlt der unbefang'ne Sinn –*
> *Das Cabaret ist mein Ruin!*

Farkas wurde schon in der Ersten Republik auch seiner »Definitionen« wegen geliebt, mit denen er Begriffe aus dem Alltagsleben in witziger Form erklärte (und die er in der Zweiten Republik selbstverständlich gerne »wiederverwertete«):

Wir Wiener blicken vertrauensvoll in unsere Vergangenheit.

Politische Umstürze bestehen in der Regel darin, dass die Insassen des Regierungsgebäudes und die der Gefängnisse gegenseitig ausgetauscht werden.

Wenn ein Mann nachgibt, wenn er Unrecht hat, ist er höflich; gibt er nach, wenn er Recht hat, ist er verheiratet.

Die berühmte »gute alte Zeit« verdankt ihr Renommee meist nur dem Umstand, dass ältere Leute schon ein schlechtes Gedächtnis haben.

Wer Geld hat, kommt nach Österreich. Wer kein's hat, ist schon hier geboren.

Das Sprichwort heißt: Der Dumme hat's Glück! Aber das geht sich nicht aus. Denn für das bisserl Glück gibt's zu viel Dumme auf der Welt.

Im Laufe der Zeit ändert sich ein Ehemann: Einst erschöpfte er sich in Beteuerungen – später beteuert er seine Erschöpfung.

Krieg besteht darin, dass Menschen einander töten, ohne einander zu kennen, und zwar auf Befehl von Leuten, die einander sehr gut kennen, aber sich hüten werden, sich gegenseitig umzubringen.

Der Krieg zerstört das, was er zu beschützen vorgibt und bringt die Menschen um, damit sie einer besseren Zukunft entgegensehen.

Ein Flirt ist die Kunst, mit einem blauen Auge davonzukommen, wenn man zu tief in zwei blaue Augen geschaut hat.

Es ist keine Frage, dass die Menschen noch sehr viele Erfindungen machen werden, die Frage ist nur, ob sie diese Erfindungen auch überleben werden.

Das Schönste am Seitensprung ist der Anlauf.

Beim Denken ans Vermögen leidet oft das Denkvermögen.

Keine Frau ist so schlecht, dass sie nicht die bessere Hälfte eines Mannes sein könnte.

Junge Männer möchten gern treu sein – sind es aber nicht. Ältere Männer möchten gern untreu sein – können es aber nicht.

Nur wenn ein Diplomat nicht daran denkt, was er sagt, dann sagt er, was er denkt.

Ein Arzt ist ein Mann, dessen Profession es ist, uns davor zu bewahren, eines natürlichen Todes zu sterben.

Die guten Bücher sollte man verbieten, damit sie auch gelesen werden.

Wie glücklich könnte ein Mann mit seiner Frau leben, wenn er sie nie kennengelernt hätte.

Die zuletzt genannte Pointe traf auf das wirkliche Leben des Karl Farkas nicht zu. Farkas hatte die Schauspielerin Anny Hán bei Probenarbeiten in den Wiener Kammerspielen kennengelernt, sie 1924 geheiratet und mit ihr eine sehr glückliche Ehe geführt.

Getrübt wurde das Glück nach der Geburt des gemeinsamen Sohnes Robert, der durch eine Gehirnhautentzündung sein Leben lang geistig behindert blieb – was der Familie in der Nazizeit ein zusätzliches Problem bescherte.

Fritz Grünbaum war dreimal verheiratet, zuletzt mit Lilly Herzl, einer Nichte Theodor Herzls. Doch das Schicksal sollte das Ehepaar grausam treffen.

»Von nun an wird gesiegt!«

Ein Abstecher zum politischen Witz

»Majestät, ich heiß auch Prohaska«
Pointen, die verboten waren

Wie in Zeiten von Not und Elend das Kabarett zu neuer Blüte fand, so erreichte in Zeiten der Zensur der verbotene politische Witz besondere Popularität. Eine gute Pointe war in Monarchien und Diktaturen oft die einzige Möglichkeit, sich gegen die Obrigkeit zur Wehr zu setzen, oder wie es der deutsche Kabarettist Werner Finck formulierte: »Ein Diktator kann Wahlen verfälschen, Meinungsäußerungen knebeln, Fanatiker unschädlich machen. Nur gegen den Witz ist er machtlos.« Tatsächlich ist die Ventilfunktion des Witzes fast so alt wie die Politik, gegen die er sich richtet.

Als sich Roms blutrünstiger Kaiser Nero vor zweitausend Jahren in einen männlichen Sklaven verliebte und diesen sogar öffentlich heiratete, flüsterte der Dichter Seneca seinem Nachbarn an der Hochzeitstafel zu: »Das hätte schon sein Vater tun sollen!«

Mit einem ausgeklügelten Spitzelsystem und besonders drakonischen Strafen versuchte der österreichische Staatskanzler Klemens Fürst Metternich die Verbreitung »gefährlicher« Witze zu unterbinden.

In den Revolutionstagen des Jahres 1848 wartete ein Wiener Fiaker auf seinem Standplatz auf Kundschaft. Als ein junger Mann vorüberging, rief ihm der Kutscher nicht sein gewohntes »Fahr ma,

Euer Gnaden?« zu, sondern: »Fahr ma zur Revolution, Euer
Gnaden?«

Über den Kaiser durfte offiziell nicht gelacht werden. Und doch
waren gerade über Franz Joseph mehr Witze in Umlauf als über
irgendeine andere Person. Da der Monarch gerne und viel spazieren ging, wurde er im Volksmund Prohaska genannt – was im
Tschechischen so viel wie Spaziergang bedeutet. Eines Tages
besuchte der Kaiser ein Treffen pensionierter Soldaten.

Karikaturen des österreichi-
schen Kaisers durften nur in
ausländischen Zeitungen
erscheinen – hier ein Beispiel
aus Frankreich, 1913

Die Veteranen traten an, der Kaiser unterhielt sich leutselig mit
ihnen, stellte die üblichen Fragen: »Wie heißen Sie?« – »Wo haben Sie
gedient?«
    Plötzlich will einer seinen Namen nicht nennen.

»Wie ist Ihr Name?«, fragt der Kaiser noch einmal, als hätte er nicht gut gehört. Der Veteran bleibt stumm.

»Aber ich bitt Sie«, redet ihm der Monarch zu, »ein Soldat wird doch keine Angst haben! So sagen Sie's doch nur!«

Der Veteran würgt an der Antwort. Endlich kommt's heraus: »Majestät, ich heiß auch Prohaska!«

Als »der alte Prohaska« im Herbst 1916 seine Augen schloss, herrschte Krieg. Und auch sein Nachfolger, Kaiser Karl I., war nicht davor gefeit, von der Bevölkerung in Witzen belächelt zu werden.

Der junge Monarch ließ, wie allseits kolportiert wurde, sofort seinen Kriegsminister zu sich kommen. »Exzellenz«, sagte der Kaiser, »teilen Sie Ihren Generälen mit, dass die Schlamperei ab sofort aufzuhören hat. Von jetzt an wird gesiegt!«

Da es leider nur ein Witz war, wurde auch weiterhin nicht gesiegt. Und so war aus dem mächtigen Kaiserreich bald eine kleine Republik geworden. Nach dem schwarzen Freitag, der am 25. Oktober 1929 an der New Yorker Börse zu nie da gewesenen Kursstürzen und zum Ende der amerikanischen Hochkonjunktur führte, waren die dramatischen Folgen auch in Europa spürbar. 200 000 Österreicher bezogen Ende des Jahres eine Arbeitslosenunterstützung, aber die tatsächliche Zahl der Menschen, die keine Beschäftigung hatten, war noch viel höher. Und Unternehmer lebten in ständiger Angst vor der möglichen Pleite.

»Fritz, ich muss dir etwas Ernstes mitteilen.«
»Mein Gott, was ist passiert?«

»Du weißt, dein Kassierer ...«

»Ja, was ist mit ihm?«

»Ich habe ihn gestern im Hotel Orient gesehen, eng umschlungen mit deiner Frau!«

»Mein Gott, hast du mich erschreckt! Ich dachte schon, er ist mit der Kasse durchgegangen.«

Ein Kriminalfall wurde in diesen Tagen vor Gericht verhandelt.

RICHTER: Was ist Ihr Beruf?

ANGEKLAGTER: Versammlungsredner.

RICHTER: Bei welcher Partei?

ANGEKLAGTER: Bei den Kommunisten.

RICHTER: Und da haben Sie es notwendig, einbrechen und stehlen zu gehen?

ANGEKLAGTER: Ich hab' halt auf eigene Faust mit dem Enteignen angefangen!

»Der Mensch ist gut,
die Leut' sind ein Gesindel«

Die Wurzeln des Lachens

»Die Nächstenliebe beginnt bei sich selbst«
Johann Nestroy, der Vater des österreichischen Humors

Wenn es so etwas wie einen Vater des österreichischen Humors gibt, dann ist es Johann Nestroy. Es mutet wie ein schlechter Witz der Geschichte an, dass gerade in den Tagen, als der bedeutendste österreichische Volksdichter seine zeitkritischen Werke verfasste, die Zensur besonders streng war. Nestroys bekannteste Possen und Lustspiele entstanden im Vormärz, in dem Staatskanzler Metternich ein ganzes Heer von Schnüfflern anstellte, die unbarmherzig jede Zeile strichen, die nicht ins Konzept passte. Nestroy musste sogar, weil er mit der Zensur in Konflikt geriet, mehrmals in den Arrest. Als er sich einmal auf der Bühne über die ewig zu klein geratenen Wiener Semmeln lustig machte, wurde er von der Bäckerinnung verklagt und vom Gericht zu einer 48-Stunden-Haft verurteilt. Bei seinem ersten – von den Wienern umjubelten – Auftritt nach verbüßter Strafe ließ er sich auf offener Bühne von einem Schauspielerkollegen befragen, wie die Verpflegung im Kerker gewesen sei. Nestroys Antwort lautete:

> *Das Hungern, Freunderl,*
> *Braucht im Arrest net zu sein,*
> *Man warf mir die Semmeln*
> *Durchs Schlüsselloch rein!*

Nestroy war am 7. Dezember 1801 als Sohn eines Notars in Wien zur Welt gekommen, brach das vom Vater verordnete Jusstudium ab, wurde Opernsänger, wandte sich dann aber dem Schauspiel zu. Da er keine geeigneten Stücke fand, begann er sich die Rollen auf den Leib zu schreiben.

Mit der Obrigkeit geriet Nestroy schon mit seinem ersten großen Erfolg, dem 1833 im Theater an der Wien uraufgeführten Zauberspiel *Lumpazivagabundus*, in Konflikt. Er selbst spielte den Schuster Knieriem, der Theaterdirektor Karl Carl den Tischler Leim und der Komiker Wenzel Scholz den Schneider Zwirn. Scholz baute in die Szene, in der das »liederliche Kleeblatt« auf Wanderschaft geht, einen kleinen Floh ein und sagte, als er das lästige braune Tier in seiner Hosentasche zu finden schien, zum Publikum gewandt: »Es is a Kapuziner!«

Da Verunglimpfungen staatlicher oder kirchlicher Stellen mit harten Strafen geahndet wurden, ging Wenzel Scholz wegen der Anspielung auf die braunen Kutten des Kapuzinerordens für acht Tage ins Gefängnis.

Wieder in Freiheit, strömten die Wiener ins Theater – schon, weil sie begierig waren, zu erfahren, wie sich der populäre Komödiant für die einwöchige Freiheitsberaubung revanchieren würde. Die Szene kam, das Spiel wiederholte sich, Wenzel Scholz suchte den Floh, fand ihn und sagte in den Zuschauerraum hinein: »Es is der nämliche!«

Jeder wusste, was gemeint war, aber die Behörde konnte nicht einschreiten.

Das berühmte Couplet *Die Welt steht auf kan Fall mehr lang* aus *Lumpazivagabundus* beruht auf der Tatsache, dass in dieser Zeit wirklich alle Welt glaubte, »der Komet« würde kommen und die Erde vernichten. Ein k. k. Hauptmann namens Wilhelm von Biela

»Die Welt steht auf kan Fall
mehr lang«: Nestroy als
Knieriem in seiner Zauberposse
»Lumpazivagabundus«

hatte einen Kometen entdeckt, der seit 1826 in der Monarchie für
große Aufregung sorgte, weil er angeblich demnächst alles zerstö-
ren würde. Zur Musik von Adolph Müller sang Nestroy als trunk-
süchtiger Hobbyastronom Knieriem das *Kometenlied* – und damit
das wohl populärste seiner Couplets.

> *Es is kein Ordnung mehr jetzt in die Stern,*
> *D' Kometen müssten sonst verboten wern;*
> *Ein Komet reist ohne Unterlass*
> *Um am Firmament und hat kein Pass;*
> *Und jetzt richt a so a Vagabund*
> *Uns die Welt bei Butz und Stingel z'grund;*

Aber lass ma das, wie's oben steht,
Auch unten sieht man, dass 's auf 'n Ruin losgeht.

Abends traut man ins zehnte G'wölb sich net hinein
Vor Glanz, denn sie richten s' wie d' Feentempel ein;
Der Zauberer Luxus schaut blendend hervua,
Die böse Fee Krida sperrt nacher 's G'wölb zua.
Da wird einem halt angst und bang,
Die Welt steht auf kein Fall mehr lang.

Nestroy schuf mehr als fünfzig Stücke, auf *Lumpazivagabundus* folgten *Zu ebener Erde und erster Stock*, *Der Talisman* und *Das Mädl aus der Vorstadt*, in denen er zum ungekrönten Meister pointierter Sprachkunst wurde, wie zahllose, oft bis heute gültig gebliebene Weisheiten belegen.

Der Mensch ist gut, die Leut' sind ein Gesindel.

Spionieren ist eine schöne Sache: Man verschafft sich die Genüsse des Diebes und bleibt dabei ein ehrlicher Mensch.

Geld macht nicht glücklich, sagt ein Philosoph, der Gott gedankt hätt, wenn ihm wer eins g'liehen hätt.

Ich habe nie eine Frau geküsst, ohne zu erröten. Das glaube ich ihrem Manne schuldig zu sein.

Eine gute Bühne ist nämlich die, wo in jeder Loge ein Millionär und auf jedem Fauteuil ein Kapitalist sitzt.

Es ist kaum zu glauben, was jeder Mensch glaubt, was er für ein Mensch ist!

Über Armut braucht man nicht zu erröten. Weit mehr Leute haben Ursache, über ihren Reichtum zu erröten.

Kunst ist, wenn man's nicht kann, denn wenn man's kann, ist's keine Kunst.

Abonnenten sind nicht so leicht zu vertreiben. Es ist zum Staunen, was ein guter Abonnent alles vertragt.

Ich habe nur einen Grundsatz, und das ist der, gar keinen Grundsatz zu haben.

Als die Zensur nach der Revolution des Jahres 1848 eingeschränkt wurde, hatte Nestroy gleich zwei Pointen auf Lager:

Es war halt eine schöne Sach', wenn einem nichts eing'fallen is und man hat zu die Leut sagen können: »Ach Gott, es is schrecklich, sie verbieten einem ja alles!«

Die Zensur ist die jüngere von zwei schändlichen Schwestern, die ältere heißt Inquisition.

Es gibt aber auch sonst kaum ein Thema seiner Zeit, dem Nestroy nicht einen Aphorismus gewidmet hätte:

Ich hab einen Sesselträger kennt, der hat die dicksten Herren tragen können wie nix, und seine hagere Gattin war ihm unerträglich.

Es ist oft schwer, die Vaterschaft zu beweisen, wenn nicht Muttermäler vorhanden sind.

Über ein altes Weib geht nix als ein Mann, der ein altes Weib is.

Ich fühle mich nie weniger einsam, als wenn ich allein bin.

In den ersten Lebensjahren eines Kindes bringen ihm die Eltern Gehen und Sprechen bei, in den späteren verlangen sie dann, dass es stillsitzt und den Mund hält.

Die Schwierigen sind die Einfachen.

Man möchte manchmal Kannibale sein, nicht um den oder jenen aufzufressen, sondern um ihn auszukotzen.

Ein seichter Mensch find't bald was tief.

Wenn die reichen Leut' nicht wieder reiche Leut' einladeten, sondern arme Leut', dann hätten alle genug zu essen.

Die Nächstenliebe beginnt bei sich selbst.

I sag nicht aso und nicht aso, damit man nicht sagen kann, ich hab aso oder aso gsagt.

Zuviel plauschen tun die Weiber erst wenn sie alt sind. Wenn sie jung sind, verschweigen sie einem zu viel.

Mit dem letzten Satz hat sich Nestroy wohl eine Lebenserfahrung von der Seele geschrieben. Der Dichter war verheiratet, doch die Ehe – von ihm später als »gegenseitige Lebensverbitterungsanstalt« bezeichnet – hielt nicht lange, da seine Frau Wilhelmine 1827 mit einem ungarischen Grafen durchging. Von da an lebte Nestroy bis zu seinem Tod in einer Lebensgemeinschaft mit der Schauspielerin Marie Weiler, der er selbst wieder alles andere als treu war.

Ein Mädchen sitzen zu lassen, ist auf alle Fälle billiger als Heiraten.

Ich glaube von jedem Menschen das Schlechteste, selbst von mir, und ich hab' mich noch selten getäuscht.

Die Kluft zwischen Livree und Haute-Volée ist unermesslich.

Man muss die Welt nehmen wie 's is' und nicht, wie's sein könnt.

Armut ist ohne Zweifel das Schrecklichste. Mir dürft' einer zehn Millionen herlegen und sagen, ich soll arm sein dafür, i nehmet's net.

Die Perücke ist eine falsche Behauptung.

Wenn alle Stricke reißen – häng ich mich auf.

Hausherren haben noch selten hoffnungslos geliebt.

Nein, wenn die Gäste wüssten, wie z'wider sie einem oft sind, ließ sich gar kein Mensch mehr einladen auf der Welt.

*»Lang leben will alles,
aber alt werden will kein
Mensch«: Johann Nestroy*

Ich hör schon das Gras wachsen, in welches ich beißen werd.

Lang leben will alles, aber alt werden will kein Mensch.

Nestroy ist nicht alt geworden, er starb am 25. Mai 1862 mit sechzig Jahren in Graz an den Folgen eines Schlaganfalls. Davor hatte er noch philosophiert:

Die Würmer können nicht reden, sonst verrateten sie's vielleicht, wie grässlich langweilig dem Toten das Totsein vorkommt.

»Am End' weiß keiner nix«
Ferdinand Raimund oder Die Tragödie des Komödianten

Der zweite große Volksdichter litt zeit seines Lebens unter der Größe des ersten. Ferdinand Raimund war ein begnadeter Komödienschreiber und Komödiant, ging aber als tragische Figur in die Geschichte ein. Er fand als Autor und Schauspieler hohe Anerkennung, war wohlhabend und berühmt, sah sich jedoch im Schatten Nestroys und ließ sich durch Schwermut und Melancholie in den Tod treiben.

Ferdinand Jakob Raimann, wie er eigentlich hieß, war am 1. Juni 1790 als dreizehntes Kind eines Drechslermeisters in Wien zur Welt gekommen. Elf seiner Geschwister waren im Säuglingsalter verstorben, nur er und eine Schwester überlebten. Die Mutter starb an der Schwindsucht, als er zwölf war, der Vater zwei Jahre später. Nach der Bürgerschule schickte ihn seine ältere Schwester in die Lehre zum Zuckerbäcker Jung, die ihm zum Schicksal wurde, da es zu seinen Aufgaben gehörte, jeden Abend Süßwaren ins Burgtheater, damals noch am Michaelerplatz, zu liefern. Auf der vierten Galerie verkaufte er Brezeln und Zuckerln – und war vom ersten Tag an dem Theater verfallen.

Mit achtzehn Jahren schloss er sich einer Wanderbühne an und zog durch die Provinz, ehe der Direktor des Theaters in der Josefstadt 1814 sein Talent erkannte und ihn engagierte. Raimund wurde ein Star, fand jedoch – ähnlich wie Nestroy – in der damaligen Theaterliteratur nicht die Stücke, die ihm zusagten. Und war mit dem *Barometermacher auf der Zauberinsel* auf Anhieb erfolgreich.

56

Man muss stets lustig sein,
Und sich des Lebens freu'n,
Außer man hat kein Geld,
Nachher ist's freilich g'fehlt.

Es folgten *Der Diamant des Geisterkönigs, Der Bauer als Millionär, Der Alpenkönig und der Menschenfeind*, dessen Rappelkopf die Menschheit warnt: »Eine Angst hat alles vor mir, dass es eine Freude ist.« Und schließlich 1834 *Der Verschwender*, das Zaubermärchen um den Millionär Flottwell, der sein ererbtes Vermögen verprasst und für aufwendige Jagdfeste verpulvert. Nachdem die Jagd im *Jagdcouplet* drei Strophen lang verdammt wird (»Kurz in allem Ernst gesagt: 's gibt nix Dümmres als die Jagd«), findet Raimund in der vierten und letzten doch noch versöhnliche Worte:

Nein – die Sach' muss ich bedenken,
D' Jäger kann ich nicht so kränken.
Denn wenn keine Jäger wären,
Fräßen uns am End die Bären.
's Wildbret will man auch genießen,
Folglich muss man es auch schießen!
Brat'ne Schnepfen, Haselhühner
Auf der Tafel schätzt der Wiener.
Und ich stimm mit Ihnen ein:
Jagd und Wildbret müssen sein!

Wenn man Raimunds Stücke nach humorvollen Zitaten durchsucht, wird man vordergründig nicht so viele finden wie bei Nestroy, aber auch in ihnen steckt großer Witz und Lebensweisheit.

57

Je weniger man 'kriegt hat, je mehr denkt man drauf.

Ich kenne keinen raffinierteren Schurken; da ist unsereiner grade nichts dagegen.

Das Leben hält nur dem Fröhlichen Wort.

Ich bin nur ein Diener, aber wenn ich mein eigener Herr wär', ich jaget mich selber fort.

Gewohnheit tötet unsere schönsten Freuden.

Geld ist das niedrigste, was wir beweinen können.

Ich hätte das Weib noch mal so gern, wenn s' nur um das jünger wär, was s' zu alt ist, und um das besser, was s' z'schlecht ist.

Du begehst die größte Sünde, die es gibt: Du kennst dich selber nicht.

Was die Weisheit für eine langweilige Sach' ist, das hätt' ich für mein Leben nicht gedacht.

Ich möchte mich selbst ohrfeigen – aber auf sein Gesicht.

Ferdinand Raimunds Psyche war nicht geschaffen, Erfolg, Popularität und Wohlstand genießen zu können. Der schauspielernde Dichter hatte sich in Toni Wagner, die Tochter eines Kaffeesieders, verliebt, doch da dieser mit dem »Gesindel vom Theater« nichts zu tun haben wollte, verweigerte der reiche Cafetier die Einwilligung zur Heirat. So nahm Raimund in seiner Depression eine

»Was die Weisheit
für eine langweilige
Sach' ist«: Ferdinand
Raimund

Beziehung mit einer Theaterkollegin namens Louise Gleich auf, die ihm wenig Glück brachte. Ohne Louise zu lieben, wurde er in eine von ihrer Familie regelrecht inszenierte Heirat getrieben. Die Ehe scheiterte, wurde nach wenigen Monaten geschieden und fand Jahre später im *Hobellied* ihren literarischen Niederschlag:

> *Oft zankt mein Weib mit mir, oh Graus!*
> *Das bringt mich nicht in Wut.*
> *Da klopf' ich meinen Hobel aus*
> *Und denk: Du brummst mir gut!*

Ferdinand Raimund kehrte nach der Scheidung zu seiner angebeteten Toni zurück, mit der er den Rest seines Lebens zubrachte. Doch die geltenden Gesetze erlaubten nicht, ein zweites Mal zu heiraten, womit er ein Schicksal erlebte, das dem seines Kontrahenten Nestroy nicht unähnlich war.

Am 29. August 1836 ereignete sich ein zunächst unbedeutend erscheinender Vorfall: Raimund war von einer erfolgreichen Gastspielreise auf seinen Besitz im niederösterreichischen Gutenstein zurückgekehrt und von seinem Hund im Spiel gebissen worden. Überzeugt, dadurch an Tollwut erkrankt zu sein, ließ er eine Kutsche anspannen, um seinen Arzt in Wien zu konsultieren. Bei einem Aufenthalt im Gasthof Zum goldenen Hirschen in Pottenstein verlor er die Nerven und jagte sich eine Kugel in den Kopf.

Dem schrecklichen Ende war ein Leben zwischen beruflichem Erfolg und persönlichem Leid vorausgegangen. Auch die Vergänglichkeit alles Irdischen und die Gleichheit der Menschen vor dem Tod hatte er in seinem *Hobellied* im *Verschwender* ausgedrückt:

> Da streiten sich die Leut' herum
> Wohl um den Wert des Glücks;
> Der eine heißt den andern dumm;
> Am End' weiß keiner nix.
> Da ist der allerärmste Mann
> Dem andern viel zu reich!
> Das Schicksal setzt den Hobel an
> Und hobelt alles gleich.

»Es is a Unglück, wenn aner net Deutsch versteht«

Die Volksschauspieler

»Nichtswürdiger Herr Direktor!«
Der Frosch-König Alexander Girardi

Es sind zwei Volksschauspieler, die im zwanzigsten Jahrhundert Raimunds und Nestroys Figuren in einzigartiger Weise verkörperten: Alexander Girardi und Hans Moser – jeder für sich eine Säule in der Geschichte des österreichischen Theaters und des österreichischen Humors.

Girardi kam am 5. Dezember 1850 in Graz zur Welt und musste vorerst gegen seinen Willen das Schlosserhandwerk erlernen. Erst nach dem Tod des strengen, aus Cortina d'Ampezzo eingewanderten Vaters, der selbst Schlosser war, ging »Xandl«, ohne jede Schauspielausbildung, zum Theater. Er debütierte auf einer Grazer Dilettantenbühne, verbrachte seine Wanderjahre an Provinztheatern und nahm dann ein Engagement am Wiener Strampfer-Theater an. Als er 1874 ins Theater an der Wien kam, war seine Begabung bereits erkannt, die er von nun an in zahlreichen Rollen unter Beweis stellen konnte. Seine Popularität steigerte sich im Lauf der Zeit zum Girardi-Kult, jeder Wiener, der auf sich hielt, trug Girardi-Hut, stützte sich auf einen Girardi-Stock, sprach und bewegte sich wie Girardi, kurzum: Österreich war im Girardi-Fieber. Unsterblich wurde Girardi in der Darstellung des Fortunatus Wurzel im *Bauer als Millionär* und als Valentin im *Verschwender*. Er kreierte den Zsupán im *Zigeunerbaron* und war als Dritter-Akt-Komiker maßgeblich für den Erfolg der Strauß-Operetten verantwortlich. So war es Girardi, der der ursprünglich bedeutungslosen Figur des Gefängnisdieners

Frosch in der *Fledermaus* jenes Leben einhauchte, mit dem sie bis heute zur Glanzpartie großer Komödianten wurde. Einzigartig die Szene, in der der besoffene Frosch seinem nicht minder angeheiterten Gefängnisdirektor Frank vorspielt, dass er nüchtern sei.

FROSCH (erblickt Frank schlafend in seinem Arbeitszimmer): *Herr Direktor ist schon da! Er scheint sehr vertieft in seine Lektüre* (bemüht sich, stramme Haltung anzunehmen). *Ich muss ihm meinen Rapport machen* (sehr laut): *Herr Direktor, ich komm zum Rapport.*

FRANK (fährt auf): *Was gibt's? Nun Frosch, quake deinen Rapport. Komm näher.*

FROSCH (verlegen, da er sich nicht zu rühren wagt): *Näher soll ich kommen?*

FRANK: *Ja, freilich* (Frosch macht zwei wankende Schritte; Frank spricht zu sich): *Der verdammte Champagner! Alles hüpft mir vor den Augen. Auch der Frosch hüpft* (laut): *Was gibt's Neues?*

FROSCH: *Nichtswürdiger Herr Direktor ...*

FRANK: *Was?*

FROSCH (korrigiert sich): *Nichts – würdiger – Herr Direktor. Nur Numero 12 verlangt einen Advokaten.*

FRANK: *Der Herr von Eisenstein? Meinetwegen, das ist sein gutes Recht ... Warum schwankst du denn so?*

FROSCH (schwankend): *Ich schwanke ja nicht!*

FRANK (für sich): *Verfluchter Champagner! Alles schwankt mir vor den Augen.*

FROSCH (hat an einem Sessel Halt gefunden): *Sehen Sie, Herr Direktor, ich schwanke nicht.*

FRANK: *Wer sagt denn, dass du schwankst?*

Durch ihn wurde der Frosch zur Paraderolle großer Komödianten: Alexander Girardi als Gefängniswärter in der »Fledermaus«

FROSCH: Niemand, Herr Direktor, niemand sagt es. (Für sich) Mir kam es so vor, als ob er's gesagt hätte.
FRANK: Wie gefällt es dir in diesem Gefängnis?
FROSCH: Wie es mir hier gefällt? Sehr gut. Recht fidel ist es. Wahrhaftig, ein so fideles Gefängnis ist mir noch nicht vorgekommen ...

So glanzvoll seine Karriere verlief, so dramatisch entwickelte sich Girardis Privatleben. Von Millionen geliebt, machte er auf dem Höhepunkt seiner Popularität die Hölle auf Erden durch. Der im Grunde seines Herzens schlicht gebliebene ehemalige Schlosser aus Graz hatte sich in die Schauspielerin Helene Odilon, die man als »Wiens gefährlichste Frau« bezeichnete, verliebt und sie im Mai 1893 geheiratet. Zwei Jahre später wollte sie ihn wegen eines anderen Mannes »loswerden« und heckte, um die Scheidung zu erreichen, einen teuflischen Plan aus. Sie bestellte beim berühmten

Psychiater Professor Julius Wagner-Jauregg eine Expertise, der zufolge Girardi »vom Kokainwahn befallen, irrsinnig und gemeingefährlich« wäre und ließ ihn daraufhin von Irrenwärtern abholen. Der Coup wäre – obwohl Wagner-Jauregg den Schauspieler nie untersucht hatte – beinahe aufgegangen, hätte Girardis Nachbar, ein hoher Staatsbeamter, nicht wie die meisten Wiener damals einen Girardi-Hut getragen. Als die von der Odilon gerufenen Irrenwärter vor Girardis Wohnhaus in der Nibelungengasse warteten und der Nachbar zufällig gerade jetzt mit seinem Girardi-Hut auf die Straße trat, hielten sie ihn für den Schauspieler, zerrten ihn in den Krankenwagen und lieferten ihn in die Privatanstalt Svetlin ein. Girardi, der die Szene vom Fenster seiner Wohnung aus beobachtet hatte, konnte zu Katharina Schratt flüchten, die beim Kaiser intervenierte und ihrem Kollegen so die Einweisung ins Irrenhaus ersparte.

Nach rund zwanzig glanzvollen Jahren im Theater an der Wien unternahm Alexander Girardi zahlreiche Gastspiele, ehe ihn kurz vor seinem Tod der Ruf ans Burgtheater ereilte. Mehrere Anekdoten bezeugen die unvergleichliche Popularität des Alexander Girardi.

Girardi war mit Alexandrine von Schönerer, der Besitzerin und Prinzipalin des Theaters an der Wien, verfeindet. Er schloss daher einen der kuriosesten Bühnenverträge aller Zeiten ab. Ein Passus seines Kontrakts lautete: »Wenn Herr Girardi in einer Probe die Bühne betritt, hat Fräulein von Schönerer dieselbe augenblicklich zu verlassen.«

Eines Tages begleitete der Volksschauspieler den alten Kaiser bei einem Spaziergang durch Bad Ischl, und die Leute drehten sich um und fragten: »Wer ist denn der alte Herr neben dem Girardi?«

*Als er einmal von einem Kollegen gebeten wurde, ihm zehn Gulden
zu leihen, sagte Girardi: »Wissen S' was, lieber Herr, simma lieber
gleich bös!«*

Girardi heiratete nach der Scheidung von Helene Odilon noch
einmal und verbrachte mit seiner zweiten Frau Leonie, der Adop-
tivtochter des Klavierfabrikanten Bösendorfer, glückliche Jahre.
Er starb am 20. April 1918 im Alter von 68 Jahren an den Folgen
seiner Zuckerkrankheit. Nach seinem Tod munkelte man hinter
vorgehaltener Hand: »Der Johann Strauß ist tot, der alte Kaiser ist
tot – und jetzt ist der Girardi g'storben. Da wird's die Monarchie
aa nimmer lang geben.«

Ein halbes Jahr später sollte sich diese düstere Prophezeiung
bewahrheiten.

»Wie nehm man denn?«
Hans Moser erfindet den Dienstmann

Er ist nicht nur als Volksschauspieler in die Theatergeschichte
eingegangen, sondern auch als Autor. Auch wenn es nur ein
Sketch ist, den Hans Moser schrieb, so wurde dieser zum Auftritt
seines Lebens, hat er doch 1923 seine bekannteste Solonummer,
den *Dienstmann*, selbst verfasst. Auf einem Bahnhof nähert sich
Moser als Dienstmann gemächlichen Schritts einem wegen baldi-
ger Zugabfahrt nervös wartenden deutschen Ehepaar, neben dem
ein großer Koffer steht. Der Herr fordert den Dienstmann auf, das
unhandliche Gepäckstück ehestmöglich zum Bahnsteig zu bringen. Moser betrachtet den Koffer skeptisch von allen Seiten.

DIENSTMANN: *Wia nehm man denn?*

HERR: *Wie?*

DIENSTMANN: *Wia nehm man denn?*

HERR: *Mensch, ich versteh Sie nicht.*

DIENSTMANN (versucht Hochdeutsch zu sprechen): *Wie nehmen wir ihm denn?*

HERR: *Das müssen Sie doch wissen.*

DIENSTMANN: *'s is a Unglück, wenn aner net Deutsch versteht. Alani bring i'n net aufi, da miassen Sie aa a bissl nachhelfen, und das Fräulein aa.*

DAME (empört): *Was, ich soll einen Koffer tragen?*

DIENSTMANN: *Koffer tragen! I brauch ihn ja nur aufg'legt. In dem Moment, wo ich ihn aufg'legt hab, so renn ich ja eh damit wie a Wiesel.*

HERR: *Also, wo soll ich ihn denn nehmen?*

DIENSTMANN: *No beim Henkel, drum haben wir ihn ja dran, net. Passen S' auf, Fräulein, Sie nehmen ihn am besten (er überlegt) mit'n Untergriff.*

DAME: *Mit dem Untergriff?*

DIENSTMANN: *Sei Lebtag, sie kann ihn gar net anders nehmen, Sie kann ihn nur mit'n Untergriff nehmen. Also, sammas?*

HERR: *Wie? Ich versteh Sie nicht!*

DIENSTMANN: *Also, sind mir soweit?*

HERR: *Ja, doch!*

DIENSTMANN: *Na, also, dann gehma ...*

Hans Moser wurde am 6. August 1880 als Sohn eines Bildhauers und einer Milchfrau in Wien geboren. Dem Umstand, dass seine Vorfahren väterlicherseits aus Frankreich stammten, verdankte er seinen eigentlichen Namen Johann Julier. Er absolvierte die Han-

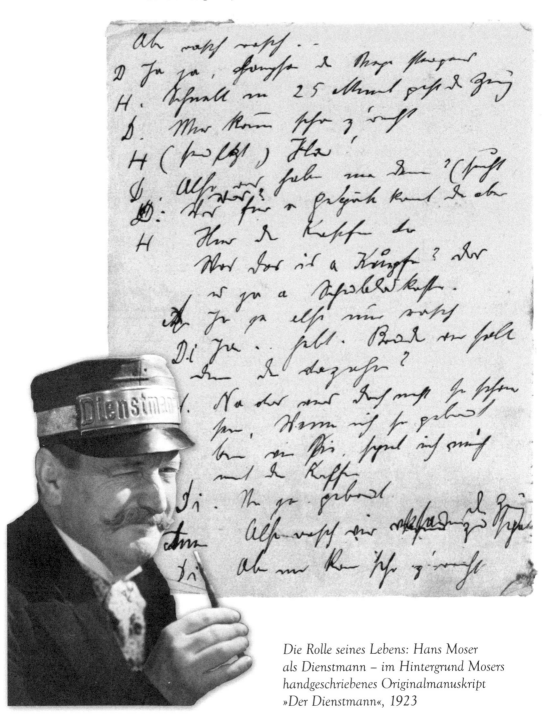

*Die Rolle seines Lebens: Hans Moser
als Dienstmann – im Hintergrund Mosers
handgeschriebenes Originalmanuskript
»Der Dienstmann«, 1923*

delsschule, arbeitete in der Buchhaltung eines Lederwarenge-
schäfts und nahm Sprechunterricht beim Burgschauspieler Josef
Moser, dem zu Ehren er sich später Hans Moser nannte.

Doch kein Theaterdirektor zeigte Interesse an dem 1,58 Meter
kleinen Schauspieler aus Wien. Blieb nur die »Schmiere«, die
unterste Stufe des Theaterbetriebs, die in schmutzigen Gasthaus-
sälen in Böhmen und Mähren beheimatet war, wo Moser viele
Jahre auftrat, ohne die geringste Chance, entdeckt zu werden. Er
spielte die jugendlichen Liebhaber, für deren Darstellung er
wirklich nicht geschaffen war, hatte aber auch Chor- und Statis-
terieverpflichtung, musste Kulissen schieben und Theaterzettel
austragen.

Keiner glaubte an ihn, nur er selbst wusste von seinem Talent,
wie er viel später, bereits als berühmter Mann, in einem Interview
feststellte. »Eines möchte ich schon sagen: Das, was ich heute
kann, habe ich vor zwanzig Jahren schon gekonnt. Um kein Haar
war ich damals anders als heute, ganz gewiss nicht.«

1910 lernte er die Frau kennen, die sich sowohl für sein
Privatleben als auch für sein berufliches Fortkommen als Glücksfall erweisen sollte. Blanca Hirschler nahm seine Karriere in
die Hand und klapperte nun mit ihm gemeinsam Kabaretts,
Varietés und Nachtlokale ab. Sie studierte mit ihm Rollen ein,
handelte Verträge aus, kümmerte sich um Engagements. Vor
allem aber machte sie ihm Mut und half, seine Depressionen zu
überwinden.

Hans Mosers große Stunde schien zu schlagen, als ihn der Kabarettist Heinrich Eisenbach 1912 an sein Budapester Orpheum in
der Taborstraße holte, doch das Glück blieb von kurzer Dauer, da
der Erste Weltkrieg ausbrach und der 34-jährige Moser einrücken
musste. An der Front träumte er davon, einmal das zu spielen,

womit seine berühmten Kollegen im Eisenbach-Ensemble ihre Erfolge feierten: eine Solonummer.

Als er nach dem Krieg den späteren Lehár-Librettisten Fritz Löhner-Beda kennenlernte, packte er die Gelegenheit beim Schopf und bat ihn, einen Einakter für ihn zu schreiben. So entstand *Der Hausmeister vom Siebenerhaus*, mit dem der nun schon 42 Jahre alt gewordene Schauspieler endlich auf sich aufmerksam machen konnte. Und wirklich: Die berühmte Komikern Gisela Werbezirk sah Moser in einem kleinen Kabarett und engagierte ihn als Partner für das Lustspiel *Frau Lohengrin*.

Nun schrieb sich Moser den *Dienstmann* auf den Leib. Daraufhin wurde er für die Revue *Wien gib' acht!* ans Ronacher geholt, und von da an ging alles Schlag auf Schlag. Hubert Marischka, der Direktor des Theaters an der Wien, entdeckte Moser als »Dritter-Akt-Komiker« für Kálmáns *Gräfin Mariza* und übertrug ihm von da an eine Traumrolle nach der anderen. Als Moser in Bruno Granichstaedtens *Der Orlow* als Billeteur brillierte, kam Max Reinhardt, um ihn zu sehen – und sofort zu engagieren.

Von einem Tag zum anderen stand er, der kurz zuvor noch der »Schmiere« angehört hatte, an vorderster Front. Moser wurde einer der Lieblingsschauspieler Max Reinhardts, der ihm die Rollen gab, für die er geschaffen war.

Ab Mitte der Dreißigerjahre zählte Moser zu den meistbeschäftigten und bestbezahlten Filmstars. Er drehte hundertfünfzig Filme, oft so trivialen Inhalts, dass sie ohne sein Mitwirken unvorstellbar wären. Doch sein Auftreten adelte die banalste Handlung. Moser war bereits 53 Jahre alt, als er 1933 in dem Willi-Forst-Film *Leise flehen meine Lieder* einen kleinen Pfandleiher so überwältigend menschlich darstellte, dass er in einer Zeitung zum ersten Mal als »Volksschauspieler« bezeichnet wurde.

70

Bis ins hohe Alter auf der Bühne und vor der Kamera: der Volksschauspieler Hans Moser

In seiner Glanzzeit war es Mode, Hans Moser zu imitieren. Bei einem Frühlingsfest, so erzählte man sich, sei eine Preiskonkurrenz veranstaltet worden, bei der die drei besten Moser-Parodisten gekürt werden sollten. Der Volksschauspieler habe aus Jux – maskiert wie alle anderen Bewerber – daran teilgenommen. Mit dem Ergebnis: Hans Moser landete auf Platz drei ...

Das Glück sollte wieder nur auf ein paar Jahre beschränkt sein: Mosers Frau Blanca musste nach Hitlers Einmarsch in Österreich das Land verlassen, ebenso Tochter Grete, die nach den Nürnberger Rassegesetzen als »Halbjüdin« eingestuft wurde. Moser arbeitete weiter im »Dritten Reich«, war aber von seiner Familie getrennt, verzweifelt, allein. Berühmt zwar, aber unglücklich.

In seinem letzten Lebensjahrzehnt feierte er, bereits als lebende Legende, große Erfolge am Theater und beim Film und sein alter Dienstmannsketch wurde 1952 zur Ausgangssituation für den Klassiker *Hallo Dienstmann* mit Paul Hörbiger an seiner Seite. Diese letzten Jahre hätten die schönsten seines Lebens sein können, wäre Tochter Grete nicht in Südamerika geblieben. Sie hatte sich mit ihrer Mutter zerstritten und wurde von ihr nach Hans Mosers Tod enterbt. Der Volksschauspieler starb 83-jährig am 19. Juni 1964. Er war bis kurz vor seinem Tod auf der Bühne und vor der Kamera gestanden, selbst im hohen Alter noch unnachahmlich und unerreicht.

»Die Zeit von eins bis fünf ist dem Humor geweiht«

Die Meister aus dem Kaffeehaus

»Aber was, bitte sehr, macht man dazwischen?«
Der Sprechsteller Anton Kuh

Anton Kuh hat die geniale Darstellungskraft Hans Mosers früh erkannt und auch die treffenden Worte für sie gefunden:

> *Die Natur verhalf ihm zu einem sonderbaren, chaplinwürdigen Gestell. Seine Beine scheinen, wienerisch gesprochen, verkehrt einge-hakelt; der Körper trägt ihre Last, nicht sie die seine ... In umso fro-herer Bewegung ist der Oberleib. Wenn Moser mit jemandem spricht, so geschieht es nur eindringlich und verbindlich; er redet mit ihm mit dem Gesicht unter die Nase, fällt auf ihn, umarmt ihn, man weiß wie bei den Volltrunkenen nie: ist es Freundschaft oder Angriff?*

Anton Kuh war einer jener Kaffeehausliteraten, der diesen »Berufs-stand« zum Begriff machte. Am 12. Juli 1890 als zweites von sechs Kindern in Wien zur Welt gekommen – sowohl sein Vater als auch sein Großvater waren Journalisten – begann er früh zu schreiben und wurde durch seine satirischen Glossen und Feuilletons, aber auch als Stegreifredner und Anekdotenerzähler zu einer angesehe-nen Institution der Zwischenkriegszeit. Kuh profilierte sich in sei-nen brillanten Vorträgen, die ihm den Beinamen »Sprechsteller« verschafften, als publizistischer Hauptgegner von Karl Kraus. Zwi-schen Prag, Berlin und Wien pendelnd, schuf er eine Vielzahl tref-fender Bonmots sowie kultur- und gesellschaftskritischer Texte, die in den 1960er Jahren wiederentdeckt wurden.

»Im Kaffeehaus
darüber nachdenken,
was die andren
draußen nicht
erleben«: Anton Kuh

Der Kaffeehausliterat ist ein Mensch, der Zeit hat, im Kaffeehaus darüber nachzudenken, was die andren draußen nicht erleben!

Nur Millionäre erheben den Anspruch: um ihrer selbst willen geliebt zu werden. Ob uns armen Teufeln so etwas einfiele?!

Wenn von zwei Schwestern, die einander ähnlich sehen, die eine schön und die andere hässlich ist, stellt sich bei einiger Betrachtung heraus, dass die Hässlichere die Schönere ist.

Es kommt die Zeit, wo man schaudernd erkennt, dass man sein Gesicht behalten muss.

Österreich: Eine Schweiz der Komfortlosigkeit.

Ursache eines Eisenbahnzusammenstoßes: Die Züge hatten ihre fahrplanmäßige Verspätung nicht eingehalten.

Es gibt Druckfehler der Weltgeschichte, die sich hartnäckig als Wirklichkeit behaupten.

Grillparzers Bemerkung über Raimund, er wäre, hätte er Bildung gehabt, ein zweiter Shakespeare geworden, ist nur als Huldigung wahr. Er wäre dann nämlich nicht einmal Raimund geworden. Vielleicht aber Grillparzer.

Als Kuh 1928 nach Berlin übersiedelte, weil er »lieber in Berlin unter Wienern, als in Wien unter Kremsern leben« wollte, kommentierte er seine Herkunft mit den Worten:

Es ist ja schön, als Österreicher geboren zu werden, und es ist schön, als Österreicher zu sterben. Aber was, bitte sehr, macht man dazwischen?

Wenn er sich irgendwo vorstellte, pflegte er zu sagen:

»Mein Name ist Kuh – alle Witze schon gemacht!«

Nach Hitlers Machtergreifung kehrte er nach Wien zurück, wo er wieder für diverse Zeitungen schrieb und sich auch recht und schlecht durch sein rhetorisches Talent über Wasser hielt. Als er von Hitlers Drohung, in Österreich einzumarschieren, erfuhr, entwarf er im Freundeskreis einen Plan, wie die Republik Österreich diesem Erpressungsversuch entgehen könnte. Der österreichische Unterrichtsminister Hans Pernter bekam auf verschlungenen Wegen Wind von Kuhs Ideen und bat den Dichter, ihn mit diesem Plan vertraut zu machen. Kuh kam der Einladung nach, ging im Anschluss daran in seine Wohnung und packte die Koffer. Und zwar, wie er sagte, aus folgendem Grund: »Zu einer Regierung, die sich von mir, Anton Kuh, Ratschläge geben lässt, habe ich kein Vertrauen mehr.«
Sprach's und flog für immer nach Amerika.

Lachender Philosoph
Der geniale Dilettant Egon Friedell

Anton Kuh, der immer in Geldnöten war, tippte einmal ein Feuilleton Egon Friedells ab, das er, versehen mit seinem eigenen Namen, an die Redaktion einer Wiener Zeitung schickte. Da man ihm schon mehrmals Vorschüsse ausbezahlt hatte, ohne dass die Geschichte je erschienen ist, hoffte er, dass dies auch diesmal der Fall sein würde. Und musste zu seiner großen Verblüffung feststellen, dass ausgerechnet diese Glosse in Druck ging. Tage nach Erscheinen des Artikels erhielt er einen Brief Friedells:

Sehr geehrter Herr, überrascht stelle ich fest, dass Sie meine beschei-dene Erzählung Kaiser Josef und die Prostituierte unverändert, nur unter Hinzufügung der Worte ›Von Anton Kuh‹, veröffentlicht haben. Es ehrt mich selbstverständlich, dass Ihre Wahl auf meine kleine, launige Geschichte gefallen ist, da Ihnen doch die gesamte Weltliteratur seit Homer zur Verfügung stand. Ich hätte mich des-halb gerne revanchiert, aber nach Durchsicht Ihres Gesamtwerkes fand ich nichts, worunter ich meinen Namen hätte setzen mögen.

An der Freundschaft Kuh–Friedell änderte der Vorfall nichts.

Max Reinhardt nannte Friedell einen »genialen Dilettanten«. Genial, weil er so unerhört vielseitig war: als Kabarettist, Schau-spieler, Philosoph, Verfasser von Geschichtswerken, Theaterkriti-ker, Journalist. Und doch ein Dilettant, da er die meisten der von ihm ausgeübten Berufe nicht erlernt hatte. Er war nie in einer

Schauspielschule gewesen, und seine Sprechtechnik erfüllte keineswegs die Anforderungen, die ein großes Theater stellte. Und doch war er in den 1930er Jahren einer der populärsten Bühnenkünstler Wiens – vor allem aber einer der originellsten.

Egon Friedmann, wie er eigentlich hieß, kam am 21. Jänner 1878 als drittes Kind eines wohlhabenden Tuchfabrikanten in Wien zur Welt. Die Mutter verließ, da die Ehe denkbar schlecht war, die Familie und zog, als Egon neun war, zu einem anderen Mann. Egon blieb bei seinem Vater, der vier Jahre später starb, worauf er einer Tante in Frankfurt anvertraut wurde. Er besuchte das dortige Goethe-Gymnasium, das er bald verlassen musste, weil er mehrmals »die Klasse zu stören und zu ärgern versuchte«. Friedell flog aus einem halben Dutzend weiterer Schulen, ehe er endlich mit 21 – und auch da erst beim vierten Anlauf – die Matura schaffte.

Niemand sonst hat je die Schikanen der Professoren und die vielfach sinnlosen, überstrengen Prüfungen so humorvoll beschrieben wie Friedell: Acht Jahre nach der Matura verfasste er gemeinsam mit seinem Freund Alfred Polgar den legendären *Goethe*-Sketch: Goethe erscheint im zwanzigsten Jahrhundert als Geist und stellt sich selbst einer Matura-Prüfung zum Thema Goethe. Und hat keine Ahnung. Goethe weiß selbst nicht mehr, wann genau er die erste Umarbeitung der *Stella* besorgte oder in welchem Jahr *Hermann und Dorothea* erschienen ist …

PROFESSOR: *Wann verließ Goethe Wetzlar?*
GOETHE: *Ei, no so um 71 oder 72.*
PROFESSOR: *Ich frage, wann Goethe Wetzlar verließ?*
GOETHE: *72, ja, ja, 's wird scho so gewese soi, im Winter 72.*
PROFESSOR: *Mit diesem inhaltslosen Herumgerede werden Sie Ihr*

Unwissen nicht verbergen! Ich meine natürlich: In welchem Monat
verließ Goethe Wetzlar?

GOETHE: *Warte Se, das werd' ich Ihne gleich sache. Ei, wann
war's denn nur, das hab ich doch gewusst.*

PROFESSOR: *Ja, das ist Ihre ständige Redensart! Sie haben immer
nur gewusst! Aber Sie wissen nichts. Kohn, wann verließ Goethe
Wetzlar?*

SCHÜLER KOHN: *Selbstverständlich am 23. September 1772,
fünf Uhr nachmittags mit der Fahrpost.*

GOETHE: *Ja richtig, im September, mit der Fahrpost ...*

PROFESSOR: *Wann las Goethe zum ersten Mal Gottsched?*

GOETHE: *Ei, das weiß ich net.*

PROFESSOR: *Wie?*

GOETHE: *Das weiß ich net. Das werd doch alles net so wichtig soi.*

Egon Friedell in seiner Paraderolle als Goethe (im Bild ganz rechts)

PROFESSOR: In Goethes Leben ist nichts unwichtig. Merken Sie sich das, Sie Grünschnabel ...

SCHULRAT: Nun, ich sehe schon, Daten darf man Sie nicht fragen. Nun etwas über Goethes Innenleben. Welche seelischen Erlebnisse veranlassten Goethe zur Fortführung des Wilhelm Meister?

GOETHE: No, da hat er doch schon vom Verleger die zweihundert Taler Vorschuss uff'n zweite Band gehabt, da hat er'n doch aaach schreibe müsse.

PROFESSOR: Es ist unerhört! Sie behaupten also, dass schnöde Geldgier die Triebfeder von Goethes genialer Dichtung war?

GOETHE: Wieso Geldgier? 's Geld hat er doch längst nicht mehr gehabt ...

SCHULRAT: Wissen Sie vielleicht zufällig, wer die Frau von Stein war?

GOETHE: No, soi Geliebte.

PROFESSOR: Derartige Ausdrücke sind in einer Staatsanstalt absolut unstatthaft. – Der Dichterheros schätzte Frau von Stein viel zu hoch, als dass er sie zu seiner Geliebten erniedrigt hätte. – Lachen Sie nicht, Sie frecher Bursche. – Warum löste Goethe sein Verlöbnis mit Lili?

GOETHE: Das kann ich doch net sache. Das wär doch indiskret.

SCHULRAT: Diskretion ist allerdings die Haupteigenschaft, die Sie in Bezug auf Goethe entwickeln ...

Klar, dass Goethe – den Friedell in Kabarettaufführungen stets selbst spielte – schlussendlich zum Thema Goethe durchfällt und vom Musterschüler Kohn, der alle Daten und Gefühlsregungen des Dichterfürsten auf das Genaueste kennt, die richtigen Antworten erfahren muss. Am Schluss sagt der Professor triumphierend zu Goethe:

Sehen Sie! Das ist Bildung!

Was Bildung ist, wusste Egon Friedell allerdings selbst sehr genau. Der einst aus allen Schulen geflogene Gymnasiast absolvierte sein Geschichts- und Philosophiestudium in neun Semestern und promovierte 26-jährig mit Auszeichnung. Seine Dissertation *Novalis als Philosoph* ging in Druck und ist als Buch erschienen, wobei erstmals das Pseudonym Friedell verwendet wurde.

Friedell lebte in einer großbürgerlichen Wohnung in der Währinger Gentzgasse. Der lebenslange Junggeselle schrieb Feuilletons und Theaterkritiken, lieferte Beiträge für die *Fackel*, obwohl ihn mit Karl Kraus – der Friedell als »Salonhumoristen« verspottete – eine »respektvolle Gegnerschaft« verband.

Ab 1905 agierte Friedell als Kabarettist und Conférencier mit seinen eigenen Texten in den Kabaretts Nachtlicht, Hölle, Simpl und Fledermaus, wo er zum Teil auch als künstlerischer Leiter tätig war. Als er einmal in Berlin gastierte und dort als »versoffener Münchner Dilettant« verrissen wurde, reagierte Friedell mit einem offenen Brief an die Zeitung:

> *Es stört mich nicht, als Dilettant bezeichnet zu werden. Dilettantismus und ehrliche Kunstbemühung schließen einander nicht aus. Auch leugne ich keineswegs, dass ich dem Alkoholgenuss zugetan bin, und wenn man mir daraus einen Strick drehen will, muss ich's hinnehmen. Aber das Wort »Münchner« wird ein gerichtliches Nachspiel haben!*

Von 1924 bis 1929 war Egon Friedell als Schauspieler an Max Reinhardts Theater in der Josefstadt im festen Engagement und schrieb gleichzeitig sein Meisterwerk *Kulturgeschichte der Neuzeit*, das ihn international bekannt machte. Später entstanden noch die *Kulturgeschichte des Altertums* und das Fragment *Kulturgeschichte*

Griechenlands. Der »lachende Philosoph«, wie Friedell genannt wurde, hinterließ eine Reihe ebenso kluger wie witziger Aussprüche.

In Österreich wird man nur zum großen Mann, wenn man etwas auffällig nicht tut.

Die meisten unserer heutigen Wahrheiten haben so kurze Beine, dass sie gerade so gut Lügen sein könnten.

Es ist ganz merkwürdig, wie stark die Menschen im Verfehlen des Richtigen und des Nächstliegenden sind.

Lieber Leser, wenn schon ich mir so oft widerspreche, dann ist es wirklich gänzlich überflüssig, dass auch du mir noch widersprichst.

Es gibt Menschen, die selbst für Vorurteile zu dumm sind.

Der Fortschritt der Menschheit besteht in der Zunahme ihres problematischen Charakters.

Nur hässliche Frauen sind erziehungsfähig, und bei denen hat es keinen Zweck.

»Ich habe ja auch kein Pferd«
In Gesellschaft allein sein: Alfred Polgar

D er Mann, der mit Friedell – übrigens für das Wiener Kabarett Fledermaus – den *Goethe*-Sketch verfasste, ging als *König
des Feuilletons* in die Literaturgeschichte ein. Alfred Polgar wurde
am 17. Oktober 1873 als Alfred Polak in der Wiener Leopoldstadt
geboren. Sein Vater war Klavierlehrer und – wie Polgar später
schrieb – »Künstler, Musiker, behaftet mit der übelsten Götter-
gabe: mit unproduktivem Genie, zu schwach für das Große, zu
groß für das Kleine.«

Alfred absolvierte ein Gymnasium, eine Handelsschule und
besuchte eine Klavierbauerschule, die er nicht abschloss. Einem
Schweizer Verleger schrieb er einmal: »Meine Bildung besteht zum
größten Teil aus Lücken. Aber es ist ja uninteressant, was einer
geistig zu sich genommen hat, interessant könnte höchstens sein,
was er hergibt.«

Und Alfred Polgar gab unendlich viel her. Schon der Freundeskreis lässt aufhorchen: Neben Friedell, seinem engsten Vertrau-
ten, wurden die Nächte mit Adolf Loos, Karl Kraus, Peter Altenberg, Anton Kuh, Joseph Roth und Arnold Schönberg
durchdiskutiert. Orte des Geschehens waren Wiens Literaten-
cafés, meist das Central, das zu beschreiben keinem so gelungen
ist wie Polgar.

*Das Central ist kein Kaffeehaus, sondern eine Weltanschauung, und
zwar eine, deren innerster Inhalt es ist, die Welt nicht anzuschauen.*

83

Ein Ort für Menschen, die die Zeit totschlagen müssen, um nicht von ihr totgeschlagen zu werden.

Es gibt Schaffende, denen nur im Café Central nichts einfällt, überall anderswo weit weniger.

Die Bewohner des Café Central sind größtenteils Leute, die allein sein wollen, aber dazu Gesellschaft brauchen.

Es ist ein Kaffeehaus, nehmt alles nur in allem! Ihr werdet nimmer solcher Örtlichkeit begegnen.

Alfred Polgar schrieb zur Jahrhundertwende für verschiedene Wiener Blätter, ohne zunächst den Durchbruch zu schaffen. Was den berühmten Berliner Publizisten Siegfried Jacobsohn erstaunte, denn als dieser 1905 »zwecks Journalistenfang« nach Wien kam und Polgar las, stellte er fest: »Wenn ein Stilist dieses Ranges ein Jahr in Berlin sitzt, ist er eine Berühmtheit.«

Genau das traf ein. Polgar ging nach Berlin, Jacobsohn ließ ihn für seine Zeitschrift *Die Schaubühne* arbeiten, nebenbei textete er für diverse Kabaretts. Seinen Redaktionskollegen Kurt Tucholsky faszinierte, dass Polgar wie kein anderer Kritiker »aufs Augenhärchen genau sagen kann, was er sagen will«. Eine Besprechung eines ebenso langen wie langweiligen Stücks gipfelte bei Polgar in dem Satz: »Als ich um elf auf die Uhr sah, war es erst halb zehn.«

Die Menschen glauben viel leichter eine Lüge, die sie schon hundertmal gehört haben, als eine Wahrheit, die ihnen völlig neu ist.

Wahrheitsliebe ist die seltenste aller amourösen Bindungen.

Die Zukunft kommt in Raten, das ist das Erträgliche an ihr.

Der größte Einwand gegen jede Lehre sind die Lehrer. Religionsstifter wählen deshalb gern die Methode der göttlichen Offenbarung. Da ist dann die Lehre vom Himmel gefallen, was alle Kritik an ihr ausschließt.

Eine eigene Meinung ist ein Luxus, den sich nicht viele Menschen leisten.

Es ist schwierig, Menschen hinters Licht zu führen, sobald es ihnen aufgegangen ist.

Liebe nennt man die Unzurechnungsfähigkeit eines Zurechnungsfähigen.

Im Leben hat man meistens zwischen dem guten Ruf und dem Vergnügen zu wählen. Dabei erkennt man, dass der gute Ruf kein Vergnügen ist.

In den meisten Bühnenstücken fußt der Dialog auf der falschen Annahme, dass die Menschen einander ausreden lassen. Wo gibt es das im Leben?

Ruhm bedeutet vor allem, dass man zum richtigen Zeitpunkt stirbt.

1933 flüchtete Polgar über Prag nach Wien, wo er wieder als Theaterkritiker tätig war und seine alten Freunde wieder traf. Friedrich Torberg hinterließ uns Beispiele seiner Schlagfertigkeit.

»In die entgegengesetzte Richtung«: Alfred Polgar, ein Sir vom Scheitel bis zur Sohle

Als Polgar eines Nachmittags das Café Herrenhof verließ, folgte ihm der für seine klebrigen Anbiederungsversuche sattsam bekannte Stammgast Weiß auf die Straße, gesellte sich devot an seine Seite und stellte ihm die scheinbar ausweglose Frage: »In welche Richtung gehen Sie, Herr Polgar?«

Er erhielt den prompten Bescheid: »In die entgegengesetzte.«

Ein anderer Giftpfeil traf Polgars Schriftstellerkollegen Otto Soyka, der eher durch penetrante Eitelkeit denn durch überragende Begabung in Erinnerung blieb. Eines Tages betrat Soyka in komplettem Reitkostüm, mit Schaftstiefeln, Sporn und Gerte, das Café Herrenhof. Polgars Reaktion:

Ich habe ja auch kein Pferd, aber so kein Pferd wie der Soyka hab ich bestimmt nicht.

Abgesehen von seinen Feuilletons und Theaterrezensionen, war er ein kritischer Beobachter der Politik in Hitlerdeutschland. In der Skizze *Höhere Mathematik* setzte sich Polgar 1937 mit der Lächerlichkeit der damals schon geltenden *Nürnberger Rassengesetze* auseinander, die »nichtarische« Menschen in »Volljuden«, »Dreivierteljuden«, »Halbjuden«, »Vierteljuden« und »Achteljuden« einteilten. »Weiter geht die arithmetische Unterscheidung vorläufig nicht«, schrieb Polgar und stellte eine profunde Analyse der »Berechnungsschwierigkeiten« her:

> *Wenn zum Beispiel ein $\frac{3}{4}$-Jude eine $\frac{1}{8}$-Jüdin heiratet, bekommt das Kind aus solcher Ehe als rassisches Erbgut mit: $\frac{1}{2}$ plus $\frac{7}{8}$, also $\frac{7}{8}$ jüdisches, und $\frac{1}{8}$ plus $\frac{7}{8}$, also $\frac{9}{8}$ arisches Blut, was per saldo, netto Kassa, einen Reinertrag von $\frac{1}{4}$ arisch für das Kind ergäbe, womit es im Dritten Reich nicht viel anfangen könnte: es wäre ja wieder ein $\frac{3}{4}$-Jude. Hätte der $\frac{3}{4}$ jüdische Vater aber statt der $\frac{1}{8}$-Jüdin eine komplette $\frac{1}{2}$- oder $\frac{2}{4}$-Jüdin geheiratet, so ergäbe die Blutbilanz des Kindes $\frac{3}{4}$ oder $\frac{10}{8}$ jüdisch und $\frac{6}{8}$ arisch, also einen Überschuss von $\frac{6}{8}$, id est $\frac{1}{2}$ jüdisch, und das Kind wäre ein $\frac{1}{2}$-Jude, stünde also besser da als jenes, dessen $\frac{3}{4}$-Vater eine $\frac{1}{8}$-Jüdin geheiratet hätte.*

»Und was bin ich geworden? Ein Schnorrer!«
Der Bohemien Peter Altenberg

Wenn Peter Altenberg unter seinem weiten Havelock, dem riesigen Schlapphut, umflort von einem wehenden Schal, mit abgetragenen Sandalen an den Füßen, einem Zwicker auf der Nase und einem dicken Knotenstock unterm Arm durch Wien marschierte, drehten sich die Leute um und fragten, ob der Mann meschugge sei. Erst als er ein berühmter Dichter war, akzeptierte man ihn als Teil des Stadtbilds und hegte sogar gewisse Sympathien für ihn. Aber es sollte lange dauern bis es so weit kam, wie er in seiner *Selbstbiografie* schreibt:

Ich bin geboren 1862 in Wien. Mein Vater ist Kaufmann ... Man fragte ihn einmal: »Sind Sie nicht stolz auf Ihren Sohn?« Er erwiderte: »Ich war nicht sehr gekränkt, dass er dreißig Jahre lang ein Thunichtgut gewesen ist. So bin ich nicht sehr geehrt, wenn er jetzt ein Dichter ist.«

Warum Peter Altenberg sein Geburtsjahr mit 1862 angibt, obwohl er 1859 geboren wurde, ist eine von tausend ungeklärten Fragen, die seine Person betreffen. »Seine Funktion in dieser Welt war nicht die, zu schreiben«, meinte Egon Friedell, »sondern zu sehen. Zufällig schrieb er dann das Gesehene auf.«

Richard Engländer, wie er eigentlich hieß – sein Pseudonym lieh er sich von der Ortschaft Altenberg an der Donau – stammte aus einer ursprünglich wohlhabenden jüdischen Familie und war lange auf die Unterstützung seines Vaters und später seines Bruders angewiesen. Er absolvierte das Akademische Gymnasium und versuchte danach Unmögliches: »Jurist zu sein, ohne Jus zu studieren, Mediziner, ohne Medizin zu studieren, Buchhändler ohne Bücher zu verkaufen, Liebhaber, ohne je zu heiraten und zuletzt Dichter, ohne Dichtungen hervorzubringen!«

Ein von seinem Vater zu Rate gezogener Arzt diagnostizierte ein überempfindliches Nervensystem und das Außerstandesein, jemals einen Beruf ausüben zu können, man dürfte den jungen Mann zu nichts zwingen. Zunächst nur für sich schreibend, begann er zu trinken, nahm Schlafmittel, wurde depressiv und oftmaliger Patient in Nervenheilanstalten.

Die Wende kam, als er 34 Jahre alt war. Da saß er gerade im Café Central und las im *Extrablatt* eine Meldung, der zufolge ein kleines Mädchen auf dem Weg zur Klavierstunde verschwunden war. Aus der Meldung skizzierte er einen literarischen Aufsatz, Schnitzler trat an seinen Tisch, überflog die Zeilen und sagte: »Ich habe gar nicht gewusst, dass Sie dichten!« Die Skizze wurde am folgenden Sonntag im Haus des Schriftstellers Richard Beer-Hofmann vorgetragen, der dort anwesende Hermann Bahr bestellte bei Altenberg Beiträge für seine Wochenschrift *Die Zeit*, die wiederum Karl Kraus an den Verleger Samuel Fischer schickte. Und so ging es dann, laut Peter Altenberg, weiter:

> S. Fischer druckte mich, und so wurde ich! Wenn man bedenkt, von welchen Zufälligkeiten das Lebensschicksal eines Menschen abhängt! Hätte ich damals im Café Central gerade eine Rechnung geschrieben, über die seit Monaten nicht bezahlten Kaffees, so hätte Arthur Schnitzler sich nicht für mich erwärmt, Beer-Hofmann hätte keine literarische Soirée gegeben, Hermann Bahr hätte mir nicht geschrieben. Karl Kraus freilich hätte meinen Pack Skizzen unter allen Umständen an S. Fischer abgeschickt, denn er ist ein Eigener, ein Unbeeinflussbarer. Alle zusammen jedoch haben mich gemacht. Und was bin ich geworden? Ein Schnorrer!

Altenberg blieb ein als Original betrachteter Außenseiter und wurde noch zu seinen Lebzeiten eine über die Grenzen Österreichs hinaus bekannte Erscheinung, eine Symbolfigur der Bohemiens und Kaffeehausliteraten im Fin de siècle. In Hunderten Kurzgeschichten beschrieb er Liebschaften, Vergnügungsetablissements, die Armut, den Frühling, die Einsamkeit, Gasthöfe, Tulpen, die Hundesteuer, Schönheitspflege, Reisen (die ihn selten weiter als nach Baden oder auf den Semmering führten), Theaterabende, den Tod, sich selbst und sein Idol Franz Schubert. Vor allem aber beschrieb er Mädchen, sehr junge Mädchen.

Ich schrieb einer süßen Gefallenen einen begeisterten Brief, schilderte ihr darin alle ihre Vollkommenheiten, vom Kopf bis zu den Zehen. Sie ließ mich nachts im Café L. an ihren Tisch bitten durch den Kellner.

»Sö haben mir an Brief g'schrieben?«

»Ja, bitte, jawohl, ich habe mir erlaubt, Fräulein.«

»Wos hat des für an Zweck?«

Später erfuhr sie, wer eigentlich dieser Briefschreiber sei. Da sagte sie dann häufig zu ihren Herren: »Ob ihr's glaubt oder net, der Peter Altenberg hat mir an riesig begeisterten Brief g'schrieben. Kommt's z'Haus zu mir, da zeig ich ihn euch.«

Und so hatte denn mein Brief dennoch in gewisser Hinsicht einen Zweck gehabt.

Der in den USA lebende Professor Leo A. Lensing gibt Entwarnung, wenn es um die Frage geht, ob sich der Dichter jemals strafbar gemacht oder in den Beschreibungen der halben Kinder einfach seinen Träumen Ausdruck verliehen hätte: »Es gibt keinen Beleg dafür, dass er mit einem der von ihm verehrten Mädchen sexuellen Kontakt hatte«, meint der Altenberg-Forscher, »keine seiner tatsächlichen Freundinnen war jünger als es den damaligen Gesetzen entsprach.«

Frauen und Mädchen waren es auch meist, denen er seine Sinnsprüche widmete.

Seine Reisen führten ihn selten weiter als nach Baden oder auf den Semmering:
Peter Altenberg

Mich interessiert an einer Frau meine Beziehung zu ihr – nicht ihre
Beziehung zu mir!

Die Frauenseele ist bescheiden: Sie sucht Jesus Christus und Napoleon, Diogenes und Hölderlin vereint in einem Wesen.

Wenn man einer Frau es ununterbrochen mitteilt, wie wunderbar
schön sie sei, ist sie so befriedigt, dass sie gar nicht mehr »befriedigt«
werden will!

Die Liebe ist nichts anderes als ein Seiltanz von Amateuren ohne
Balancierstange und Netz.

Im Augenblick, da man eine Frau »sein Eigen« nennt, ist sie es schon nicht.

Später ist zu spät.

Es gibt nur einen einzigen wirklichen Größenwahn – der Glaube eines Mannes an die Treue einer geliebten Frau.

Ein glückliches Paar: Er tut, was sie will – und sie tut, was sie will.

Die öffentliche Meinung kann man nur beeinflussen, wenn man gegen sie ist.

Es ist traurig, eine Ausnahme zu sein. Aber noch viel trauriger ist es, keine zu sein.

Die über mich lachen, werden später über sich weinen!

Peter Altenberg war voller Widersprüche, predigte eine diätetische Lebensweise, ernährte sich aber höchst ungesund, er hat nie eine Wohnung besessen, sondern immer in Hotels gewohnt, war auch als bekannter Autor noch Besitzer eines amtlichen Hausiererscheins und immer darauf bedacht, eingeladen zu werden. Berühmt ist sein Brief an den Kritiker Alfred Kerr, in dem er diesen bat, für ihn eine Sammlung zu veranstalten. »Ich denke mir zum Beispiel folgende Annonce in allen deutschen Zeitungen: ›Ich sammle für eine Ehrengabe zum fünfzigsten Geburtstage Peter Altenbergs.‹«

Er starb 1919 im Alter von sechzig Jahren an einer Lungenentzündung. Die Pädagogin Eugenie Schwarzwald schrieb über sein

Begräbnis: »Das ganze offizielle Wien fehlte wie ein Mann«, und Karl Kraus schloss seine Grabrede mit den Worten: »Wehe der Nachkommenschaft, die dich verkennt!«

Der »selbststilisierte Schnorrer«, wie man ihn zuweilen nannte, hinterließ eine Barschaft in Höhe von 100 000 Kronen*, die er der Wiener *Kinderschutz- und Rettungs-Gesellschaft* vermachte.

»*Dienst an sich ist Strafe genug*« Roda Roda, der Mann mit dem Monokel

Eines Tages fuhr Exzellenz Enenkel, der österreichische Minister, von Wien nach München. Unterwegs in St. Pölten öffnete sich die Tür des Abteils, ein wildfremder Herr trat ein und setzte sich dem Minister gegenüber.

»Verzeihung«, sagte Exzellenz, »das Coupé ist reserviert.« Der Fremde rührte sich nicht. »Herr! Das Coupé ist reserviert«, sagte Exzellenz deutlicher. Der Fremde rührte sich nicht.

»Sie wissen offenbar nicht, mit wem Sie es zu tun haben. Hier meine Karte.« Der Fremde steckte sie gleichmütig ein. Da wurde der Minister böse, stürzte hinaus zum Stationsvorsteher und rief: »In mein reserviertes Coupé hat sich ein Fremder eingedrängt – ich bitte sofort amtszuhandeln!«

»Des wern mir glei ham.« – Der Beamte suchte den fremden Herrn auf und stellte ihn zur Rede. Statt eine Silbe zu antworten, reichte der Fremde steinern die Visitenkarte hin, die er eben erhalten hatte.

---

* Entspricht laut »Statistik Austria« im Jahre 2012 einem Betrag von circa 18 000 Euro

Der Beamte las den Namen darauf – verfärbte sich – kehrte zu Exzellenz zurück, der auf dem Bahnsteig den Erfolg der Mission abwartete ...

»Bitt scheen«, raunte der Beamte, »nur ka Aufsehen! Mir zu Gfallen! Es ist der Enenkel, der Trottel, da kann ma nix machen.«

Mit Witz und feiner Ironie beschrieb Alexander Roda Roda die Typen und Originale der vor sich hin sterbenden Monarchie. Als Sohn eines Gutsverwalters in Mähren zur Welt gekommen, studierte Sándor Friedrich Rosenfeld, wie er eigentlich hieß, eine Zeitlang Rechtswissenschaften in Wien, um dann die Offizierslaufbahn einzuschlagen.

Wie ich hier sitze, hat man mich am 13. April 1872 geboren. Nur das Monokel ist etwas später hinzugekommen. Meine Bildung, soweit vorhanden, verdanke ich dem Gymnasium zu Ungarisch-Hradisch. Doch bekam ich, als ich dreizehn Jahre alt war, eine Gouvernante – die bot mir manche Aufklärung, besonders auf biologischem Gebiet ... 1901 verließ ich die Armee. Über meine Lebensführung in den folgenden vier Jahren verweigere ich die Auskunft. 1905 etablierte ich mich in München als Schriftsteller ... Seitdem dichte ich meistens dramatisch, wenigstens am Vormittag ... Die Zeit von eins bis fünf ist dem Humor geweiht.

Schon neben seiner Offizierslaufbahn trat Roda Roda in den Wiener Kabaretts Nachtlicht, Fledermaus, im Pavillon, im Simpl und auch in Berlin auf, um seine ersten humoristischen Erzählungen vorzutragen, in denen er das Militärleben aufs Korn nahm. Dies führte zur Aberkennung seiner Offizierscharge als Oberleutnant.

DER OFFIZIER: Ich bin für milde Handhabung des Militärstrafrechts. Dienst an sich ist Strafe genug.

DER OBERST: Was, Herr Hauptmann? Zwanzig Jahre dienen Sie schon und haben noch niemals Urlaub gehabt? Ja, warum wollen Sie dann jetzt auf einmal Urlaub haben?

ERSTER LEUTNANT: Eben einem Zivilisten auf den Fuß getreten.
ZWEITER LEUTNANT: Nu – entschuldigte er sich wenigstens?

Stets mit Monokel und roter Weste: Alexander Roda Roda

Sein unehrenhaftes Ausscheiden aus der kaiserlich-königlichen Armee war nur eines der Markenzeichen des Dichters und Conférenciers: Roda Roda trug auch stets, wenn er seine Schwänke und Kurzgeschichten rezitierte, eine rote Weste, die er sich aus dem Innenfutter seiner ausgedienten Offiziersuniform hatte schneidern lassen. Und er hatte immer, wenn er seine messerscharfen Beobachtungen vortrug, ein Monokel ins rechte Auge gezwängt.

95

Man wähle von zwei Politikern das kleinere.

In manchen Ländern sind Satiriker überflüssig; die Regierung macht sich selbst lächerlich.

Wann in Berlin a Künstler verhungert, kümmert sich ka Mensch um eahm. Aber in Wien stengan Hunderte um eahm herum und sagen: Es müsset was für ihn g'schehn.

Einst hatte das Journal so viel Geist wie die Leute, die es schrieben. Heute hat es so viel Geist wie jene, die es lesen. Kinder, das ist ein furchtbarer Unterschied.

Über Italien lacht der blaue Himmel und über Österreich lacht die ganze Welt.

Für Aufsehen sorgte Roda Rodas Liaison mit der berühmten Schauspielerin Adele Sandrock, deretwegen er sich vor Gericht verantworten musste, nachdem er einen Nebenbuhler attackiert hatte.

In Wien lernte ich ein wunderniedliches Mädel kennen. Wir verstanden uns im Augenblick – und so lang ich in Wien blieb, waren wir ein Herz und eine Seele. Als ich abreiste, nahm sie weinend Abschied. Und sprach: »Adieu, Herzischatz ... Nie hab ich vorher geliebt, nie werde ich nachher lieben. Und sei mir nicht bös, wenn ich dir ein kleines Andenken anbiete.« Sie reichte mir drei silberbeschlagene Spazierstöcke.
»Mädi! Wie darfst du dir Auslagen für mich machen? Und gleich drei Stöcke?«

*»Oh die kosten mich nichts – die hat man in der letzten Woche bei
mir vergessen.«*

Im Jahre 1909 schrieb Alexander Roda Roda mit Carl Rößler sein
berühmtestes Stück *Der Feldherrnhügel*, in dem die Einfältigkeit des
Armeealltags karikiert wird. Als die Militärkomödie von der k. u. k.
Zensurbehörde mit einem Aufführungsverbot belegt wurde,
erklärte der zuständige Beamte den beiden Autoren: »Dieses Stück
wird nicht aufgeführt, solange die österreichisch-ungarische
Monarchie besteht.«

Worauf Carl Rößler seinem Freund zuflüsterte: »Komm, Roda,
die paar Wochen wart ma halt noch.«

Roda Roda war während des Ersten Weltkriegs als Frontbericht-
erstatter der *Neuen Freien Presse* im Einsatz und feierte in den
1920er Jahren mit seinen Satiren und Romanen große Erfolge.

Vor vielen Jahren einmal kam ich zu Felix Dörmann und bat ihn,
er möchte mein Drama lesen und es dem Deutschen Volkstheater
empfehlen.*

*»Lesen?« rief Dörmann. »Wozu? Wenn das Stück gut ist, nehmen
die beim Volkstheater es doch nicht; und wenn es schlecht ist, macht
es von selber seinen Weg.«*

Der Mann mit dem Monokel lebte mit seiner Frau Elsbeth geborene Freifrau von Zeppelin in Wien, München, Paris und gerade
als Hitler 1933 an die Macht kam in Berlin. Er ließ sich nun in
Graz nieder, um nach dem »Anschluss« über die Schweiz in die
USA zu flüchten, wo er - nunmehr erfolglos - in seinen altöster-

---

* Felix Dörmann, österreichischer Schriftsteller und Librettist, 1870–1928

97

reichischen Erinnerungen lebte. So hatte er einmal in einem Wiener Café einen Theaterautor getroffen: »Was, Sie leben noch?«, war Roda erstaunt, »ich frage nur, weil ich in letzter Zeit so viele wohlwollende Kritiken über Sie gelesen habe, dass ich schon fürchten musste, dass das Ihre Nachrufe sind.«

Die Nachrufe auf Roda Roda wurden am 20. August 1945 geschrieben. Er hatte Krieg und Nazizeit um wenige Monate überlebt, konnte aber nicht mehr nach Österreich zurückkehren. Doch jenes Österreich, das er so liebevoll belächelt hatte, existierte ohnehin längst nicht mehr.

> *Ich besuchte einst in Berlin meinen Verleger. Wie denn meine Bücher gingen?*
>
> *»Gott«, sagte er, »soso lala. Aber ich verliere den Mut nicht. Sehen Sie, Bierbaum wird erst gekauft, seit er tot ist. Auch Ihre Zeit wird kommen, lieber Roda!«*
>
> *Und er sah mich mit zuversichtlichen Augen an.*

»Der zweite Donnerstag in Scheibbs«
Eigenartiges von Fritz von Herzmanovsky-Orlando

Eigentlich war er kein echter Kaffeehausliterat, dafür hielt er sich zu wenig in Wien auf, aber möglicherweise frequentierte er die Cafés der Kurorte, die er krankheitsbedingt sein halbes Leben lang aufsuchen musste. Fritz von Herzmanovsky-Orlando hatte Architektur studiert, musste seinen erlernten Beruf aber schon in jungen Jahren wegen einer chronischen Nierentuberkulose aufgeben. So führte er – vom Elternhaus finanziell gut versorgt – das Leben eines Privatiers, der sich als Zeichner und Schriftsteller Abwechslung für seinen Alltag verschaffte.

Er war 1877 in eine kleinadelige Familie – sein Vater war Ministerialbeamter – in Wien zur Welt gekommen und seit seiner Erkrankung viel auf Reisen, um in Heilanstalten Linderung seiner Schmerzen zu erfahren. Seine festen Wohnsitze lagen aus klimatischen Gründen in Meran und in Malcesine am Gardasee.

Zu seinen Lebzeiten wurde wenig aus Herzmanovskys Schaffen veröffentlicht, er war nur einer »kleinen Gemeinde literarischer Feinschmecker« bekannt, wie es Friedrich Torberg ausdrückte, der sein umfangreiches Werk nach dessen Tod im Jahre 1954 bearbeitet und herausgegeben hat. Torberg muss ihn wohl sehr geschätzt haben und auch über seinen eigenen Schatten gesprungen sein, denn Herzmanovsky war ab 1932 Mitglied der NSDAP und Anhänger des glühenden Antisemiten Jörg Lanz von Liebenfels, dessen Rassentheorie ihn faszinierte und mit dem er auch in persönlichem Kontakt stand. Immerhin wird Lanz von Liebenfels in der Geschichtsschreibung vielfach als »der Mann, der Hitler die Ideen gab«, bezeichnet.

Wie auch immer, der im Judentum tief verwurzelte Torberg stürzte sich auf Herzmanovskys Werk, veröffentlichte dessen Romane *Der Gaulschreck im Rosennetz, Das Maskenspiel der Genien*, seinen Einakter *Kaiser Joseph und die Bahnwärterstochter* (der dann auch im Burgtheater aufgeführt und 1962 unter der Regie von Axel Corti mit Hans Moser, Hans Holt und Inge Konradi verfilmt wurde), vor allem aber seine zahllosen Fragmente und Skizzen, in denen er die Skurrilitäten des k. u. k. Alltags beschreibt. So findet sich im *Gaulschreck* die Szene *Der zweite Donnerstag in Scheibbs*:

99

Viel gab's im Amte zu tun. Das kam so: Die Stadt Scheibbs hatte rastlos, seit Dezennien schon, um einen zweiten Donnerstag in der Woche gebeten … Schon unter Kaiser Joseph hatte es angefangen. Dieser aufgeklärte Monarch hielt es für Irrsinn. Doch die zähen Scheibbser petitionierten wieder und immer wieder, hartnäckig. Jetzt fing die Sache an, in weiteren Kreisen Beachtung, und zwar missbilligende Beachtung zu finden. Dachte man doch allmählich tiefer über die Angelegenheit nach. Es gab zwei Möglichkeiten, eine schreckhafter als die andere. Zuerst die, dass die Stadt Scheibbs allmählich in eine andere Zeitrechnung treten würde und dass es außer dem Julianischen und Gregorianischen auch noch einen Scheibbsianischen Kalender geben würde … Dann aber tauchten weit schlimmere Bedenken auf. Der unfromme Wunsch der Scheibbser müsste notwendigerweise auch üble Folgen kosmischer Natur nach sich ziehen … Der ganze Breitengrad, auf dem Scheibbs lag, fühlte sich in seiner Sicherheit bedroht. Deputation auf Deputation aus aller Herren Länder wurden jetzt bei der obersten Behörde vorstellig. Da ritten Irokesen neben Korneuburgern, krummbeinige ungarische Magnaten in Trauergala, Kleinrussen, Mongolen, Chinesen, Franzosen, biedere Schwaben und Bayern … kurz alles, was am Breitengrad von Scheibbs lag, kam nach Wien und jammerte um Schutz von Haus und Herd.

Zu guter Letzt stellt sich in der zuständigen Behörde heraus, dass die amtliche wie die weltweite Aufregung vollkommen überflüssig gewesen sei, »da die Scheibbser sich nur ungeschickt ausgedrückt und bloß einen zweiten Markttag gewollt, der in ihrem Sprachgebrauch mit dem Begriff Donnerstag identisch war«.

Herzmanovsky-Orlandos Begabung zur Skurrilität war wohl genetisch bedingt, ist doch eine wahre Geschichte, seinen Vater betref-

*Eigenartige Symbiose
zwischen k. u. k. und
NSDAP: Fritz von
Herzmanovsky-Orlando*

fend, überliefert, die der Feder des Sohnes entstammen könnte: Emil von Herzmanovsky war Sektionschef im k. u. k. Ackerbauministerium, als 1897 der neue Ministerpräsident Paul Gautsch Freiherr von Frankenthurn den dortigen Beamten seinen Antrittsbesuch abstattete. Sektionschef Herzmanovsky kam dabei die ehrenvolle Aufgabe zu, den neuen Regierungschef offiziell zu begrüßen – eine Aufgabe, der er sich umso bereitwilliger stellte, als er mit Gautsch das Theresianum absolviert hatte, dessen Schüler, einer alten Tradition folgend, auch nach der Matura in Kontakt blieben und einander selbstverständlich weiterhin duzten.

»Mein lieber Gautsch«, begann Herzmanovsky vor versammelter Beamtenschaft seine Begrüßungsansprache, »es ist mir eine besondere Freude, dich als unseren Chef willkommen zu heißen. Ich versichere dir, dass wir nach besten Kräften bemüht sein werden, dir deine Tätigkeit zu erleichtern.« Und nach einigen weiteren Sätzen schloss er in herzlichstem Ton: »Nicht nur als dein rangältester Mitarbeiter, auch als ein Theresianist dem anderen, wünsche ich dir in deinem neuen Amt Erfolg und alles Gute.«

101

Die Herzlichkeit war, wie sich zeigte, fehl am Platze. Der andere Theresianist räusperte sich und ließ es bei einer ebenso kühlen wie knappen Erwiderung bewenden: »Lieber Herr Sektionschef«, näselte er, »ich nehme Ihre freundlichen Worte gerne zur Kenntnis und hoffe auf eine gedeihliche Zusammenarbeit mit Ihnen und Ihrem Stab. Danke verbindlichst.«

Betretenes Schweigen lastete im Raum. Dann ergriff Herzmanovsky noch einmal das Wort zu der folgenden, noch knapperen Gegenrede: »Lieber Gautsch, gestatte mir noch einmal das trauliche Du. Leck mich im Arsch.«

Sprach's, drehte sich um und ging in Pension.

»Humor, der keinen Spaß versteht«

Witz und literarische Kleinkunst
von 1931 bis 1938

Vom Maturakränzchen auf die Bühne
Das politische Kabarett

Neben dem Unterhaltungskabarett um Grünbaum, Farkas, Armin Berg, Friedell und Roda Roda entstanden in den frühen Dreißigerjahren in Wien mehrere politisch-literarische Kleinkunstbühnen, die in satirischer Form auf die lauernden Gefahren der Zeit hinwiesen. Die Schöpferin dieses Bühnengenres hieß Stella Kadmon, und sie war es auch, die die kleine Kunst groß machte. 1902 in Wien als Tochter einer Klavierpädagogin zur Welt gekommen, war sie zunächst Schauspielerin in Mährisch-Ostrau, »wo Fritz Grünbaum 1926 gastierte. Grünbaum sagte zu mir, dass er und Karl Farkas im Wiener Stadttheater eine Revue mit dem Titel *Wien lacht wieder* planen würden. Ich war Feuer und Flamme, und Grünbaum schrieb mir gleich eine Bombenrolle in das Programm. Leider ist meine Rolle durch eine Änderung der Handlung ins Wasser gefallen, aber ich hatte mich inzwischen so sehr fürs Kabarett begeistert, dass ich bald durch Grünbaums Vermittlung im Simpl, im Pavillon und in der Hölle auftrat.«

Während eines Berlin-Gastspiels sah Stella Kadmon zum ersten Mal ein literarisch-politisches Kabarettprogramm. Das Etablissement hieß Die Katakombe und wurde von Werner Finck geleitet und von jungen Schauspielern – also nicht von Kabarettisten – bespielt. »Warum gibt's so was nicht in Wien?« fragte sich Stella Kadmon und gründete im Herbst 1931 im Souterrain des Ringstraßencafés Prückel das Kabarett Der liebe Augustin.

»Wir haben sofort Aufsehen erregt«: Wiens große Kleinkünstlerin Stella Kadmon

»Wir haben sofort Aufsehen erregt, denn in Wien stellte man sich unter Kabarett nur Plüsch, pikante Witze und Erotik vor. Im Lieben Augustin aber wurden aktuelle Ereignisse glossiert, gegen die immer lauter werdenden Nazis und den spanischen Bürgerkrieg polemisiert – an Ereignissen hatten wir keinen Mangel.« Satire, Chanson, intellektueller Witz, meist über ernste Themen, hielten ihren Einzug. So Herrmann Mostars *Legende vom namenlosen Solda-ten*, die 1935 als Antwort auf die Nationalsozialisten gedacht war, die in Deutschland die Namen der 12 000 im Ersten Weltkrieg gefallenen deutschen Juden von den Kriegerdenkmälern entfernt hatten.

Ich hatt' einen Kameraden,
Einen bessern findst du nit.
Die Trommel schlug zum Streite,
Er ging an meiner Seite
Im gleichen Schritt und Tritt.
Nun hört ich das Klirren und schlief nicht mehr ein,
Und stand auf aus Gruft und Dreck,
Und kam in die Heimat. Da kratzten vom Stein
Sie meinen Namen weg …
Und ich ging und verbarg mein zerschoss'nes Gesicht,
Und ich sah der Meinen Not,
Denn sie gönnten ihnen das Schandleben nicht,
Und mir nicht den Heldentod …

Zu Stella Kadmons Stammensemble gesellten sich Hans Weigel, Fritz Eckhardt, Kurt Nachmann, Carl Merz, Gusti Wolf, Fritz Muliar, »den ich direkt aus dem Gymnasium heraus holte« und Leo Askenazy, der später als Leon Askin in Hollywood Karriere machte. Der Kopf des Ensembles aber war Peter Hammerschlag, »der bis dahin nur Texte für Maturakränzchen geschrieben und vorgetragen hatte«.

»Auch die Brünetten sind gern allein in ihren Betten«
Ironie und Selbstironie des Peter Hammerschlag

Hammerschlag, 1902 in Wien als Sohn eines jüdischen Ohren-
arztes zur Welt gekommen, wurde bei Eintritt in die Volksschule römisch-katholisch getauft. Er studierte Kunstgeschichte
und illustrierte viele seiner satirischen Texte und Gedichte für
Bücher und Zeitungen selbst. Peter Hammerschlag war Hausautor
und Conférencier des Lieben Augustin und parodierte die Dichtkunst der Großen seiner Zeit von Hofmannsthal bis Schnitzler. In
dem Gedicht *Der Karika-Tourist* stellte er eine Verbindung zwischen seinem literarischen und seinem zeichnerischen Können
her:

> *Die Zeichenkunst – das ist sehr eigen –*
> *Ist schwerer oft als Bergbesteigen*
> *Der Zeichner steigt auf sein Modell,*
> *Das Doppelkinn geht leicht und schnell;*
> *Der Schnurrbartsattel wird bestiegen,*
> *Die Nasenkuppe – ein Vergnügen!*
> *Es steigt der Weg, jetzt kommt die Stirn,*
> *Die Luft wird kalt und dünn wie Zwirn.*
> *Es winkt der Ruhm, der Zeichner keucht,*
> *Bergheil! Der Scheitel ist erreicht.*
> *Er starr, verwüsteten Gesichts:*
> *Dort wo das Hirn sonst ist – ist nichts!*

»Der Zeichner steigt auf sein Modell«: Peter Hammerschlag, wie ihn der Karikaturist Bil Spira 1936 sah

Der mit ihm befreundete Friedrich Torberg erinnerte sich, dass Hammerschlag »zu den originellsten Begabungen gehörte, die im Wien der Ersten Republik zwischen Cabaret und Literatur hin und her pendelten«. Um Politik hätte er sich »wenig gekümmert, um Zeitgeschehen und Zeiterscheinungen nur insoweit, als den Modellen seiner Spott- und Hohngedichte symptomatischer Charakter zukam«. Sein vielleicht berühmtestes Werk ist *Die Ungarische Schöpfungsgeschichte*, in der er den Nachweis zu erbringen versucht, dass alles Wesentliche, das die Welt hervorbrachte, magyarischen Ursprungs ist. In *Mir ins Stammbuch* zeigt Hammerschlag aber auch ein gehöriges Quantum an Selbstironie:

Ich liebe zärtliche Blondinen
Und läge schrecklich gern auf ihnen.

Sie weigern sich. Auch die Brünetten
Sind gern allein in ihren Betten.
Die Schwarzen gleichfalls, die ich möchte,
Versagen mir die kleinsten Rechte.
Und auf den Bettchen von die Roten
Steht »Eintritt Hammerschlag verboten!«
Mensch bleibe, was du bist:
Onanist.

Erst Jahrzehnte nach Hammerschlags Tod wurde sein böser *Krüppel-Fox* durch die Interpretation Helmut Qualtingers und André Hellers bekannt.

Wird mir das Leben gar zu toll,
Dann geh ich zu die Blinden,
Da lach ich mir den Buckel voll,
Wenn sie die Tür nicht finden.
Die Lahmen lock ich in ein Haus,
Wohl in ein dunkles Gangerl,
Zieh ihnen die Prothesen aus
Und spiel mit ihnen Fangerl.

Krüppel haben so was Rührendes,
Krüppel haben was Verführendes,
Wenn ich bei einem echten Krüppel bin.
Freut sich sowohl mein Herz als auch mein Sinn ...

»Gott erhalte die Dinge, gegen die ich bin«
Das Doppelleben des Hans Weigel

Zwei Jahre nach dem Lieben Augustin, im deutschen Schicksals-jahr 1933, wurde im Keller des Café Dobner die Literatur am Naschmarkt gegründet, deren wichtigste Autoren Jura Soyfer und wieder Hans Weigel waren. »Wir konnten die Programme nur unter voller Ausnutzung der niedrigen Intelligenzquotienten der Zensoren im faschistischen Ständestaat aufführen«, erzählte Weigel. »So wurden Sketches, in denen die in Deutschland bereits regierende NSDAP vorkam, verboten. Daher entstand ein Sketch über einen Verein namens NIZA, der nie zahlen wollte. Dass hinter NIZA das Wort NAZI steckte, hat der Zensor nicht verstanden.«

Der dritte Autor der Literatur am Naschmarkt war der aus Graz stammende Jurist Rudolf Weys:

> *Jenes Reich, das vor hatte, bis 2933 zu dauern, beginnt 1933. Wo aber finden sich die Vorbilder von Hitlers »arischer Rasse«? Sie haben blond zu sein wie er, schlank wie Göring, wohlgestalt wie Goebbels, frauenliebend wie Röhm und müssen einen zutiefst arischen Namen haben wie Rosenberg ...*

Ungeachtet der autoritären Regierungen Dollfuß und Schusch-nigg schossen zwei weitere literarische Cabarets in Wien aus dem Boden: das ABC in der Porzellangasse und Die Stachelbeere im Café Döblingerhof. Weigel schrieb 1933 für Die Stachelbeere eine prophetische Doppelconférence, die im Jahre 1983 angesiedelt ist. »Ein uraltes Paar« blickt nach einem halben Jahrhundert zurück auf das 33er Jahr:

ER: *Der Wievielte ist heute?*
SIE: *Der 15. Juli 1983.*
ER: *Ja, da feiern wir bald unsere Goldene Hochzeit. Erinnerst du dich noch an das Jahr 1933?*
SIE: *War das nicht das Jahr der Hitlerdiktatur in Deutschland?*
ER: *Wart mal, natürlich. 30. Jänner '33 bis 1. April '34. Übrigens soll der Hindenburg schwer krank sein. Ich hab' neulich sein Bild in der Wochenschau gesehen ...*
SIE: *Du warst im Kino?*
ER: *Aber ja, ich hab' dir doch erzählt, im Pallas-Athene-Kino, wo früher das Parlament war ...*

Die beiden sprechen noch über die Verkehrssituation des Jahres 1983 (»in 2 ¾ Minuten mit dem Flugzeug von der Hohen Warte zum Musikverein«) und über ein »Radio mit Bildübertragung« – »das hätten wir uns damals 1933 in der Vorkriegszeit (!) auch nicht träumen lassen.«

SIE: *Politisch war auch alles ruhiger. Höchstens zwei Bombenan-schläge pro Tag. Und Theater hat's damals noch gegeben. Dort, wo jetzt das große Hallenschwimmbad ist, war das Burgtheater, und zwischen Heinrichhof und Hotel Sacher war noch keine Garage, sondern die Oper.*
ER (hat aus heutiger Sicht freilich die eigentliche Pointe): *Nur die Reichsbrücke, die hat sich nicht verändert!*

1935 wurde in der Literatur am Naschmarkt zum ersten Mal Hans Weigels später oft zitiertes Lied *Wien bleibt Wien* aufgeführt.

Anderswo macht uns das Leben viel Freude,
Aber mich g'freut's nur in Wien.
Anderswo gibt's noch viel schön're Gebäude,
Aber mich g'freut's nur in Wien.
Mancher läßt sich am Rhein begraben,
Am Don, an der Seine, im Tessin.
Ich will mein Grab nur am Donaustrand haben,
Es stirbt sich am besten in Wien.
Wien bleibt Wien, kein Kenner die Tatsache leugnen mag.
Wien bleibt Wien, was immer sich sonstwo ereignen mag.
Wien bleibt Wien, so mächtig, so fesselnd, so echt,
Wien bleibt Wien – und das geschieht ihm ganz recht.

»Es stirbt sich am besten in Wien«:
der Kabarettautor und spätere
Kritikerpapst Hans Weigel

Natürlich wussten die Kleinkünstler der Dreißigerjahre, dass sie mit ihren Liedern, Sketchen und Conférencen die Welt nicht verändern würden. In einer Nummer, die Weigel mit Rudolf Weys für die Literatur am Naschmarkt schrieb, gingen sie auf die Schwächen der Kleinkunst ein, die sie als »Kampf gegen Windmühlen« bezeichneten. Hilde Krahl trat mit dem *Lied der Kleinkunst* als Schulmädchen auf und sang:

> *Mit sauern Trauben komm ich zu euch,*
> *Ich belle den Mond an und 's Dritte Reich.*
> *Ein Brettl muss mir die Welt bedeuten,*
> *Dort halt ich Gerichtstag vor 49 Leuten.*

Hinter dem »Gerichtstag vor 49 Leuten« steckte die Tatsache, dass die Wiener Kleinkunstbühnen im Allgemeinen weniger als fünfzig Sitzplätze hatten, da Etablissements mit größerem Fassungsraum zur Erlangung einer Konzession samt entsprechender Steuerleistung verpflichtet waren – und die hätten sich die Kleinstunternehmen nicht leisten können.

Trotz des geringen Fassungsraums wurden die Premieren zu gesellschaftlichen Ereignissen, bei denen Prominenz wie Ernst Krenek, Franz Theodor Csokor, Theo Lingen, Hans Moser, Robert Stolz, Carl Zuckmayer und Alfred Polgar gesichtet wurde. Von Egon Friedell, einem der Stammgäste der Literatur am Naschmarkt, wird erzählt, dass er während einer Premierenpause in die Künstlergarderobe ging, um mit der bildhübschen Hilde Krahl anzubandeln. Fräulein Ledermann, die etwas ältliche Sekretärin der »Literatur«, beobachtete dies und stellte Friedell zur Rede: »Herr Doktor«, sagte sie streng, »das geht doch nicht. Sie können nicht während der Premiere hinter die Bühne kommen und eine unserer Mitarbeiterinnen von der Arbeit ablenken, sie muss sich doch konzentrieren.«

*Als Schulmädchen in der
Literatur am Naschmarkt:
die junge Hilde Krahl*

»Liebe Dame«, erwiderte Friedell, »ich hab schon bei Reinhardt zu einer Zeit Schauspielerinnen abgelenkt, da waren Sie überhaupt noch gar ...« – er unterbrach sich für einen Moment, um seine Brille zurechtzurücken – »... das heißt: Sie waren schon auf der Welt!«

Hilde Krahl ließ sich von Egon Friedell sicher nicht ablenken und setzte ihr *Lied der Kleinkunst* fort. Jeder im Publikum wusste, dass die Autoren ihre Opfer nur deshalb »Dingsda«, »Ehschowissen« und »Wieheißternurg'schwind« nannten, um zu vermeiden, dass die Zensur die echten Namen herausstreichen würde:

Erst brech ich über den »Dingsda« den Stab,
Dann trag ich den »Ehschonwissen« zu Grab;
Der »Wieheißternurg'schwind« kommt in Acht und Bann:
So kämpft man halt gegen Windmühlen an ...

114

Und gäb's keinen Gaskrieg, wär's grad so a Gfrett,
Weil ich für die Songs keinen Stoff mehr hätt'.
Drum bet ich, vor allem in Hinblick auf Wien:
Gott erhalte die Dinge – gegen die ich bin!

Noch als er 1976 über die Zeit des literarischen Kabaretts der Drei-ßigerjahre erzählte, schien es Hans Weigel geradezu peinlich zu sein, »nebenbei schreckliche Operettentexte geschrieben zu haben«, und er gab als Grund dafür an, dass man von den Honoraren, die die Kleinstbühnen zahlten, nicht leben konnte. Weigel zählte zu den »schrecklichen Operettentexten« vor allem seine Mitarbeit an dem 1936 im Theater an der Wien uraufgeführten Singspiel *Axel an der Himmelstür*, zu dem Ralph Benatzky die Musik geschrieben hatte. In den Hauptrollen sah man Max Hansen und die als große Sensation gefeierte Zarah Leander, deren kometenhafter Aufstieg mit dieser Erfolgsproduktion seinen Anfang nahm. »Ich musste Jura Soyfer versprechen«, erinnerte sich Weigel, »dass ich neben der Operette die Literatur nicht zu kurz kommen lassen würde.«

Und so persiflierte er sein eigenes Lied *Gebundene Hände*, das Zarah Leander jeden Abend in *Axel an der Himmelstür* unter tosendem Beifall sang. Während die Leander im Theater an der Wien auftrat, brachte in der Literatur am Naschmarkt die junge Heidemarie Hatheyer eine Parodie auf die »schwedische Nachtigall« und ihr schnell populär gewordenes Lied *Gebundene Hände*. Der Text war da wie dort von Weigel. Allerdings wurde die Hatheyer im Kabarett von einem Pianisten begleitet, der alles andere als ein großer Virtuose war. Als der eines Abends das Ensemble in seine Wohnung lud, schrieb Weigel dem wenig begabten Klavierspieler ins Stammbuch: »Gebundene Hände – dies wünscht Ihnen Ihr Hans Weigel.«

Weigel, 1908 in Wien geboren, führte in dieser Zeit ein Doppelleben, zumal er sich im literarischen Kabarett über jene Unterhaltung lustig machte, die er selbst produzierte. Er ließ Karl Farkas parodieren, was er nach dem Krieg bereute, da er ihn sehr schätzte. Wie es überhaupt die Rache der Unterhaltung sein sollte, dass viele Schauspieler, die auf den literarischen Brettern entdeckt wurden, von dort in die von ihnen verachteten Staats- und Boulevardbühnen engagiert wurden. Zu ihnen zählen Josef Meinrad, Fritz Eckhardt, Hugo Gottschlich, Manfred Inger, Oskar Wegrostek und Fritz Muliar.

»Geh ma halt a bisserl unter«
Jura Soyfer erobert die Kleinkunst

Jura Soyfer war jung, gutaussehend, alles schien ihm in den Schoß zu fallen: die Freunde, die Mädchen, die Verse, die Pointen. Doch auch der Tod kam schneller als erwartet.

1912 als Sohn eines Industriellen in der ukrainischen Stadt Charkow geboren, wuchs er mit seiner Schwester in Wohlstand und familiärer Geborgenheit auf, umsorgt von seinen Eltern, einer englischen und einer französischen Gouvernante. Als er neun war, änderte sich alles, da die Familie vor den Kommunisten nach Wien flüchten und hier plötzlich unter ganz anderen Verhältnissen in der Leopoldstadt ihr Leben fristen musste. Jura verfasste schon als Mittelschüler Gedichte und Parodien auf seine Professoren und zeigte dabei außergewöhnliches Talent. Als im Herbst 1930 Ernst Rüdiger Starhemberg kurzzeitig Innenminister wurde, widmete der Achtzehnjährige dem Heimwehrführer das Lied *Edler*

Starhemberg, das zur Melodie des Schlagers *Junger Gigolo, armer Gigolo* im Kabarett ABC gesungen wurde:

Großer Starhemberg, edler Starhemberg,
Schön war's in den Tagen,
Wo als Fürstensohn,
Du mit gold'ner Kron
Fuhrst im Luxuskinderwagen.
Hast dich so erfreut,
An der k. k. Zeit,
Ist schon längst ein Trümmerhaufen,
Willst du heut' eine Armee
Tut das Herz dir auch weh,
So musst du dir eine kaufen.

Aus zutiefst konservativem Haus stammend, wandte sich Jura Soyfer zunächst den Sozialdemokraten und später den Kommunisten zu (die seine Familie beraubt und aus der Heimat vertrieben hatten), und er scheute nicht davor zurück, seine Gesinnung in Satiren, Volks- und Theaterstücken preiszugeben. Literaturkenner meinen, dass in Jura Soyfer das Genialische eines Nestroy, eines Horváth, eines Karl Kraus gesteckt hätte - wäre sein Lebenslicht nicht allzu früh erloschen.

Als Hitler in Berlin an die Macht gelangte, sahen Österreichs illegale Nazis ihre Zeit gekommen. Allerdings konnte man sich nach einem Blick in *Lehmann's Adressbuch von Wien* kaum vorstellen, wie sich die »alldeutschen Ideale« verwirklichen lassen sollten; schon weil es hierzulande an »echten Germanen« mangelte. Es gab nämlich kaum einen Wiener ohne böhmische Vorfahren, und die gängigsten Namen waren Dvorak, Novak, Pospischil, Prochaska,

Neverkla, Vanicek ... Als wäre die Wirklichkeit von einem Kabarettautor geschrieben worden, hießen auch die lautesten illegalen
Naziführer Wiens ausgerechnet Suchanek und Kusička. Dass sie
sich Suchenwirth und Raimund nannten, war für Jura Soyfer
Anlass, die Parodie eines Wienerliedes zu schreiben:

> *So am Abend denk ich: Na, gehst jetzt schleunigst hin.*
> *In Versammlung von SA, zu sehen deitsches Wien!*
> *Aber schon beim Eingangstor – was glauben Sie, wer steht da?*
> *Turek, Blahout, Reschny und mein Freind, der Prochaska!*
> *»Servus Brezina!«, ruft der ganze Chor,*
> *Na, ich bitt Sie, stell'n Sie sich meine Freide vor!*
> *»Tausend Hubicku!«, hab ich laut geschrien.*
> *»Ma ucta, pani Nazi Heil! Hoch lebe deitsches Wien!«*

Jura Soyfer schrieb mit seinem »Humor, der keinen Spaß versteht«
(© Karl Kraus) vor allem für das Kabarett ABC, in dem ihm im
Mai 1936 mit *Der Weltuntergang* der Durchbruch gelang: Ein
Komet namens »Konrad« wird von der Sonne beauftragt, die Erde
»wegen Störung der Sphärenharmonie« von den Menschen zu
befreien. Als sich das nahende Ende der Welt in Wien herum-
spricht, singt man auf offener Straße:

> *Geh ma halt ein bisserl unter*
> *Mit Tsching-tsching in Viererreihn.*
> *Immer lustig, fesch und munter,*
> *Gar so arg kann's ja net sein.*
> *Erstens kann uns eh nix g'schehen,*
> *Zweitens ist das Untergehen*
> *'s einzige, was der kleine Mann*

Heutzutag sich leisten kann.
Drum gehn ma halt a bisserl unter,
's is riskant, aber fein!

Als dann Lautsprecher dem Planeten Erde nur noch dreißig Minuten bis zum Untergang geben, überlegt es sich »Konrad« und zieht
tausend Kilometer vor dem Ziel die Notbremse. Die Sonne stellt
ihn bitterböse zur Rede, worauf sich »Konrad« mit den Worten:
»Ich hab mich in die Erde verliebt ...« rechtfertigt:

Von Schönheit hell umflammt ist diese Erde,
Und ihre Zukunft ist herrlich und groß ...
Voll Hunger und voll Brot ist diese Erde,
Voll Leben und voll Tod ist diese Erde,
In Armut und in Reichtum grenzenlos.
Gesegnet und verdammt ist diese Erde,
Von Schönheit hell umflammt ist diese Erde,
Und ihre Zukunft ist herrlich und groß!

Er schrieb mit »Humor, der keinen
Spaß versteht«: Jura Soyfer

119

Die Zukunft des Jura Soyfer ist nicht herrlich und groß, er hat keine Zukunft. Dem jungen Künstler, der ganz in der Tradition des österreichischen Volkstheaters das Komische als politische Waffe einsetzte, blieb gerade noch ein Jahr, um in der Literatur am Naschmarkt *Der Lechner Edi schaut ins Paradies* und im ABC *Vineta, die versunkene Stadt** und *Broadwaymelodie* herauszubringen. Im Herbst 1937 wurde Soyfer zunächst als Folge einer Verwechslung festgenommen, als die Wiener Polizei dann in seiner Wohnung tatsächlich »belastendes Material« fand, blieb er für drei Monate in Haft. Doch das war erst der Anfang vom Ende ...

---

*   Mit Vineta war Wien gemeint

»Eher lernt ein Zebra geigen«

Schüttelreime made
in Austria

»... und glaubt er ist ein Meisterschüttler«
Franz Mittler und andere Reimkönige

Der Wiener Franz Mittler war Komponist, Pianist und Dirigent, aber mehr noch als durch sein musikalisches Schaffen ging er durch die Gabe, Schüttelreime zu erfinden, in die Geschichte ein. Er war auf diesem Gebiet der ungekrönte König und hat praktisch kein geeignetes Wort, keinen Namen, keine Wortkombination »ungeschüttelt« hinterlassen.

Als etwa Franz Lehár im Jahre 1924 mit der Operette *Clo-Clo* bei Weitem nicht an seine großen Erfolge anschließen konnte, inspirierte dies Franz Mittler zu dem Schüttelreim:

> *Du schriebst zuweilen argen Mist, Franz!*
> *Doch weil's von Lehár ist, so frisst man's.*

Auch in anderen seiner Schüttelreime spielt, wie bei einem Musiker zu erwarten, die Musik eine wichtige Rolle.

> *Auf große Dinge Mahler sann –*
> *Ein höchst universaler Mann.*

> *Dir soll ich Algebra zeigen,*
> *Eher lernt ein Zebra geigen!*

Und unter dem Titel *Wagneriana* reimte er:

Die vor sich hinbrüllt,
Das ist die Brünnhild.

Auch die mannigfachen Probleme des Familien-, Liebes- und
Sexuallebens ließ Mittler in vielerlei Versionen »durchschütteln«:

Zumeist kriegt keine Kinder man,
Wenn der Gemahl nur minder kann.

Du glaubst, dir ist die Lotte treu,
Das ist die größte Trottelei!

Die Venezianer bau'n Fregatten
Wenn sie nicht grade ihre Frau'n begatten.

Alles treibt dieses Weib auf die Spitze,
Jetzt ist es genug, ich speib auf die Witze.

I hab schon viele Männer küsst
Wenn ich an jeden kenna müsst.

Mein Lieber, ohne Dritte sama
Zu wenig für ein Sittendrama.

Warum trinkt Onkel Walter Eibisch?
Nun ja, er wird im Alter weibisch.

Selbst im tiefsten Kaukasus
Gibt man einer Sau ka Kuss.

Mir scheint das Leben hässlich grau,
Wenn ich mein Weib nicht grässlich hau.
Auch ist für mich ein schlechter Tag,
Wenn ich nicht meine Töchter schlag.

Franz Mittler wurde 1893 als Sohn eines Unternehmers in Wien geboren, wo er die Musikakademie absolvierte und bereits mit neun Jahren als Wunderkind sein erstes Geigenkonzert gab. In den 1920er Jahren war er Klavierbegleiter prominenter Sänger wie Leo Slezak und Marie Gutheil-Schoder, vor allem aber machte sich Mittler einen Namen als Pianist der Rezitationsabende von Karl Kraus, der ihn überaus schätzte, weil er – wie er selbst – über ein außergewöhnliches Sprachgefühl, gepaart mit großer Musikalität, verfügte.

Hauptberuflich Musiker, im
Nebenberuf Schüttelreimer:
Franz Mittler

Mittler war zweifellos der genialste, nicht aber der erste Meister in der Disziplin des Schüttelreims*. Geschüttelt wurde bereits im

---

* Beim Schüttelreim werden – vereinfacht gesagt – die Anfangskonsonanten der letzten beiden Silben miteinander vertauscht.

Mittelalter, jedoch begann man erst im 19. Jahrhundert, die besondere Reimform für amüsante Zweizeiler einzusetzen. Als große Könner des Fachs galten neben Mittler auch Artur Schnabel, Erich Mühsam, Georg Kreisler, Karl Farkas und Hugo Wiener.

In dem Sketch *Schüttelfrost* lässt Hugo Wiener die Hauptdarsteller fast nur in Schüttelreimen miteinander sprechen:

> *Wer Arzt in Prein an der Rax is,*
> *Verdient zehntausend Schilling, rein an der Praxis.*

> *Heutzutag will jeder Lackl*
> *Schon ein braunes Lederjackl.*

> *Das Kind, das so geplärrt hatte*
> *Saß auf der heißen Herdplatte.*

> *Ich staun, dass Gottes Schöpferkraft*
> *Auf Erden so viel Kröpf erschafft.*

Karl Farkas setzte seine Schüttelkenntnisse eher im privaten Kreis ein. Als der Schauspieler Wolfgang Hebenstreit die undankbare Aufgabe des Präsidenten der österreichischen Bühnengewerkschaft übernahm, reimte Farkas:

> *Die Stellung von dem Hebenstreit,*
> *Die möcht ich nicht erstreben heit.*

Eine andere Gelegenheit bot sich, als eines Abends der Schauspieler Peter Preses in Begleitung seiner nicht gerade attraktiven Frau

125

eine Simpl-Vorstellung besuchte. Farkas wartete, bis sich das Paar verabschiedet hatte, dachte nach und rief dann plötzlich:

Was verlangst du von mir Beses, Bruder?
Dass ich die Frau vom Preses puder!

Beachtlich ist auch der Ausstoß an Schüttelreimen aus der Feder Georg Kreislers:

Hier stinkt es nie am Damenklo,
Denn es sind stets Zyklamen do.

Ich hätt eine fromme Bitt:
Gebt mir keine Pomme fritt!

Sie hat zwar viele Anrainer,
Doch wer kommt letztlich ran? Einer.

Sehr schwer ist's mit dem Schwanz zu geigen,
Von einem Cello ganz zu schweigen.

Man offeriert den Damen Sekt.
Bevor man sie mit Samen deckt.

Ein weiteres Schüttelgenie neben Mittler war der 1882 in Galizien geborene Artur Schnabel. Auch er war Komponist und Klaviervirtuose und hatte schon die Stunde seiner Geburt zu schütteln gewusst:

Am Anfang war auch Schnabel nur
Das Ende einer Nabelschnur.

Franz Mittler emigrierte 1938 in die USA, gab ein Jahr später im Weißen Haus ein Konzert vor Präsident Roosevelt, vergaß aber selbst in der fremden Sprache nicht darauf, weiterzuschütteln. Sein englischer Geniewurf trägt den Titel *The Fuehrer* und bleibt unerreicht:

Remember him, how loud he cried,
When to the stupid crowd he lied!

In Amerika heiratete Mittler seine ehemalige Schülerin Regina Schilling, führte einen Musikverlag und komponierte als Mitglied des *First Piano Quartets* u. a. für Groucho Marx. Ab 1964 wieder in Europa, ließ er sich in Bayern nieder, trat als Musiker bei den *Salzburger Sommerakademien* auf – und schüttelte hurtig weiter:

Im Himmel traf ein Kabel ein
K. o. schlug ich den Abel! Kain.

Das Mädchen mit dem schicken Duft
Vermählte sich dem dicken Schuft.

Die lange Mähne an dem Schädel
Ist ja das Scheene an dem Mädel!

Man konnte schon in Jugendtagen
Mich mit dem Worte »Tugend« jagen!

Es könnte meinem Beine schaden,
Drum will ich nur zum Scheine baden.

Du solltest dich noch bissel schonen
Und isst schon eine Schüssel Bohnen!

Napoleon, als er auf Elba saß,
Fing einen Fisch, den er dann selber aß.

Was für ein Gejüdel in Kammer am See!
Samer am Kai?

Vollschlank gefällt den Pragern meist,
In Brünn man mehr die Magern preist.

Der einst die Hottentotten schor
Ist jetzt Friseur am Schottentor.

Franz Mittler starb 1970, acht Jahre später wurden seine Reime von Helmut Qualtinger auf Schallplatte aufgenommen. Wie Artur Schnabel hatte natürlich auch er seinen eigenen Namen »geschüttelt«:

Die Schüttelreime scheißt der Mittler
Und glaubt, er sei ein Meisterschüttler.

Friedrich Torberg, der ihn verehrte, kommentierte diesen Reim mit den Worten: »Er glaubt es nicht. Er ist es!«

»Schönheit vergeht,
mies bleibt man immer «

Drei Humorkanonen

Der Krankenkassenpatient
Hermann Leopoldi, Klavierhumorist

W enn er sich ans Klavier setzte, um ein neues Lied vorzutra- gen, dann war's am nächsten Tag ein Schlager. *Schön ist so ein Ringelspiel, Wie wär's mit einer schönen kleinen Überlandpartie, Beim Hauer in der A'nschicht*, vor allem aber *In einem kleinen Café in Hernals*. Kein Wunder, dass man Hermann Leopoldi »Österreichs Maurice Chevalier« nannte.

Die Eltern des 1888 in Wien zur Welt gekommenen dickleibi- gen Buben waren verzweifelt. Er war ein richtiger Nichtsnutz, der sich vor jeder Form von Arbeit drückte. Das Einzige, das er konnte, war Klavier spielen. Aber Pianisten gab's viele und die meisten von ihnen fanden keine Beschäftigung.

Der Erste Weltkrieg brach aus, Hermann Kohn, wie er eigent- lich hieß, wurde zur Infanterie eingezogen und als Sohn eines Tanzschulpianisten an die Klaviere der Offizierskasinos und der Frontvarietés »befohlen«. Im Frieden setzte er dann fort, womit er im Krieg begonnen hatte und stellte sich in der Wiener Herren- hofbar als Klavierhumorist vor. Er war bald so erfolgreich, dass sich innerhalb kürzester Zeit auch andere Vergnügungsstätten um ihn rissen.

Und doch: Hätte er so weitergemacht, wäre Hermann Leopoldi längst vergessen. Erst als er selbst zu komponieren begann, ging's mit der Karriere richtig los. *Powidltatschkerln, Warum machen denn die Madeln immer solche Spompanadeln, Schnucky, ach Schnucky, fahr' ma nach Kentucky, Ich bin ein unverbesserlicher Optimist.* In dem Lied

Am besten hat's ein Fixangestellter – Worte: Peter Herz und Hans Haller – hat Hermann Leopoldi den Privilegien, aber auch der schlechten Besoldung des österreichischen Beamten in den 1920er Jahren ein Denkmal gesetzt.

> *Am besten hat's ein Fixangestellter*
> *Mit Pensionsberechtigung, mit Pensionsberechtigung.*
> *Und wird er auch dabei täglich älter,*
> *Die Pensionsberechtigung, die hält ihn jung.*
> *Er hat am Ersten nix, er hat am Zweiten nix,*
> *Doch was er hat, das hat er fix ...*
> *Wenn vor dem Schalter die armen Partei'n*
> *Drängen und schimpfen und fluchen und schrei'n,*
> *Denkt der Beamte: »Ich will mei Ruh«*
> *Und macht im Nu den Schalter zu.*
> *Höchstens er schreit noch: »Was suchen S' denn hier?*
> *Vierter Stock hinten, die siebzehnte Tür!«*
> *Ein kleiner Herrgott auf sein Thron*
> *Ist so a Amtsperson ...*

Mit dem *Kleinen Café in Hernals* folgte 1928 sein populärstes Lied. Leopoldi hatte es gemeinsam mit dem Textdichter Peter Herz unter Pseudonym zu einem Schlagerwettbewerb geschickt. Es gab keinen Zweifel daran, dass das *Kleine Café* den ersten Preis gewinnen würde. Doch Leopoldi war so stolz auf die Melodie, dass er sie noch vor der Schlussveranstaltung einigen Freunden in der Bodega-Bar vorspielte, was sich in Wien schnell herumsprach. Da beim Schlagerwettbewerb aber nur Erstaufführungen zugelassen waren, wurde das *Kleine Café* disqualifiziert und fiel aus der Wertung.

Ein kleines, gemütliches Vorstadtlokal,
Das hab' ich da neulich entdeckt
Fauteuils hab'n kan Samt und 's Klavier kein Pedal,
Und »Kracherl« so heißt dort der Sekt!
Im Grandhotel ist es mondäner,
Doch hier ist es tausendmal schöner!

In einem kleinen Café in Hernals
Spielt Grammophon mit leisem Ton an English Waltz!
Dort genügen zwei Mocca allein,
Um ein paar Stunden glücklich zu sein!
In einem kleinen Café in Hernals
Klopft manches Herzerl hinauf bis zum Hals,
Und geb'n zwei Verliebte sich dort Rendezvous,
Drückt der Herr Ober ganz diskret ein Auge zu …

Dass das *Kleine Café* aus der Wertung des Schlagerwettbewerbs flog, konnte nichts am überwältigenden Erfolg des Liedes ändern, es ging um die Welt und landete unter dem Titel *In a little Café down the Street* sogar in der amerikanischen Hitparade. Hermann Leopoldis Couplets sind eine einzigartige Mischung aus Kabarett- und Wienerlied, sie bestechen nicht nur durch seine populäre Musik, sondern auch durch den humorvollen Text. In dem Lied *Der Krankenkassenpatient* – Worte: Hans Haller – beschreibt er die Alltagssorgen des kleinen Mannes im Gesundheitsbereich.

Ich bin ein Kra- und Kra-Krankenkassenpatient,
Der zum Doktor nur rennt wegen die Zähnt.
Und weil halt nur drei Monate gültig mein Schein,
Renn i olle drei Monat hinein.

In jedem Stock Beamte, ein ganzer Schock Beamte,
Sehr freundliche Beamte,
Doch kennt sich im Haus kein einziger aus.
Der Erste sagt auf Zweihundertdrei,
Der Zweite sagt auf Dreihundertzwei,
Der Dritte sagt Auf Vierhundertzehn
Zum Chefarzt müssen S' geh'n ...

Als der Patient nach langen Irrwegen endlich mit dem kasseneigenen Paternoster die richtige Dienststelle erreicht, bekommt er den ersehnten Krankenschein, lässt sich beim Zahnarzt ein neues Gebiss anfertigen, um danach auch noch wegen seiner unerträglichen Rückenschmerzen ärztlichen Rat zu suchen. Vom Herrn Doktor erfährt er:

»Aber, Herr Leopoldi, wir wollen nur ihr Herz klopfen hör'n
Und wissen, von was Sie sich nähr'n
Dann legen Sie sich auf den Bauch
Denn hinten beklopf ma Sie auch
Dann lass man Sie röntgenisieren,
Das Beuschel, die Leber, die Nieren,
Und wenn ein Bett dann frei is',
Was vielleicht erst nächsten Mai is',
Dann lass ma Sie von der Kasse
Dritter Klasse reparieren.«

Fünfundzwanz'g Betten in einem Raum,
Nach einem Jahr erfüllt sich mein Traum,
Am nächsten Morgen, ohne Pardon,
Führt man mich schon zur Operation.

Der Herr Professor, der steht maskiert,
Er schleift das Messer und dirigiert,
Duftende Wolken hüllen mich ein,
I kriag a Räuscherl, ganz ohne Wein,
Und schon im Halbschlaf kommt es mir vor,
Als hör' von fern ich den Ärzte-Chor:
»Drah ma'n um und schneid man auf, was liegt schon dran.
Weil man auf der Welt net ewig leben kann.
Hat er Pech, dann war net richtig der Befund,
Hat er Glück, na gut, dann wird er wieder g'sund! Hallo!«

Bereits 1922 hatte Leopoldi erkannt, dass er durch seinen Vortrag jedes Unterhaltungsetablissement bis auf den letzten Platz füllen konnte. Also beschloss er, seine eigene Bar, L. W. genannt – nach Leopoldi und seinem Kompagnon Fritz Wiesenthal, einem damals ebenfalls sehr bekannten Komiker – zu gründen. Doch als Geschäftsmann war Leopoldi ungeeignet. Er liebte die schönen Frauen und legte sein Geld beim Pferderennen in der Krieau an. Obwohl das L. W. (in dem auch sein weniger bekannter Bruder Ferdinand Leopoldi auftrat) täglich ausverkauft war, musste es nach drei Jahren zusperren, da Hermann Leopoldi bald mehr Geld verspielt als eingenommen hatte. Nun trat er wieder im Simpl, im Ronacher, in den Kammerspielen auf und unternahm viele Tourneen.

Hermann Leopoldi war und gab sich als Urwiener, ohne aber seine jüdische Herkunft zu verschweigen – was in der Zwischenkriegszeit bei seinem Publikum offensichtlich auch kein Problem darstellte. Besonders deutlich zeigt sich das in dem Chanson *Soiree bei Tannenbaum*, Text: Peter Herz, Musik: Hermann Leopoldi. Das neureiche Ehepaar Tannenbaum gibt ein großes Fest.

*Hermann
Leopoldi war
Wiens populärster
Alleinunterhalter
am Klavier*

Und es kamen Frank und Singer,
Rosenstock und Gundelfinger,
Pollak, Popper, Brunner, Frayer,
Sieben Kohn und zwanzig Mayer ...
Und dann werden von den Mädchen
’rumgereicht belegte Brötchen.
Und es singt ein Lied von Liebe
Süß – die Stimme der Frau Griebe
Doch man merkt mit tiefem Grimme,
Dass belegt ist nur die Stimme!
Und die Brötchen – statt mit Butter –
Sind belegt mit Hundefutter ...
So ein Abend sei doch sträflich,
Doch Herr Kohn, der lächelt höflich,
Fragt ob ihr gefallen hätten,
Wenigstens die Toiletten?

135

Doch verschämt sagt Fräulein Schitte:
»Ich war noch nicht draußen – bitte!«
Da, ein Schrei:
Tannenbaum ruft ganz empört:
»Das is a Schweinerei!«
Ich hab ein Quartett bestellt
Als Tanzmusik für heut,
Jetzt kommen bloß vier Leut ...

War vor dem Krieg Betja Milskaya seine Partnerin auf der Bühne, so trat er später mit Helly Möslein (»Sah ein Knab' die Möslein steh'n«) auf, die ihm 1955 auch Sohn Ronald schenkte. »Hermann Leopoldi«, erzählte Helly Möslein, »war ebenso volkstümlich und jovial, wie man ihn sich vorgestellt hat. Nur hat er – ganz im Gegensatz zu seinen weinseligen Liedern – weder Alkohol getrunken noch beim Heurigen verkehrt.« Eines seiner populärsten Lieder, *Der stille Zecher* – Text: Karl Pollach –, traf somit ganz und gar nicht auf ihn zu.

I bin a stiller Zecher und sing die ganze Nacht,
wann mi' mein voller Becher in Stimmung hat gebracht.
Und sagt wer, i soll stad sein, dann sag' i drauf zu eahm:
Mein lieber Herr, was hams' denn nur?
Was wolln S' denn nur in einer Tour?
I bin a stiller Zecher, drum mach i so an Lärm!
Holleri, hollero, halli hallo!
Heut is' mir alles wurscht, i bussel alle o!
Holleri, hollero, halli hallo!
A jeder stille Zecher macht das grad a so!

Ein Wachmann voll Empörung schleppt mi zur Polizei.
Er sagt, a Ruhestörung ist meine Singerei.
Sag i: Das is a Unrecht doch! Gehen S' nur in d' Oper 'rein,
Dort singen d'Leut viel lauter noch, und die sperrt keiner ein!

»Ich glaub, ich bin nicht ganz normal«
Der Volks-Chansonnier Armin Berg

Er hieß eigentlich Hermann Weinberger und wurde am 9. Mai 1883 in Hussowitz in der Nähe von Brünn geboren, wo er auch aufwuchs. Daran sollte sich Fritz Grünbaum noch Jahrzehnte später erinnern, als er Armin Berg auf der Bühne so ankündigte:

Ich kenn da so einen dicken jüdischen Buben noch aus der Volksschul in Hussowitz in Mähren. Der hat in der letzten Bank gesessen und immer gelacht und pausenlos Witz' erzählt. Dann is er ein junger Mann geworden und hat immerfort gelacht und pausenlos Witz erzählt. Er wird heut Abend wieder Witz' erzählen – es werden dieselben Witz' sein wie damals in der Volksschul in Hussowitz – er wird immer wieder seine Witz' erzählen. Man fragt sich unwillkürlich: Was wird der machen, wenn er amal erwachsen ist.

Armin Berg trat mit fünfzehn Jahren zum ersten Mal auf, das war im Stadttheater von Leitmeritz, danach tingelte er als Pianist und Kabarettist durch die böhmische Provinz, spielte in Wiener Varietés und Singspielhallen. 1907 holte ihn Heinrich Eisenbach in sein Ensemble, wo Berg einen ganz eigenen Stil entwickelte, der

137

ihn bald zu einem der beliebtesten Komiker werden ließ. Die von ihm dargestellten Personen waren jüdisch definiert, unterstrichen aber – trotz seiner eigenen Herkunft – in Liedern, Sketchen, Witzen und Conférencen antisemitische Vorurteile, wodurch er auch Zuschauer, die den Juden und ihrem Humor eher skeptisch gegenüberstanden, auf seiner Seite hatte.

Es gibt fünfhundert Millionen Chinesen auf der Welt und nur fünfzehn Millionen Juden. Wieso sieht man in Ischl keinen einzigen Chinesen?

Armin Berg erlangte in der Zwischenkriegszeit eine unvergleichliche Popularität – unter anderem durch seine in fast regloser Körperhaltung vorgetragenen Conférencen, in denen er aus seinem Leben erzählte:

Sie wollen wissen, wo ich angefangen hab? Also hören Sie zu: am Burgtheater – nicht! Am Deutschen Volkstheater – auch nicht! Aber beim Reinhardt – scho gar nicht! Eines versteh ich nicht: Entweder hat mich der Reinhardt noch nicht gesehen oder er muss mich vergessen haben. Sie fragen mich, wieso ich Schauspieler geworden bin? Ich hab einmal die Pawlowa tanzen gesehn. Da hab ich mir gedacht: Tanzen kann ich nicht. Dann hab ich die Jeritza singen gehört. Da bin ich draufgekommen: Singen kann ich auch nicht. Aber dafür bin ich schön, und das ist doch alles, was man fürs Kabarett braucht. Kürzlich hab ich in einer Revue mitgewirkt, da hat man mich gefragt, ob sie gehen wird. Sie muss gehen. Überlegen Sie sich: Wien hat zwei Millionen Einwohner. Wenn sich jeder unser Programm anschaut, sind wir schon auf mindestens zehn Jahre ausverkauft ...

Höhepunkte jedes Auftritts des bulligen Volkskomikers waren seine Couplets, die er laut Friedrich Torberg »mit einer lebensfroh fettigen, von der Freude an den Späßen des Daseins vibrierenden Stimme, mit zwinkernden Äuglein und meisterhafter Pointierungskunst« vortrug. Die populärsten Lieder in Bergs Repertoire waren *Ich glaub, ich bin nicht ganz normal*, *Der gewissenhafte Maurer* und vor allem *Der Überzieher*. Durch dieses von Otto Reutter verfasste Chanson wurde er zu einer singulären komödiantischen Erscheinung.

Kennen Sie denn die Geschichte
Von dem Überzieher schon,
Den sich kaufte der Herr Pichler
Bei der Firma Stern und Sohn?
Dieser Rock, der war ein Prachtstück,
Und der Stoff, der war sehr fein,
Innen war er ganz auf Seide
Und auch billig obendrein.

Der Herr Stern sprach: »Sind Sie froh,
's ist mein schönster Paletot.
Geb'n Sie acht auf die Pracht!
's wird gestohln bei Tag und Nacht.
Sind Sie mal im Lokal,
Häng'n Sie 'n vor sich auf im Saal.
Schau'n Sie 'n dann immer an,
Bleibt der Überzieher dran.
Sehn Sie weg von dem Fleck,
Ist der Überzieher weg!«

139

Pichler ging ins Wirtshaus leider,
Dort waren Zettel angebracht:
»'s gibt keinen Raum für Überkleider,
Jeder Gast geb selber acht!«
War ein Nagel nur zu sehen
Hinten, das war ärgerlich.
Denn dann musst den Kopf er drehen
Und hängt den Mantel hinter sich.

Und nun saß er wie gebannt,
Schaute immer nach der Wand.
»Ist er weg, ist er hier?
Ja, da hängt der Überziehr.
Ist er hier? Ist er weg?
Nein, er hängt noch auf dem Fleck.
Schau ich stier hinter mir,
Hab ich meinen Überziehr.
Seh ich weg von dem Fleck,
Ist der Überzieher weg!« ...

Armin Berg trat in der Zwischenkriegszeit in den meisten Wiener Kabaretts auf, so auch 1933 neben Hugo Wiener an der Ecke Kärntner Straße/Johannesgasse gelegenen Femina-Bar. Eine der Tänzerinnen dieses eleganten Lokals hatte im Parterre des damals neu eröffneten ersten Wiener Hochhauses in der Herrengasse zwei Zimmer gemietet. Als die beiden Kabarettisten eines Tages durch die Herrengasse schlenderten, blickte die junge Dame aus dem Fenster ihrer ebenerdig gelegenen Wohnung. Armin Berg schaute sie an und rief: »Und *dazu* wohnt man im Hochhaus?«

Höhepunkt jedes Auftritts
von Armin Berg war sein
Lied vom Überzieher

Wenn man die Welt betrachtet heute,
Da sieht man alles ist verdreht.
Meschugge sind die meisten Leute,
Und ich bin auch schon a bisserl bled.
Ich bild mir ein, es könnt mir schaden,
Wenn ich mein' Schneider nicht bezahl,
Und jede Woche geh ich baden,
Ich glaub ich bin nicht ganz normal.
Da neulich bin ich nachts gesessen
Mit einer Maid bei mir zu Haus.
Wir küssten uns ganz selbstvergessen,
Auf einmal ging die Lampe aus.
Wie sie mir zärtlich dann verkündet,

141

Was machen wir in diesem Fall?
Hab ich a Kerze angezündet,
Ich glaub ich bin nicht ganz normal.

Manchmal hing er als Draufgabe an Louis Taufsteins Text des Chansons *Ich glaub ich bin nicht ganz normal* auch noch ein paar eigene Worte an:

Wenn ich Sie hör da unten lachen,
So kann ich das begreifen schon.
Mir g'fallen ja selber meine Sachen,
Ich bin direkt entzückt davon.
Vor Lachen könnt ich fast zerspringen,
Das Lied gefällt mir kolossal,
Am liebsten möchte ich's noch mal singen,
Ich glaub ich bin nicht ganz normal.

Der dickliche Armin Berg verfügte über ein gehöriges Quantum an Selbstironie, das er schon mit dem Satz unter Beweis stellte: »Schönheit vergeht, aber mies bleibt man immer.« Verheiratet mit der Schweizer Artistin Susanne Emilie Flückiger, hatte er keine Probleme, in seinen Programmen, sehr zum Gaudium des Publikums, Geheimnisse seines Ehelebens preiszugeben.

Also, ehrlich gesagt, geheiratet habe ich ja nur, weil man mir gesagt hat, dass verheiratete Männer länger leben. Das ist aber nicht wahr, es kommt einem nur länger vor. Aber eines muss ich sagen, ich lebe mit meiner Frau im bestem Einvernehmen: Vor allem ist sie sehr sparsam, wirtschaftlich und, was die Hauptsache ist, eine Künstlerin im Kochen. Ihre Spezialität ist Gulyas; sie kann kochen, was sie will,

*immer wird Gulyas draus. Also, wie gesagt, ich bin mit meiner Frau
sehr glücklich. Das gibt es nicht, dass sie mir etwas vorwirft; nur
nachwerfen tut sie mir manchmal etwas. Trifft sie mich, ist sie glücklich, trifft sie mich nicht, bin ich glücklich, und so sind wir beide
glücklich ...*

»Das Publikum ist noch müde«
Der Schauspieler und Kabarettist Paul Morgan

Am Freitag, den ersten Oktober 1886, erblickte die Welt mein
Licht«, legte er schon seine Geburt als Pointe an. »Ich muss
ein wunderschönes Kind gewesen sein ... aber was ist aus dem
Lockenköpfchen geworden, was aus dem Stupsnäschen und den
lieblichen Guckäuglein, wie haben sich die niedlichen Fäustchen
verändert?« Paul Morgenstern, wie Morgan eigentlich hieß, war
der Sohn eines prominenten Wiener k. u. k. Hof- und Gerichtsad-
vokaten, konnte dem bürgerlichen Leben seiner Familie aber
nichts abgewinnen und wurde Komiker, Kabarettist und Schriftsteller. Er war an der Neuen Wiener Bühne engagiert und trat ab
1914 nach den Vorstellungen noch spätabends im Simpl auf.
Wenige Jahre später führte er mit dem ebenfalls aus Wien stammenden Kurt Robitschek in Berlin die Doppelconférence ein. An
Berliner Bühnen sah er sich auch – meist mit Fritz Grünbaum –
Komödien an, die sie dann auf Wienerische Verhältnisse adaptier-
ten und in Wiener Theatern zur Aufführung brachten.

Es war wieder einmal so weit: Morgan und Grünbaum besuch-
ten ein in Berlin erfolgreich laufendes Boulevardstück, erkannten
aber schon nach wenigen Sätzen, dass es für Wien ungeeignet und

in seiner Witz- und Geistlosigkeit auch sonst unerträglich war. Grünbaum flüsterte Morgan nach fünf Minuten ins Ohr: »Paul, ich halt das nicht länger aus, ich geh!«

»Das kannst du nicht machen«, erwiderte Morgan, »wir sind eingeladen, man kann nicht einfach weggehen, wenn man Freikarten hat!«

Grünbaum beugte sich diesem Argument, meldete sich aber nach weiteren fünf Minuten neuerlich zu Wort: »Ich ertrage diesen Schwachsinn nicht. Ich geh!«

Und wieder beschwichtigte Morgan: »Ich sag dir doch, das kannst du nicht machen! Wir haben Freikarten!«

Wieder vergingen fünf Minuten, in denen das Stück seinen unaufhaltsam dümmlichen Verlauf nahm. Einmal noch neigte sich Grünbaum seinem Partner Morgan zu. Und er sagte jetzt: »Ich hab genug. Ich renn' jetzt zur Kassa, kauf zwei Karten und geh.«

Nach Hitlers Machtergreifung in Berlin kehrte Morgan wie viele jüdische Künstler nach Wien zurück, wo er in Kabaretts und an den Kammerspielen auftrat. Doch die Donaumetropole steckte in einer Theaterkrise, für die vor allem der rasante Aufstieg des Tonfilms verantwortlich gemacht wurde. Wien hatte 174 Kinos, 21 Theater, 14 Konzertsäle, einen Zirkus und 16 Varietés mit einem Fassungsraum von insgesamt 118 326 Plätzen. Wollten alle Etablissements voll sein, hätten laut einer Berechnung der *Wiener Zeitung* vom 18. August 1934 pro Monat dreieinhalb Millionen Menschen in ein Theater, Konzert, Kino, Varieté oder in den Zirkus gehen müssen. Also jeder Wiener einschließlich Säugling, Greis und Arbeitsloser zweimal im Monat.

Die Tatsache der geringen Auslastung vieler Bühnen nahm Paul Morgan zum Anlass, einen *Ausredenkalender für schlechten Theater-*

besuch zu entwerfen. Er liefert darin die Begründung, aus welchem Grund das Publikum *nicht* in diese und jene Vorstellung ging.

JÄNNER: *Silvester hat zu viel gekostet. Das Publikum ist noch müde.*

FEBRUAR: *Bessere Leute gehen jetzt auf Winterurlaub. Die vielen Bälle! Der Monat ist zu kurz.*

MÄRZ: *Wenn die ersten Veilchen sprießen, ist's Schluss mit dem Theater. Die Tage werden länger. Es ist schon abnormal warm. Es ist noch zu kalt.*

APRIL: *Bei dem Aprilwetter? Man kann abends schon im Freien sitzen. Ostern steht vor der Tür.*

MAI: *Im Stadtpark wimmelt es vor Liebespaaren. Pfingsten steht vor der Tür.*

JUNI–JULI–AUGUST: *Die Stadt ist leer. Wer soll ins Theater gehen? Der einzige Theatermonat ist der September.*

SEPTEMBER: *Nicht im September! Die Leute sind noch nicht vom Land zurück. Man hat im Sommer zu viel Geld ausgegeben.*

OKTOBER: *Man wurde im September zu oft enttäuscht. Nach den vielen Premieren wollen die Leute ausschnaufen. Die Frauen haben nichts anzuziehen.*

NOVEMBER: *Das Wetter ist zu feucht, da geht doch kein Mensch aus. Weihnachten steht vor der Tür.*

DEZEMBER: *Ich bitte Sie, im Weihnachtsmonat! Die Leute gehen zu den Feiertagen nicht an die Theaterkasse, weil sie denken, es ist ausverkauft. Es schneit zu sehr. Ja, wenn es nur schneien würde! Die Kaufleute haben heuer ein katastrophales Weihnachtsgeschäft. Die Geschäfte gehen so gut, dass die Kaufleute keine Zeit haben, ins Theater zu gehen.*

»Was ist aus dem Lockenköpfchen geworden, was aus dem Stups-näschen«: Paul Morgan

Drei Theaterdirektoren sitzen in diesen schweren Tagen beisammen und sprechen über den Besuch des letzten Jahres. Sagt der erste: »Also, ich kann nicht klagen, ich habe wirklich eine sehr gute Saison gehabt.« Der zweite meint: »Auch ich war täglich ausverkauft.« Darauf der dritte: »Kränkt euch nicht, meine Herren, es werden schon wieder bessere Zeiten kommen.«

Wie alle großen Kabarettisten der damaligen Zeit baute Paul Morgan in seine Conférencen immer wieder Aphorismen ein.

Manche neuen Dichterwerke werden noch gelesen, wenn Goethe und Schiller längst vergessen sind. Aber auch nicht früher.

Es gibt Schriftsteller, die ab und zu schreiben, also nicht bloß ab.

»Liest du denn nie das Telefonbuch?«

Vom Grafen Bobby bis
Sigmund Freud

»Ganz die Väter«
Alter Adel

Die Österreicher haben Figuren gefunden, die als Witzfiguren besonders geeignet sind, wobei die berühmteste unter ihnen der Altgraf Bobby ist, ein ganz besonderes Exemplar von jahrhundertelang gelebter Degeneration:

Graf Bobby überquert die Grenze. Routinemäßig fragt ihn der Zoll-beamte: »Alkohol, Zigaretten, Schokolade?«

»Nein, danke«, sagt Bobby, »für mich nur eine Tasse Kaffee!«

Bobby ist Passagier der Titanic. Sein Kopf taucht aus den meterho-hen Wellen auf. Mit der Rechten hält er sich an einem Balken fest, der von den Trümmern des Luxusschiffes übrig geblieben ist, mit der Linken führt er sein Monokel zum Auge. Als er es festgeklemmt hat, greift er sich an den Kopf und sagt nachdenklich: »Hm, wo war ich nur stehen geblieben? Ach ja, richtig: Hilfe!«

»Wie schaut denn der kleine Bub von der Bozena aus?«, wird Graf Bobby gefragt.

»Ganz die Väter!«, antwortet er.

Am Opernring begegnet Graf Bobby einem Dienstmann, der keu-chend auf dem Rücken eine große Standuhr schleppt. Bobby bleibt kopfschüttelnd stehen, sieht den Dienstmann mitleidig an und geht auf ihn zu. »Sie, lieber Herr«, sagt er und zeigt auf seine Armbanduhr, »schaun S' amal her – das müssen S' sich kaufen! Das is praktisch!«

148

Als Vorbild für die Figur des Grafen Bobby soll ein Graf Salm gedient haben, wer seine nicht minder vertrottelten Freunde Rudi und Mucki waren, blieb unbekannt, in ihnen dürfte eine Mischung aus tatsächlich existenten Aristokraten zusammengefasst worden sein, wie sie in den Kaffeehäusern, feudalen Klubs und Offizierscasinos der alten Donaumonarchie anzutreffen waren. Die drei Herren hatten nichts anderes zu tun, als über die Welt und ihre Errungenschaften zu philosophieren – soweit es ihre geistigen Möglichkeiten eben zuließen.

Graf Bobby erzählt im Kaffeehaus sehr stolz, dass er neuerdings ein Telefon hätte.

»Na so was«, sagt Rudi, »du hast ein Telefon? Davon weiß ich ja gar nichts!«

Bobby schaut ihn entrüstet an und fragt vorwurfsvoll: »Ja, liest du denn nie das Telefonbuch?«

Baron Mucki wird von einer übel beleumundeten Person angesprochen. »Und stell dir vor, sie wollt meine Telefonnummer wissen, und ich hab sie ihr zum Schluss wirklich gegeben.«

»Aber Mucki«, zeigt sich Rudi entrüstet, »warum hat du ihr denn keine falsche Nummer gesagt?«

»Mir ist in der G'schwindigkeit keine andere eingefallen.«

Graf Rudi sieht einen Briefträger, der unter der Last vieler großer Pakete keucht. Er lässt sich erklären, dass diese Pakete den jeweiligen Adressaten übergeben werden müssen, denkt lange und intensiv nach und fragt dann: »Aber – warum schicken Sie die Sachen denn nicht mit der Post?«

Bobby lässt sich am Bankschalter hundert Kronen geben. Der Beamte überreicht ihm die Münzen und rät ihm, das Geld nachzuzählen. Bobby tut es, er zählt und zählt. Nach siebzig Stück reicht es ihm und er steckt alles zusammen in sein Portemonnaie.

Der Beamte wundert sich: »Wär's nicht besser gewesen, der Herr Graf hätten alles abgezählt?«

»Aber nein«, erwidert Bobby, »wenn's bis siebzig g'stimmt hat, wird ja wohl auch der Rest stimmen.«

»Warum schicken Sie die Sachen denn nicht mit der Post?« Die Grafen Bobby und Rudi in der Karikatur

Die drei Freunde genießen das Privileg, dass ihnen nach dem Untergang der Donaumonarchie - im Gegensatz zu ihren blaublütigen Standesgenossen - die Adelstitel nie aberkannt wurden. Sie bleiben wohl für alle Zeiten Grafen und Barone, und das waren Bobby und Mucki auch im Jahre 1931, als sie einen abendlichen Spaziergang über die hell erleuchtete Kärnter Straße unternahmen.

»Schau, Mucki«, erklärt Bobby, »was für eine praktische Erfindung das elektrische Licht doch ist. Weißt noch, wie blöd das früher war mit den Petroleumlampen?«

»Recht hast, Bobby«, bestätigt Mucki, »der Edison ist schon ein großer Mann.«

»Der Edison? Wer ist das?«

»Das ist doch der, der die Glühbirne erfunden hat.«

»So, der ist das? Respekt, Respekt!«

Die beiden gehen weiter in Richtung Graben, bleiben stehen und kaufen eine Abendzeitung. Mucki schaut flüchtig hinein und ruft erschrocken aus: »Bobby! Ein unheimlicher Zufall! Grad eben les' ich, dass der Edison g'storben is'.«

»Um Gottes willen«, stöhnt Bobby, »jetzt geht's wieder los mit die Petroleumlampen!«

»Nein danke, wir trinken aus der Flasche«
Die neureiche Frau von Pollak

Zum eisernen Bestand österreichischer Witzfiguren zählt neben den Herren Bobby, Rudi und Mucki auch die Frau Pollak, die Fremdworte verwechselnd und Pointen verdrehend, die Gemüter erfreut:

Frau Pollak hat ihrer Tochter einen wunderschönen geschmackvollen Ring geschenkt, den sie ihr mit den Worten überreicht: »In der Mitte a Atheist und rund herum a Menge Rabbiner!«

»Rosa«, fragt Herr Pollak seine Gemahlin, »wollen wir heut Abend ins Burgtheater gehen, zu Des Meeres und der Liebe Wellen*?«*
»Aber, hör mir auf mit deinem ewigen Goethe!«
»Was heißt Goethe, im Programm steht Grillparzer.«
»Naja, ich weiß schon – ich hab' ja nur gemeint die Musik.«

»Was macht denn Ihr Mann?«, fragt die Frau Pollak eine Bekannte.
»Er reist in Unterhosen.«
»Schrecklich, bei dieser Kälte!«

Pollaks gehen in die Oper, um ihr jüngst erworbenes Vermögen zur Schau zu stellen. Als Frau Pollak in der Garderobe gefragt wird: »Wünschen Frau Baronin ein Opernglas?«, antwortet sie: »Nein danke, wir trinken aus der Flasche.«

Wie den Grafen Bobby hat es auch die Frau Pollak tatsächlich gegeben. Sie hieß Rosa Pollak von Parnegg, war die Gemahlin eines geadelten und getauften Industriellen und in den letzten Jahren der Monarchie eine populäre Wiener Figur. Man behauptet, ihre eigenen Söhne hätten die ihr zugerechneten Ausdrücke gesammelt und jeweils unter dem Titel »Muttermund« dargebracht. Sie selbst soll über ihre, wenn auch etwas peinliche, Berühmtheit recht angetan gewesen sein.

Frau Pollak geht mit einem prächtigen Rassehund spazieren. Ein Bekannter bewundert ihn: »Was für ein herrlicher Hund! Hat er einen Stammbaum?«
»Nicht dass ich wüsste. Er macht unter einen jeden Baum.«

Eines Morgens erschien Herr von Pollak nicht zum Frühstück. Als er dann auch zum Mittagessen nicht kam, suchte man ihn im ganzen Schloss und fand ihn endlich am späten Nachmittag – tot in seinem Schlafzimmer unterm Bett liegend. Frau Pollak ließ das gesamte Personal antreten, hob den Bettüberwurf hoch, wies mit einem strengen Fingerzeig auf die Leiche ihres Mannes unterm Bett und sagte zu den Dienstmädchen: »Und so was nennt ihr Saubermachen? Faule Bagage!«

Mit seinem Tod war die Zeit der Pollak-Witze noch lange nicht vorbei, sogar Franz Mittler hat viel später noch einen Beitrag zu Ehren des Herrn Pollak geleistet – natürlich in Form eines Schüttelreims:

Herr Pollak trägt Chilenentracht –
Ein Bild, bei dem man Tränen lacht.

Sigmund Freud lacht ...
... und analysiert den Witz

Niemand hat den Witz so ernst genommen wie Sigmund Freud. Der Vater der Psychoanalyse hat ihm ein ganzes Buch gewidmet und darin viele Pointen aus der Sicht des Psychiaters analysiert.

Der Arzt, der vom Krankenbett der Frau weggeht, sagt zu dem ihn begleitenden Ehemann kopfschüttelnd: »Die Frau gefällt mir nicht.«
»Mir gefällt sie schon lange nicht«, beeilt sich dieser zuzustimmen.

Eine harmloser Scherz, ohne Tiefe, zur bloßen Unterhaltung gedacht? Freud ist anderer Ansicht. Für ihn steckt hinter jeder Pointe ein Stückchen Unbewusstes. Wie er über den Traum oder über das Vergessen und Versprechen (*Freud'sche Fehler*) an das Unbewusste des Menschen gelangen wollte, so verhielt es sich auch beim Scherz: Der Ehemann, der den oben zitierten Witz erzählt oder über eine solche Pointe lacht, der denkt – unbewusst – ebenso: »Mir gefällt meine Frau schon lange nicht!«

Diesem Phänomen widmete Freud im Jahre 1905 das Buch *Der Witz und seine Beziehung zum Unbewussten*, in dem er sich mit den Hintergründen des Humors auseinandersetzt. Als eine Möglichkeit, »das Unbewusste bewusst zu machen«. In einem weiteren Fall zitiert er den als *Wiener Spaziergänger* bekannt gewordenen Feuilletonisten Daniel Spitzer*:

> *Das Ehepaar X lebt auf ziemlich großem Fuße, nach der Ansicht der einen soll der Mann viel verdient und sich dabei etwas zurückgelegt haben, nach anderen wieder soll sich die Frau etwas zurückgelegt und dabei viel verdient haben.*

Gibt der Erzähler mit dieser Pointe Einblick in seine eigene, unbewältigte Vergangenheit? Freud ist der Meinung, dass man im Scherz all das auszudrücken imstande ist, was »ernst« – als Folge der eigenen Erziehung – niemals gesagt werden könnte. Dafür dient auch die einem Ehemann zugeschriebene Äußerung seiner Frau gegenüber: »Wenn einer von uns beiden stirbt, übersiedle ich nach Paris.«

Anhand dieses Beispiels folgert Freud – und beweist damit ein-

---

* Daniel Spitzer, Satiriker und Essayist, 1835–1893

»Im Scherz darf man bekanntlich sogar die Wahrheit sagen«: Sigmund Freud nahm den Witz ernst

mal mehr, wie sehr er selbst die Kunst des Pointierens beherrscht: »Im Scherz darf man bekanntlich sogar die Wahrheit sagen.«

Als tendenziös-feindseligen Scherz bringt Freud eine zu seiner Zeit über »die geniale Schauspielerin Josefine Gallmeyer« in Umlauf befindliche Anekdote, die auf die Frage »Wie alt?« mit verschämtem Augenniederschlag geantwortet haben soll: »In Brünn«.

Zum Thema Alter bzw. Sexualität im Witz zitiert Freud auch noch einen »in ärztlichen Kreisen heimischen Zerteilungswitz«:

Wenn man einen seiner jugendlichen Patienten befragte, ob er sich je mit der Masturbation befasst habe, würde man gewiss keine andere Antwort hören, als: O na, nie!

»Die Zote«, wie Freud solch billige Scherze bezeichnet, »ist ursprünglich an das Weib gerichtet und einem Verführungsversuch gleichzusetzen«: Hätte der Mann im ernsten Gespräch mit einer ihm noch wenig bekannten Frau wohl kaum den Mut, das Thema Sexualität zu behandeln, so lässt es sich im Scherz sehr wohl zum

155

Thema kommen. Mit einem Wort: Der Witz ist, dank seiner Fassade – ähnlich Träumen und Versprechern – imstande, Verbotenes auszusprechen.

Freud war auf sein wissenschaftliches Humor-Buch gut vorbereitet, hatte er doch schon 1897 damit begonnen, »eine Sammlung tiefsinniger jüdischer Witze« anzulegen.

Zwei Juden treffen sich im Eisenbahnwagen auf einer galizischen Station. »Wohin fährst du?«, fragt der eine. »Nach Krakau«, ist die Antwort. – »Sieh her, was du für ein Lügner bist«, braust der andere auf. »Wenn du sagst, du fahrst nach Krakau, willst du doch, dass ich glauben soll, du fahrst nach Lemberg. Nun weiß ich aber, dass du wirklich fahrst nach Krakau. Also warum lügst du?«

»Weil doch das Porto demnächst teurer wird«
Der Burgenländerwitz

Was es zu Freuds Zeiten noch nicht gab, ist ein weiteres Spezifikum des österreichischen Humors, der Burgenländerwitz. Das Burgenland gehört seit 1921 zu Österreich und die Witze über das neunte Bundesland wurden erst nach dem Zweiten Weltkrieg populär – wohl auch weil das Burgenland damals das wirtschaftliche Schlusslicht Österreichs war.

Ein Mann aus Neusiedl leidet darunter, dass seine Herkunft immer und überall aufgrund seines breiten Dialektes identifiziert wird, daher beschließt er Hochdeutsch zu lernen. Ein Jahr lang leistet er sich einen Sprachlehrer und formt sein Burgenländisch in edles

Bühnendeutsch. Siegessicher geht er nun in ein Geschäft und sagt vollkommen akzentfrei: »Guten Tag! Ich möchte bitte eine Wurstsemmel!«

»Da schau her«, meint der Verkäufer, »ein Burgenländer.«

»Wieso wissen Sie das?«

»Weil das hier eine Eisenhandlung ist.«

Eine Bäuerin kauft in einem burgenländischen Postamt bogenweise Briefmarken. Gefragt, wozu sie so viele Marken benötige, erklärt sie: »Ich lege mir noch schnell einen Vorrat an, weil doch das Porto demnächst teurer wird.«

Warum hängen die Burgenländer ihre Badezimmertüren immer aus? Damit keiner durchs Schlüsselloch sehen kann.

Zwei Burgenländer gehen zum Bundesheer, beide kommen zu den Fallschirmspringern. Als sie bei ihrem ersten Versuch aus dem Flugzeug springen, ruft der Erste: »Ich krieg meinen Fallschirm nicht auf!«

Da erwidert der Andere: »Macht nix! Ist doch nur eine Übung!«

»Wer etwas zu sagen hat, der schweige«

Die Fackel und ihr Herausgeber

»Herr vergib ihnen, denn sie wissen, was sie tun«
Karl Kraus als Satiriker

So ernst Sigmund Freud den Witz nahm, so ernst nahm Karl Kraus die Zeit, in der sie lebten. Doch niemand hat den Ernst der Zeit so pointiert beschrieben wie er. Karl Kraus war Zeitungsherausgeber, Feuilletonist, Mahner und einer der wichtigsten Satiriker des zwanzigsten Jahrhunderts. Als neuntes Kind eines jüdischen Kaufmanns und späteren Papierfabrikanten 1874 in der kleinen nordböhmischen Stadt Gitschin zur Welt gekommen, übersiedelte die Familie, als Karl drei Jahre alt war, nach Wien. Die Kinder wurden, um ihnen eine gute Ausbildung zu sichern, neben den Gymnasialprofessoren auch von Gouvernanten und Hauslehrern unterrichtet. Mit fünfundzwanzig trat Karl Kraus aus der Israelitischen Kultusgemeinde aus, um sich 1911 in der Wiener Karlskirche taufen zu lassen. Elf Jahre später verließ er auch die katholische Kirche – mit der Begründung, dass der Bischof von Salzburg die Kollegienkirche als Spielstätte für Max Reinhardts Festspiele zur Verfügung gestellt hatte. Wie er an den Salzburger Festspielen überhaupt nie ein gutes Haar ließ, vor allem polemisierte er in seiner Zeitschrift *Die Fackel* immer wieder gegen die Vereinnahmung der barocken Atmosphäre für den Fremdenverkehr.

> *Wenn die Salzburger von heute Salzburg gebaut hätten, wäre bestenfalls Linz daraus geworden.*

Karl Kraus brach seine Studien der Rechtswissenschaften, der Philosophie und der Germanistik ab, trat stattdessen als Schauspieler, Regisseur und Vortragskünstler auf und war vor allem im Literatencafé Griensteidl am Michaelerplatz anzutreffen, das ihm 1896 seinen ersten Erfolg bescheren sollte. Als nämlich bekannt wurde, dass sein Stammcafé für immer die Pforten schließen würde, schrieb er mit der Satire *Die demolirte Literatur* einen vielbeachteten Nachruf auf das Griensteidl.

Wien wird jetzt zur Großstadt demolirt. Mit den alten Häusern fallen die letzten Pfeiler unserer Erinnerungen, und bald wird ein respectloser Spaten auch das ehrwürdige Café Griensteidl dem Boden gleichgemacht haben. Ein hausherrlicher Entschluss, dessen Folgen gar nicht abzusehen sind. Unsere Literatur sieht einer Periode der Obdachlosigkeit entgegen, der Faden der dichterischen Production wird grausam abgeschnitten.

Kraus attackierte in dem Essay auch die Stammgäste Hermann Bahr und Hugo von Hofmannsthal, von dem er behauptete, er hätte schon als Gymnasiast seine »letzten Worte« einstudiert. In Arthur Schnitzler, seinem Freund aus dem Griensteidl, sah er den »Dichter, der das Vorstadtmädl burgtheaterfähig gemacht« hat, und Felix Salten hielt er vor, der deutschen Grammatik nicht mächtig zu sein. Dafür bekam Kraus von Salten anderntags im Kaffeehaus eine schallende Ohrfeige, »was allseits freudig begrüßt wurde«.

Auf allen Fotografien, die Karl Kraus zeigen, blickt er mit ernster Miene ins Objektiv. Dabei konnte er durchaus humorvoll sein – nicht nur in seinen Satiren, sondern auch privat. Anders ist die folgende Episode nicht zu erklären: Kraus verehrte in jungen Jahren die Schauspielerin Elfriede Schopf, die zu seinem Leidwesen

161

mit Adolf von Sonnenthal, dem großen Helden des Hofburgtheaters, liiert war. Als Kraus die Nachricht von Sonnenthals Tod erhielt, reagierte er mit den Worten:

Jetzt müsste man die Schopf bei der Gelegenheit packen!

Der Essay über das Griensteidl brachte Karl Kraus eine Anstellung als Redakteur der Wochenschrift *Die Waage*, die er jedoch, vom Wunsch beseelt, eine eigene Zeitschrift zu gründen, bald wieder aufgab. Und am 1. April 1899 war es soweit: Die erste Ausgabe der *Fackel* erschien – und war sofort ein Erfolg. Das rote Heftchen war vergriffen und musste mehrmals nachgedruckt werden. »Soweit das Auge reichte, alles – rot«, hinterließ Zeitzeuge Robert Scheu, »so einen Tag hat Wien noch nicht erlebt. Auf den Straßen, auf der Tramway, im Stadtpark, alle Menschen lesen aus dem roten Heft. Und dieses ganze Heft, mit Pointen so dicht besät, dass man es behutsam lesen musste, um keine der blitzenden Perlen zu verlieren, war von einem Menschen geschrieben.«

Die Einsamkeit wäre ein idealer Zustand, wenn man sich die Menschen aussuchen könnte, die man meidet.

Wie einer lügt, kann wertvoller sein, als dass ein anderer die Wahrheit sagt.

Die Sicherheit in Wien ist schon deshalb Garantie: Der Kutscher überfährt den Passanten nicht, weil er ihn persönlich kennt.

Nach Ägypten wär's nicht so weit. Aber bis man zum Südbahnhof kommt!

162

Ich kenne ein Land, wo die Automaten Sonntagsruhe haben und unter der Woche nicht funktionieren.

Diplomatie ist ein Schachspiel, bei dem die Völker matt gesetzt werden.

Hierzulande gibt es unpünktliche Eisenbahnen, die sich nicht daran gewöhnen können, ihre Verspätungen einzuhalten.

Ich verlange von einer Stadt, in der ich leben soll: Asphalt, Straßenspülung, Haustorschlüssel, Luftheizung, Warmwasserleitung. Gemütlich bin ich selbst.

Der fünfundzwanzigjährige Publizist kämpfte mit der Neugründung seiner kulturkritischen Zeitschrift wie kein anderer gegen Intoleranz, Geistlosigkeit und den Missbrauch des Wortes und wurde von Anfang an auch selbst heftig angefeindet – einmal sogar gewaltsam: Er hatte den in der Wiener Tagespresse schreibenden »journalistischen Schmarotzern« unterstellt, sie würden »der Regierung und dem Capitalismus jedwede Schweinerei nachsehen« und nannte Kulturkritiker »korrupt«, da sie sich mit Theaterdirektoren verbrüdert hätten. Karl Kraus, der bei Gründung der *Fackel* noch in der elterlichen Wohnung in der Elisabethstraße lebte, sollte die Auswirkungen seiner Unnachgiebigkeit am eigenen Leib zu spüren bekommen. In der Nacht vom 10. auf den 11. Mai 1899 wurde er in einem Kaffeehaus überfallen und blutig geschlagen. Wie sich herausstellte, hatten mehrere Theaterkritiker einen gerichtlich entmündigten Stückeschreiber, in dem sich – so Karl Kraus – »Schwachsinn und Körperkraft glücklich gepaart fanden«, zu diesem tätlichen Angriff angestiftet. »Herr Kraus«, meinte einer von

ihnen, »wird seine Schreibweise ändern müssen, wenn er Wert
darauf legt, das erste Quartal seiner *Fackel* zu überleben.«

In Heft 9 legte Kraus einen Rechenschaftsbericht über die bisherigen Nummern der Zeitschrift vor: »Anonyme Schmähbriefe:
236. Anonyme Drohbriefe: 83. Überfälle: 1.«

Viele haben den Wunsch, mich zu erschlagen. Viele den Wunsch, mit
mir ein Plauderstündchen zu verbringen. Gegen jene schützt mich das
Gesetz.

Zu seinen Hassobjekten zählten Schriftstellerkollegen sowie Journalisten, für die er den Begriff »Journaille« prägte, allen voran
jene, die für die *Neue Freie Presse* schrieben.

Den Leuten ein X für ein U vorzumachen – wo ist die Zeitung, die
diesen Druckfehler zugibt?

Nicht alles, was totgeschwiegen wird, lebt.

Es gibt Schriftsteller, die schon in zwanzig Seiten ausdrücken können,
wozu ich manchmal sogar zwei Zeilen brauche.

Die Gedankenfreiheit haben wir. Jetzt brauchen wir nur noch die
Gedanken.

Warum schreibt mancher? Weil er nicht genug Charakter hat, nicht
zu schreiben.

Einen Aphorismus zu schreiben, wenn man es kann, ist oft schwer. Viel
leichter ist es, einen Aphorismus zu schreiben, wenn man es nicht kann.

Es gibt Leute, die in öffentlichen Lokalen nur deshalb geduldet werden, weil sie nicht bezahlen. Man nennt sie Redakteure.

Herr vergib ihnen, denn sie wissen, was sie tun.

Bei Ausbruch des Ersten Weltkriegs, den viele ersehnt hatten, erkannte er als einer von wenigen sofort, dass dies der Anfang vom Ende sein würde. Unter dem Titel *In dieser großen Zeit* schrieb Kraus in der *Fackel* vom 5. Dezember 1914:

In dieser großen Zeit, die ich noch gekannt habe, wie sie so klein war; die wieder klein werden wird, wenn ihr dazu noch Zeit bleibt; ... in dieser Zeit, in der eben das geschieht, was man sich nicht vorstellen konnte, und in der geschehen muss, was man sich nicht mehr vorstellen kann, und könnte man es, es geschähe nicht ... in dieser Zeit mögen sie von mir kein eigenes Wort erwarten. Keines außer diesem, das eben noch Schweigen vor Missdeutung bewahrt ... Wer etwas zu sagen hat, trete vor und schweige!

Trotz Zensur, Denunziation und oftmaliger Konfiszierung der *Fackel* polemisierte Kraus unentwegt gegen den Krieg und das Blutvergießen.

Wer den Patrioten des andern Landes für einen Lumpen hält, dürfte ein Dummkopf des eigenen sein.

Jeder ist jetzt vom anderen durch eine Uniform unterschieden. Wie farblos wird die Welt, wenn sie's so bunt treibt.

Nichts hat sich geändert, höchstens, dass man es nicht sagen darf.

Meine Leser glauben, dass ich für den Tag schreibe, weil ich aus dem Tag schreibe. So muss ich warten, bis meine Sachen veraltet sind. Dann werden sie möglicherweise Aktualität erlangen.

Satiren, die der Zensor versteht, werden mit Recht verboten.

In der ersten Nummer nach diesem »chlorreichen Krieg« (© Karl Kraus) und dem Zusammenbruch der Monarchie nützte er die Gelegenheit, seine Texte ohne Zensurbeschränkung veröffentlichen zu können. Mit der vollen Wucht seiner Sprache richtet er sich gegen den zwei Jahre zuvor verstorbenen Kaiser Franz Joseph:

Dieser alte Staatsfallott, der stets mehr Kaiserwetter als Verstand gehabt hat – dieses ganze blutgemütliche Etwas, dem nichts erspart blieb und das eben darum der Welt nichts ersparen wollte, beschließt eines Tages den Tod der Welt. Mit einem Satz, der wahrhaftig die volle Bürde der Altersweisheit trägt und die ganze Würde des Schwergeprüften: Mit einem »Ich habe alles reiflich erwogen« springt die Vergangenheit, die sich nicht zu helfen weiß, der Welt an die Gurgel. Und doch war nie etwas weniger reiflich erwogen.

Nicht nur der Kaiser, sondern auch die alte k. u. k. Armee, die Regierung und all jene, die den Untergang des sechshundertjährigen Reiches mit zu verantworten hatten, kriegen bei Karl Kraus ihr Fett ab.

Das Ende, bis zu dem wir durchhielten, war unentrinnbar, und statt des Mutes, es durch Niederlagen zu beschleunigen, hatten wir die Dummheit, es durch Siege aufzuhalten. Das Ende davon ist ein solches Ende, dass wir nicht nur bis zum Ende, sondern noch darüber hinaus durchhalten müssen.

»Dieser alte Staatsfallott, der stets mehr Kaiserwetter als Verstand gehabt hat«:
Karl Kraus

Die Gräuel des Weltkriegs stehen im Mittelpunkt seines Haupt-
werks *Die letzten Tage der Menschheit*. Rhetorisch brillant und deutlicher als irgendjemand anderer, vermittelt er in seiner *Tragödie in
fünf Akten* den Gegensatz von Humor und Horror in Zeiten des
Krieges. *Die letzten Tage der Menschheit* entstand in den Jahren 1915
bis 1922, nachdem Kraus sich als einsamer Krieger davor schon
entschieden gegen den Krieg gewandt hatte.

Die mehr als zweihundert Szenen beruhen auf großteils wahren
Begebenheiten, die manchmal nur aus Gesprächsfetzen oder wenigen Worten bestehen. Doch sie steigern sich zuweilen zu grandio-
sen Bildern, in denen Kraus Sinnlosigkeit und Unmenschlichkeit
des Krieges darstellt.

SOLDAT (mit angelegtem Gewehr): Halt!
NÖRGLER: Der Wagen steht doch schon. Warum ist denn der
   Mann so rabiat?
HAUPTMANN: Er erfüllt seine Pflicht. Wenn er nur im Feld rabiat
   is mit'n Feind, so is scho recht!
NÖRGLER: Ja, aber wir sind ja doch nicht –
HAUPTMANN: Krieg is Krieg! Basta!
(Das Automobil fährt weiter).

Mit den *Letzten Tagen der Menschheit* schuf Karl Kraus das Sitten-
bild vom Niedergang einer Welt, die den Krieg als »heiligen Vertei-
lungskrieg« begreift. Das Stück wird zur zeitlosen Warnung, die
gültig bleibt, solange es Kriege gibt.

Im Jahre 1921 polemisierte Kraus im *Lied von der Presse* einmal
mehr gegen seine Kollegen von der schreibenden Zunft, die in seinen Augen korrupt und bestochen sind:

Im Anfang war die Presse
und dann erschien die Welt.
Im eigenen Interesse
hat sie sich uns gesellt.
Nach unserer Vorbereitung
sieht Gott, dass es gelingt,
und so die Welt zur Zeitung
Er bringt [...]
Sie lesen, was erschienen,
sie denken, was man meint.
Noch mehr lässt sich verdienen,
wenn etwas nicht erscheint.

Nach dem Brand des Justizpalastes im Juli 1927 affichiert Karl Kraus Plakate mit dem Wortlaut: »An den Polizeipräsidenten von Wien, Johannes Schober. Ich fordere Sie auf, zurückzutreten. Karl Kraus, Herausgeber der *Fackel*.«

Der Scharfsinn der Polizei ist die Gabe, alle Menschen eines Diebstahls für fähig zu halten, und das Glück, dass sich die Unschuld mancher nicht erweisen lässt.

Der Skandal fängt an, wenn die Polizei ihm ein Ende macht.

Abseits von seinen Leistungen als großer Mahner steht fest, dass viele seiner Aphorismen frauenfeindlich und sexistisch sind.

Die Frauen sind die besten, mit denen man am wenigsten spricht.

Es kommt gewiss nicht bloß auf das Äußere einer Frau an. Auch die Dessous sind wichtig.

Sie hatte so viel Schamgefühl, dass sie errötete, wenn man sie bei keiner Sünde ertappte.

Frauen sind oft ein Hindernis für sexuelle Befriedigung, aber als solches erotisch verwertbar.

In der Nacht sind alle Kühe schwarz, auch die blonden.

Wie wenig Verlass ist auf eine Frau, die sich auf einer Treue ertappen lässt! Sie ist heute dir, morgen einem anderen treu.

Der Kopf des Weibes ist bloß der Polster, auf dem ein Kopf ausruht.

In seinem Privatleben verband Kraus eine langjährige Beziehung mit der aus Böhmen stammenden Baronin Sidonie von Nádherný*, was seine frauenfeindlichen Aussagen umso erstaunlicher macht, da sie eine moderne, emanzipierte Frau war, in deren Salons Rainer Maria Rilke und Adolf Loos verkehrten.

»Mir fällt zu Hitler nichts ein«, ist einer der berühmtesten Sätze von Karl Kraus, und es erscheint in der Tat verwunderlich, dass dem wortgewaltigen Kritiker zum Totengräber des zwanzigsten Jahrhunderts nichts anderes einfällt, als dass ihm nichts einfällt. Richtig ist, dass das 1933 von Kraus verfasste Buch *Die dritte Walpurgisnacht* mit den Worten »Mir fällt zu Hitler nichts ein« beginnt, allerdings fallen, wann immer dieser Satz zitiert wird, die folgenden dreihundert Seiten unter den Tisch, in denen ihm doch einiges einfällt, so die Wortspiele »Irr-national« und »Untergangster des Abendlandes«.

Freilich erscheinen diese Vokabeln mit dem heutigen Wissen des millionenfachen Mordens harmlos, und doch ist es eine unzulässige Vereinfachung, Kraus – wie es oft passiert – als »jüdischen Antisemiten« zu bezeichnen: Sein Kampf war gegen die Mächtigen seiner Zeit gerichtet, unter denen sich auch Juden befanden. Und er hat genau erkannt, wo die wirkliche Gefahr zu Hause ist.

Das Geheimnis des Agitators ist, sich so dumm zu machen, wie seine Zuhörer sind, damit sie glauben, sie seien so gescheit wie er.

Es ist Karl Kraus, der unbeugsamen moralischen Instanz, erspart geblieben, zu erleben, wohin Hitler führen sollte. Er starb, noch

---

* Sidonie von Nádherný, 1885–1950

ehe es zum Massenmord kam. Er hat nicht miterlebt, dass die *Letzten Tage der Menschheit* eigentlich die *vorletzten* waren.

Die Weisheit der Worte, die Karl Kraus anwandte, ist wohl viel zu wenig ins Bewusstsein seiner Zeitgenossen gedrungen.

Ich und meine Öffentlichkeit verstehen uns sehr gut: sie hört nicht, was ich sage, und ich sage nicht, was sie hören möchte.

Wenn die Sonne der Kultur niedrig steht, werfen selbst Zwerge lange Schatten.

Ein Blitzableiter auf einem Kirchturm ist das denkbar stärkste Misstrauensvotum gegen den lieben Gott.

Die Welt ist ein Gefängnis, in dem Einzelhaft vorzuziehen ist.

Wenn einem nichts fehlt, so heilt man ihn am besten von diesem Zustand, indem man ihm sagt, welche Krankheit er hat.

In einen hohlen Kopf geht viel Wissen.

Ein Dichter, der liest: ein Anblick wie ein Koch, der isst.

Künstler haben das Recht, bescheiden und die Pflicht, eitel zu sein.

Die Psychoanalyse ist jene Geisteskrankheit, für deren Therapie sie sich hält.

Bei einem Dichter kann man Symptome beobachten, die einen Kommerzialrat für die Internierung reif machen würden.

171

Man darf auf dem Theater die Natur einer Persönlichkeit nicht mit der Natürlichkeit einer Person verwechseln.

Man muss alle Schriftsteller zweimal lesen, die guten und die schlechten. Die einen wird man erkennen, die andern entlarven.

Gedanken sind zollfrei. Aber man hat doch Scherereien.

Man könnte größenwahnsinnig werden: so wenig wird man anerkannt.

Der große Mahner der Politik, des Kultur- und Gesellschaftslebens starb am 12. Juni 1936 im Alter von 62 Jahren an einem Herzinfarkt. Karl Kraus war auch das Sprachgewissen der Nation und hatte einmal allen Ernstes gegen eine Zeitung prozessiert, die einen Beistrich falsch gesetzt hatte. Wenige Wochen nach Kraus' Tod schickte sich Alfred Polgar an, eine Abendgesellschaft zu ungewöhnlich früher Stunde zu verlassen. Sein Freund Egon Friedell stellte ihn zur Rede: »Polgar, was ist, du gehst so zeitlich?«
Darauf Polgar: »Wie kannst du zeitlich sagen?«
»Ach was«, meinte Friedell. »Jetzt, wo der Kraus tot ist!«

»Mir wer'n s' schon demoralisieren!«

Kabarett und verbotene Witze
in der Nazizeit

»Ein echter Chineser geht net unter«
oder KZ auf Urlaub

Nach Hitlers Einmarsch in Österreich entstand in der Liliengasse 3 gegenüber der Eden-Bar die Kleinkunstbühne Wiener Werkel, die aus der »arischen Abteilung« der ehemaligen Literatur am Naschmarkt hervorging. Da der Theaterprinzipal Adolf
Müller-Reitzner zwar Mitglied der NSDAP, aber »kein wirklicher
Nazi« war, konnte das Kabarett überleben. Dieses Überleben glich
einem Wunder, bewegten sich doch die Autoren und Schauspieler
– zu denen Josef Meinrad, Hugo Gottschlich und Hans Putz zählten – mit den hier aufgeführten Texten oft haarscharf am Rande
des Möglichen.

Ein Beispiel dafür ist der Sketch *Das chinesische Wunder*, der den
Einmarsch der Japaner in China schildert. Jeder im Publikum
wusste, dass mit den Japanern die Deutschen und mit den Chinesen die Österreicher gemeint waren. Nicht zuletzt dank der Namen
der handelnden Personen, treten doch im »chinesischen Amt des
Salzes« der Hofrat Pe Cha-Tschek, der Amtsdiener Po Ma-li und
die Aufräumefrau Mi-Tsi auf. Ihr unzweideutiges Motto lautet:
»Ein echter Chineser geht net unter.«

*Ein japanischer Offizier namens Pief-Keh betritt das Amtszimmer.
Nachdem er sich vom Amtsdiener über den Tagesablauf des Hofrats
Pe Cha-Tschek informieren lässt (»Erst sitzt er im Teehaus, dann geht
er zum Hofrat Ma Cha-Tschek a bisserl plaudern, dann geht er
z'Haus, denn schließlich muss a jede Arbeit amal ihr End haben«),*

droht der japanische Besatzer: »Von nun an wird hier richtich jearbeetet.«

Völlig verstört vom neuen Umgangston, fragt Amtsdiener Po Ma-Li den Hofrat Pe Cha-Tschek: »Herr Rat, was wird denn jetzt g'schehen?«

Um darauf die (bald klassische) Antwort zu erhalten: »Gar nix, sein S' net nervös, mir wer'n s' schon demoralisieren!«

Als Autor dieser und vieler anderer Szenen des Wiener Werkel wurde Franz Paul angegeben, hinter dem in Wahrheit der Schauspieler und Schriftsteller Fritz Eckhardt stand, der als »Halbjude« nicht genannt werden durfte. Eckhardt war am 30. November 1907 in Linz als Sohn eines Theaterdirektors zur Welt gekommen und bereits im Lieben Augustin und im ABC aufgetreten, wo er auch conférierte und Regie führte. Er überlebte die Nazizeit als »U-Boot« in Wien und machte nach dem Krieg Karriere als Theaterschauspieler, vor allem aber durch seine Fernsehserien als Kommissar Marek im *Tatort* und als Portier in der Serie *Hallo, Hotel Sacher ... Portier*. Er starb am 31. Dezember 1995 in Klosterneuburg.

Schrieb während der Nazizeit Kabaretttexte im Untergrund und machte nach dem Krieg eine große Fernsehkarriere: Fritz Eckhardt in jungen Jahren

175

Schon am Tag nach der Premiere des *Chinesischen Wunders* wurde Direktor Müller-Reitzner erwartungsgemäß von der Gestapo aufgefordert, den Sketch aus dem Programm zu nehmen. Woraufhin er Gauleiter Josef Bürckel in die Vorstellung lud und den bekannt trinkfreudigen Saarländer stark unter Alkohol setzte. Der aus der Pfalz stammende Gauleiter verstand wenig von dem, was auf der Bühne gesprochen wurde und gab das Stück frei. Das auf Wochen ausverkaufte Programm lief bis Kriegsausbruch, womit *Das chinesische Wunder* zum österreichischen Wunder wurde.

Kühn war auch die Aufführung des Liedes *Der doppelte Januskopf* von Rudolf Weys, in dem zwei ident gekleidete Heurigensänger – ein Optimist und ein Raunzer – das Folgende zum Besten gaben:

OPTIMIST: *Seit zweitausend Jahr bin ich Wiener*
Und ich stimme seit jeher mit »Ja«,
Als ganz gehorsamster Diener
Des Staates, der jeweils grad da.
Ich wär ja mit allem zufrieden,
Ich war auch noch niemals der Hopf
Nur san halt die Gusto verschieden,
Da drin in mein' doppelten Kopf ...

RAUNZER: *Mein Zwilling, der will net sinnieren,*
Doch i denk ma' manchmal ganz laut:
Ein Weaner, der muaß kritisieren,
Der kann net heraus aus der Haut.
I sag, mir geh'n etliche Deka
Aus der Backhendlzeit heute ab.
Doch wann i was red', heißt's i mecker,
Und wann i was sag, bin i »schlapp«.

So harmlos die Texte aus heutiger Sicht klingen, so gefährlich war es, sie in der damaligen Zeit aufzuführen. Diesmal wurde Direktor Müller-Reitzner gleich zu Propagandaminister Goebbels befohlen, der sich aus Anlass des ersten Jahrestags der »Angliederung der Ostmark« in Wien aufhielt. »Die Unterredung im Hotel Bristol währte länger als eine Stunde«, hinterließ uns Rudolf Weys, »aber geredet hat fast ausschließlich der Propagandaminister.« *Der doppelte Januskopf* wurde abgesetzt. Goebbels soll nach einem Besuch des Wiener Werkels gesagt haben: »Das ist keine Kleinkunstbühne, sondern ein KZ auf Urlaub.«

»Das haben wir von dem sogenannten Wiener Humor« Todesstrafe für einen Witz

Der Witz vermittelt in Zeiten der politischen Zensur ein Bild der Stimmung in der Bevölkerung. Besonders in den Jahren des Dritten Reichs zählten Witze zu den wenigen Waffen des »kleinen Mannes« gegen den allgegenwärtigen Staatsterror. Wer in den Jahren 1938 bis 1945 einen solchen Witz erzählte, dem drohten Gefängnis, Konzentrationslager und in letzter Konsequenz die Todesstrafe.

Ein Wiener wundert sich über die vielen neuen Ausdrücke, die die zugewanderten Berliner mit in die »Ostmark« gebracht haben. »Piefke«, fragt ein Wiener, »was is denn das? Is das was zum Essen?«

»Im Gegenteil«, erklärt man ihm. »Das is was zum Speiben.«

177

Als hätte es eines Beweises für die schwer verdauliche Kost aus dem »Altreich« bedurft, wurde auch der erzählt:

> »Na«, fragt ein Tiroler nach dem »Anschluss« einen Berliner, »habt's ihr auch so hohe Berge wie wir in Österreich?«
> »Nee«, antwortet der Berliner. »Aber wenn wir welche hätten, wären sie noch viel höher!«

Scherze dieser Art wurden während der deutschen Herrschaft in Österreich »Flüsterwitze« genannt, da man sie nur hinter vorgehaltener Hand erzählen konnte. Doch selbst das war brandgefährlich, da das Regime unverzüglich einschritt, wenn Gestapo-Spitzel durch Zuträger ihres engmaschigen Informantennetzes von einem Witz und seinem Erzähler erfuhren.

> Der Gauleiter von Oberdonau inspiziert eine Schule in Linz. Die Fragen des Funktionärs und die Antworten der Schüler sind genau vorbereitet: »Wer ist dein Vater?«
> »Adolf Hitler!«
> »Wer ist deine Mutter?«
> »Deutschland!«
> Der kleine Sepp kommt an die Reihe.
> »Wer ist dein Vater?«
> »Adolf Hitler!«
> »Wer ist deine Mutter?«
> »Deutschland!«
> »Was möchtest du gern werden?«
> »Vollwaise, Herr Gauleiter!«

Witze waren zweifellos die populärste Form der Gegenwehr zu der von Joseph Goebbels vorgegebenen Staats- und Parteipropaganda. Der Propagandaminister wusste genau, wie gefährlich »der Volksmund« samt seinen »subversiven Elementen« werden konnte, wenn er gegen das Regime gerichtet war. Das einzige, was zählte, war bedingungslose Treue zum Dritten Reich – und die konnte sogar von Graf-Bobby-Witzen gestört werden.

Graf Bobby wird verhaftet und nur unter der Bedingung wieder freigelassen, dass er sich verpflichtet, für die Gestapo zu arbeiten.
Am nächsten Tag trifft er den Grafen Rudi.
»Wie denkst du über das Dritte Reich?«, fragt er den Freund.
»Komische Frage, genauso wie du!«
»Dann«, bedauert Bobby, »dann muss ich dich leider verhaften lassen.«

Selbst harmlose Witzerzähler wurden als »Widerstandskämpfer« gesehen, die sich gegen das Regime stellten und es ins Lächerliche zogen.

Befehl aus Berlin: »Alle Wiener müssen zur Marine einrücken!«
»Warum gerade zur Marine?«
»Ein echter Wiener geht net unter!«

»Der Völkische Beobachter veranstaltet ein Preisausschreiben für den besten Witz.«
»Was ist der erste Preis?«
»Zwanzig Jahre Dachau!«

Der Lehrer fragt die Kinder, welche Sprachen sie nach dem Krieg lernen wollen. Einer sagt: »Der Vater lasst uns Englisch lernen, weil ma nach dem Krieg in die USA wollen.«

Ein anderer: »Wir lernen Spanisch, weil wir nach Südamerika wollen.«

Der dritte: »Wir lernen Russisch, weil wir dableiben!«

Das Erzählen solcher Witze reichte, um verhaftet zu werden. Eine Wienerin wurde hingerichtet, weil die Gestapo in ihrer Wohnung Kohlepapier fand, das den Beweis erbrachte, dass mit ihrer Schreibmaschine Durchschläge politischer Witze angefertigt wurden.

In einer Wiener Schule fehlt das »Führer«-Bild. Endlich wird es in einem Kasten gefunden, da empört sich die Lehrerin: »Wie oft hab ich euch schon gesagt, der Führer gehört nicht eingesperrt, sondern aufgehängt!«

Kohn ist die Flucht nach Amerika gelungen. Am ersten Tag besucht er seinen Freund Blau aus Wien. Und steht in dessen Wohnung fassungslos vor einem gerahmten Hitler-Bild. »Bist du verrückt«, sagt Kohn, »wozu das Bild?«

»Gegen's Heimweh!«

Der »Führer« betrachtet trübe sein Bild, das an der Wand hängt. »Was wird wohl mit uns beiden nach dem Krieg geschehen?«

»Ganz einfach«, antwortet das Bild. »Mich nehmen sie herunter und dich hängen sie auf!«

Es gab Hunderte »Führer«-Witze, und sie fanden trotz aller Gefahren große Verbreitung.

Hitler unterdrückt
Österreich: Karikaturen
des »Führers« gab es nur
in ausländischen
Medien, wie diese in der
»New York Times« am
13. März 1938

Ein Irrenarzt begrüßt seinen Kollegen mit »Heil Hitler!«
Sagt der andere: »Heil du ihn!«

Hitler hat Untertemperatur. Es fehlen ihm zwei Grade: Leningrad
und Stalingrad.

Hitler hält seine Reden nur mehr in Garagen. Dort findet er noch
Anhänger!

Verärgert über die vielen Hitler-Witze, die dem »Führer« zu Ohren
kommen, beauftragt er einen Spion, den Erfinder der Witze ausfindig zu machen. Der meldet nach kürzester Zeit, dass er in dem jüdischen »U-Boot« Jonas Mendel den Urheber sämtlicher Hitler-Witze
eruiert habe. Mendel wird verhaftet und von Hitler verhört. Der
»Führer« zitiert einen Hitler-Witz nach dem anderen, und Jonas
Mendel gesteht, dass sie alle von ihm stammen.

181

Schäumend vor Wut brüllt Hitler ihn an: »Wie kannst du es wagen, elender Jude, mich so lächerlich zu machen? Ich bin der Führer des Dritten Reichs, der der arischen Rasse zum Endsieg verhelfen wird ...«

»Der«, unterbricht Mendel, »ist jetzt aber nicht von mir.«

Als nach den ersten Bombardements auf österreichische Städte Theater, Varietés und Kabaretts geschlossen bleiben, flüsterte man:

»Welche Betriebe sind heute wirklich noch nationalsozialistisch?«
»Nur die Theater, denn die stehen alle geschlossen hinter dem Führer.«

Und in den letzten Tagen der Schreckensherrschaft erzählte man noch diese:

Berlin ist die Stadt der Warenhäuser. Warum? Da waren Häuser, da waren Häuser ...

Was ist der Unterschied zwischen Hitler und der Sonne? Gar keiner, beide gehen im Westen unter.

»Was ist der kürzeste Witz?«
»Wir siegen!«

Propagandaminister Goebbels selbst beantwortete die Frage, ob Witz und Satire von politischer Relevanz sein könnten, als er am 9. April 1945 in sein Tagebuch notierte: »Die Wiener Vorstädte haben zum großen Teil die Waffen zugunsten der Roten Armee

erhoben, wodurch in Wien ziemlich desolate Zustände entstanden sind. Das haben wir von dem sogenannten Wiener Humor,
der bei uns in Presse und Rundfunk sehr gegen meinen Willen
immer verniedlicht und verherrlicht worden ist.«

Ein Zeitgenosse hat die vielleicht böseste Divergenz des österreichischen Humors zu dem im »Altreich« gefunden:

> Der österreichische Humor unterscheidet sich vom deutschen dadurch,
> dass es ihn gibt.

Da hört sich der Spaß auf

Verfolgt, vertrieben,
vernichtet

»Natürlich sterb ich nicht nur so daher«
Die Ermordung der Humoristen

Es ist bedrückend, dass selbst ein Buch über den österreichischen Humor nicht ohne tragisches Kapitel auskommt, richtiger gesagt: gerade ein Buch über den österreichischen Humor kommt ohne tragisches Kapitel nicht aus, da ein Großteil der Satiriker, Kabarettisten und Komödianten, die Österreich bis 1938 zum Lachen brachten, Juden waren. Von einem Tag zum anderen wurden die Publikumslieblinge verfolgt, vertrieben oder vernichtet.

• Der sechzigjährige Egon Friedell, der in vielen Wiener, aber auch in Berliner Kabaretts auftrat, der Autor des berühmten *Goethe*-Sketches und zahlloser Humoresken, springt am 16. März

Nahm ein tragisches Ende: der Philosoph, Schauspieler und Kabarettist Egon Friedell

1938, als Gestapo-Beamte an seiner Wohnungstür in der Wiener Gentzgasse klopfen, aus dem Fenster und ist sofort tot. Er hatte sich wohl getäuscht, als er Jahre zuvor auf der Kabarettbühne optimistisch verkündete:

In der Welt geht's drüber und drunter,
Aber Österreich geht nicht unter.

- Paul Morgan, ein weiteres Urgestein des Unterhaltungskabaretts, wird wenige Tage nach dem »Anschluss« verhaftet, ins Konzentrationslager Dachau und von dort nach Buchenwald deportiert, wo er am 10. Dezember 1938 laut Totenschein an einer »Lungenentzündung« stirbt. Er war 52 Jahre alt geworden. Zehn Jahre zuvor hatte er seinen, witzig gemeinten, eigenen Nachruf geschrieben.

Nun wird Paul Morgans Körper bald zu Staub,
Aus dem er einst zum Heil uns ward geboren,
Die irdische Hülle schweigt – doch mit Verlaub:
Sein Quatsch liegt immer noch in unseren Ohren.

- Jura Soyfer, der hochtalentierte literarische Kabarettautor (»Geh ma halt ein bisserl unter«), versucht nach Hitlers Einmarsch die Flucht in die Schweiz, wird aber an der Grenze verhaftet. Er gelangt mit einem Transport über Dachau nach Buchenwald, wo er am 16. Februar 1939 an Typhus stirbt. Er wurde 26 Jahre alt.
- Fritz Grünbaum, der König des Wiener Kabaretts, erliegt am 14. Jänner 1941 im KZ Dachau, sechzigjährig, einer »Herzlähmung«. Auch er hatte sich einst über sein Ableben

lustig gemacht, das in seiner Vorstellung wohl ganz anders aussah.

> *Einst wenn ich satt hab die menschliche Herde*
> *Und wenn ich nichts Bessres zu tun haben werde,*
> *Und schlecht werd gelaunt sein, weil's draußen wird regnen,*
> *Werde ich einfach das Zeitliche segnen ...*
> *Natürlich sterb ich nicht nur so daher,*
> *Ich bin doch kein Bauer, ich bin doch wer!*
> *Ein Priester der Dichtkunst, ihr oberster Diener*
> *Was brauch ich viel reden: der Abgott der Wiener!*
> *Und wie ich die Wiener schon kenn, die mich schätzen,*
> *Werd'n sie natürlich ein Denkmal mir setzen ...*

• Peter Hammerschlag, einer der wichtigsten Vertreter des literarischen Kabaretts der Zwischenkriegszeit (*Die ungarische Schöpfungsgeschichte*), konnte nach einem misslungenen Fluchtversuch in der Wohnung des Komponisten Alexander Steinbrecher im dritten Bezirk untertauchen. Als er sie verlässt, um in einer nahe gelegenen Tabaktrafik Zigaretten zu kaufen, wird er festgenommen und über Theresienstadt nach Auschwitz transportiert, wo er 1942 im Alter von vierzig Jahren ermordet wird. Das genaue Datum seines Todes ist nicht bekannt.

• Fritz Löhner-Beda, Lehár-Librettist (*Dein ist mein ganzes Herz*), Autor zahlreicher Kabarett-Sketches und des Einakters *Der Hausmeister vom Siebenerhaus*, mit dem Hans Moser entdeckt wurde, wird am 4. Dezember 1942 im Alter von 59 Jahren im KZ Auschwitz erschlagen.

»Die Kunst, Hitler zu überleben«
Humoristen im Exil

Anderen Künstlern gelingt, meist auf abenteuerliche Weise,
die Flucht ins Ausland.

- Anton Kuh emigriert über Prag in die USA, wo er Aufsätze in
  der deutschsprachigen Zeitschrift *Aufbau* veröffentlicht. Er stirbt
  am 18. Jänner 1941, gerade erst fünfzig Jahre alt geworden, in
  New York nach einer Herzattacke. Sein Abgang war makaber:
  Der in Wien oft als »Sprechsteller« bezeichnete Autor und
  Conférencier hatte kurz vor seinem plötzlichen Tod einen Vortrag gehalten, der den Titel »Wie überleben wir Hitler?« trug.
- Karl Farkas flüchtet am 17. März 1938 in die Tschechoslowakei,
  von dort nach Frankreich – wo er einige Monate in einem Inter-
  nierungslager festgehalten wird – und dann über Spanien und
  Portugal in die Vereinigten Staaten. In New York tritt er in Exi-
  lantencafés auf, conumfériert in Kabaretts, gastiert in Operetten,
  schreibt und inszeniert. Im September 1942 trägt er gemeinsam
  mit Oskar Karlweis im deutschsprachigen Sender *Die Stimme
  Amerikas* das Chanson *Grüß Gott Herr Hinz, Grüß Gott, Herr
  Kunz* vor, in dem die Lügen- und Propagandapolitik des Dritten
  Reichs bloßgestellt wird:

> *Was erzählt der Goebbels, der kleine, stündlich, tagaus, tagein?*
> *Lügen haben kurze Beine, und er hat ein kurzes Bein.*
> *Er lügt ja wie gedruckt, und er druckt, was er lügt,*
> *Manch armer Schlucker schluckt und denkt nur missvergnügt:*

Nein, was dieser Goebbels erzählt,
Das hat uns grade noch gefehlt!
Ein Tapezierer,
Ein Stimmungsführer,
Ein Profitierer –
Sind die drei, die Deutschland regiern,
Drei wilde Tiere*,
Na gratuliere ...

Farkas arbeitet in den USA auch mit Armin Berg, Kurt Robit-schek, Hermann Leopoldi, Robert Stolz und Jan Kiepura zusammen. In dem Gedicht *Poetendank aus USA* entdeckt er selbst in der Fremde noch Positives – nämlich Reim-Möglich-keiten, die ihm die deutsche Sprache verwehrte:

Welch reiches Dichterparadies,
Blüht mir in diesen Landen!
All das, was ich an Reim versäumt,
Weil sich in Wien nichts drauf gereimt –
Hier ist's en masse vorhanden!
Zum Beispiel uns're Donau, die
beliebt war augenscheinlich,
Floss trotzdem durch den Plan von Wien,
Vollkommen ungereimt dahin –
Was mir seit jeher peinlich ...
Da plötzlich schwebte durch den Raum,
Der reinste Reim auf Donau ...
I think, you have to go now.

---

* gemeint sind Hitler, Goebbels und Göring

Und nach einem Besuch in Hollywood reimt Farkas:

Nachts wohn ich einer Party bei
Mit Gambling, Cocktails und Geschrei –
Wo jeder über jeden spricht –
(Nur über die, die da sind, nicht.)
Man ist geschäftlich »funny«,
Man tituliert sich »honey«,
Man kalkuliert sich »money« ...
Und mir als Dichter-Refugee
Will es symbolisch scheinen,
Dort, wo sich in der schweren Zeit
Die ganze Welt ringsum entzweit –
Die Sprachen sich vereinen.

Mit welchen Problemen Flüchtlinge zu kämpfen haben, die sich beruflich neu etablieren müssen, zeigt eine Episode, die Karl Farkas erzählte. Er erhielt den Auftrag, für den Broadway zu Fritz Kreislers Musik eine Operette über das Drama von Mayerling zu schreiben. Farkas arbeitet Monate an dem Libretto und liefert es dann beim Theaterproducer ab. Als dieser die Geschichte vom Doppelselbstmord des Kronprinzen Rudolf und der Baronesse Mary Vetsera gelesen hat, bekommt Farkas das Buch mit dem schriftlichen Vermerk zurück: »Für Tote zahl ich kein Geld. Ein Happy End muss her!«

Die »Tragödie von Mayerling mit Happy End« wird niemals aufgeführt.

Für Karl Farkas war die Emigration besonders schwer zu ertragen, da er all die Jahre von seiner Frau und seinem Kind getrennt war – Robert bekam, da geistig behindert, keine Ein-

191

reiseerlaubis in die USA. Mutter und Sohn überlebten die Zeit des »Dritten Reichs« in der Tschechoslowakei.

- Hermann Leopoldi, der populäre Klavierhumorist, wird am 26. April 1938 in Wien verhaftet und ins KZ Dachau deportiert, dem er durch unglaubliches Glück entkommt: Seiner Frau, die trotz Leopoldis legendärer Seitensprünge treu zu ihm stand, gelingt es, ihn mit einem amerikanischen Visum aus dem Konzentrationslager zu holen. In New York angekommen, setzt er seine Karriere in der Old Vienna Bar fort. Singt dort – mit seiner neuen Bühnen- und künftigen Lebenspartnerin Helly Möslein – nicht nur vom *Café down the Street*, sondern wird mit der US-Version vom *Stillen Zecher – I am a quiet drinker* – und dem Chanson *Ja, da wär's halt gut, wenn man Englisch könnt'* auch auf Tourneen umjubelt.

»Dass die Miss wird zur Missis«: Hermann Leopoldi und Helly Möslein auf US-Tournee

Ja, da wär's halt gut, wenn man Englisch könnt,
Bisserl mehr noch als How do you do,
Doch so lang man sein sweatheart Schatzerl nennt,
Da hört's einem gar net erst zu.
Und so lang man nicht weiß, dass ein Busserl a kiss is,
Ein Kuss schon genügt, dass die Miss wird zur Missis,
So lang kommt's nicht zu an Happy End,
Ja, da wär's halt gut, wenn man Englisch könnt.

• Hermann Leopoldis Textautor Peter Herz – der einst die Worte zum *Kleinen Café in Hernals* verfasste – gelingt die Flucht nach London, wo er voller Heimweh eine Wienerlied-Persiflage schreibt:

Erst wann's aus wird sein,
Mit allen Nazilumperein,
Die Wiener Luft ist wieder rein –
Ehnder net.
Wenn man sagt Ade,
Der ganzen NSDAP.
Mitsamt dem Herrn – Sie wissen eh,
Ehnder net.–
's wird schöne Madeln geb'n,
Es wird a Wein sein,
Doch mancher Gauleiter wird dann in Stein sein.
Erst wenn's aus wird sein –
Das Nazig'sindel draußt wird sein,
Wann wieder man zu Haus wird sein,
Ehnder net!

• Armin Berg, durch sein Lied vom *Überzieher* eine lebende Legende, flüchtet nach dem »Anschluss« mit seiner Frau in die USA, wo er sich – der englischen Sprache kaum mächtig – durch den Verkauf von Bleistiften und Büromaterial notdürftig über Wasser hält. Hin und wieder tritt er in kleinen deutschsprachigen Kabaretts auf, unter anderem mit Karl Farkas im Emigrantentreff Old Europe, wo es 1941 zur Doppelconférence kommt:

> FARKAS: *Armin, wie lange bist du jetzt schon in Amerika?*
> BERG: *Seit drei Jahren.*
> FARKAS: *Na, und wie schlägt man sich so durch als armer Emigrant?*
> BERG: *Wunderbar, völlig problemlos. Ich kenne sogar einen Mann, der ist hier in Amerika innerhalb kürzester Zeit Millionär geworden. Er ist als bettelarmer Wiener mit demselben Schiff wie ich herüber gekommen ...*
> FARKAS: *Großartig. Was hat er dann gemacht?*
> BERG: *Im ersten Jahr war er Schuhputzer, im zweiten war er Tellerwäscher, im dritten war er Zeitungsverkäufer ...*
> FARKAS: *Na, und?*
> BERG: *Und dann ist seine Tante in der Schweiz gestorben und hat ihm zwei Millionen Franken hinterlassen!*

Als Armin Berg einmal zufällig Friedrich Torberg am Broadway trifft, fragt der Schriftsteller den Komiker, wie es ihm in New York gefiele. »Hör zu«, antwortet Berg, »warum *wir* da sind, weiß ich. Aber warum sind die Amerikaner da?«

• Hans Weigel flüchtet in die Schweiz und kehrt 1945 als einer der ersten Emigranten nach Wien zurück, ohne seine Liebe zu dieser Stadt und seinen Bewohnern verloren zu haben – was er mit diesem Gedicht beweist:

Wie die Melange – so herb und doch weich
Hunderterlei Charaktere zugleich
Eigentlich traurig, dabei voll Humor
Innerlich ernst, doch ein Lächeln schaut vor
Draufgängerisch aber eigentlich scheu
Weltbekannt flatterhaft und trotzdem sehr treu
Bisserl genial, aber auch dilettantisch
Kritisch und spöttisch, mitunter romantisch
Temperamentvoll und trotzdem phlegmatisch
Recht liberal und dabei autokratisch
Niemals pedantisch, doch sehr bürokratisch
Am Staate zweifelnd und doch Patriot
Ein bisserl devot und ein bisserl Despot
Eigentlich ehrlich und doch diplomatisch
Das macht den Wiener beliebt und sympathisch.

Hauptberuflich wird Weigel nach seiner Rückkehr zu einem der beiden Kritikerpäpste der Nachkriegszeit.

- Der andere ist Friedrich Torberg. Dieser hielt sich am Tag des »Anschlusses« in Prag auf, von wo aus er nach Zürich emigriert. Da seine Schweizer Aufenthaltsbewilligung nicht verlängert wird, reist er nach Frankreich weiter, wo er sich der tschechoslowakischen Exilarmee anschließt. Später gelangt er über Spanien und Portugal in die USA und wird als einer von zehn *Outstanding German Anti-Nazi-Writers* für einhundert Dollar wöchentlich von *Warner Brothers* für ein Jahr unter Vertrag genommen, ohne dass je ein Projekt verwirklicht werden würde.

195

1951 kehrt er nach Wien zurück, wo er als Kritiker und Schriftsteller Österreichs Kulturleben prägt.

- Stella Kadmons letzte Vorstellung im Kabarett Der liebe Augustin fand am 9. März 1938 statt. Fritz Grünbaum hatte sie, eingedenk des nazikritischen Inhalts ihrer Programme, kurz davor noch gewarnt: »Du kannst dir jetzt schon die Laterne auf der Ringstraße aussuchen, auf der du hängen wirst.« Ironie des Schicksals: Jener, der ihr den Rat gab, wegzugehen, kommt durch Hitler um, Stella Kadmon überlebt. Sie flüchtet nach Palästina und betreibt eine deutschsprachige Kleinkunstbühne in Tel Aviv. 1947 kehrt sie nach Wien zurück und führt das Theater Courage. Stella Kadmon stirbt am 15. Oktober 1989 in Wien.

Das Lachen des Jahrhunderts

Karl Farkas kehrt zurück

»Zu alt, um ein zorniger junger Mann zu sein.«
Wieder am Simpl

Am 22. Juli 1946 kehrte Karl Farkas nach den bitteren Jahren der Flucht und der Emigration zurück in die Heimat. Obwohl er von den Wienern wie ein König empfangen wurde, war er noch lange nicht zu Hause. »Zu Hause« war er erst, als er wieder im Simpl, der Stätte seiner Triumphe in der Zwischenkriegszeit, auftrat.

Doch das dauerte länger, als man vermuten würde, war es doch in den ersten Jahren des Wiederaufbaus der zerbombten Stadt schwer, Geldgeber für eine private Kleinkunstbühne zu finden. Es gab zwar Spekulanten, die das traditionsreiche Kabarett auf der Wollzeile reaktivieren wollten; Künstler und Gastwirte waren darunter, doch alle Versuche mussten scheitern, solange der Mann nicht als Leitfigur auf der Bühne stand, der diese – neben Fritz Grünbaum – schon in den Zwanziger- und Dreißigerjahren geprägt hatte: Karl Farkas.

Nach vier Jahren wurde endlich der Mann gefunden, der die zur Reaktivierung des heruntergekommenen Kabaretts auf der Wollzeile benötigten 30 000 Schilling aufbrachte. Der Mann hieß Baruch Picker und war ein biederer Spenglermeister. Er übernahm das Kellerlokal, ernannte sich selbst zum neuen Simpl-Direktor und blieb es dann ein Vierteljahrhundert lang.

Und das, obwohl Herr Picker vom Theater keine Ahnung hatte, aber er war ein findiger Geschäftsmann. Und als solcher erkannte er: »Der Farkas muss her!«

Es dauerte bis zum 17. Oktober 1950, als der Name Karl Farkas zum ersten Mal wieder auf dem Simpl-Plakat stand. Das Programm hieß *Dienst am Kunden*, und von da an war Farkas bis zu seinem Tod künstlerischer Leiter, Autor, Regisseur und Hauptdarsteller. Und damit auch die unangefochtene Nummer eins des Wiener Unterhaltungskabaretts.

Fritz Grünbaum konnte nicht ersetzt werden. Es mussten daher zwei Künstler gefunden werden, die seine Stellung einnehmen sollten. Als Co-Autor entschied sich Farkas für Hugo Wiener, und Partner in der Doppelconférence wurde Ernst Waldbrunn.

> WALDBRUNN: *Ich hab' eine Erfindung gemacht.*
> FARKAS: *Was hast du erfunden?*
> WALDBRUNN: *Tabletten, die den Durst löschen.*
> FARKAS: *Wozu braucht man die?*
> WALDBRUNN: *Nimm an, du bist in der Wüste. Du hast Durst, weit und breit gibt es kein Wasser. Du nimmst eine Tablette – und der Durst ist weg.*
> FARKAS: *Das ist wunderbar!*
> WALDBRUNN: *Es hat nur einen Nachteil.*
> FARKAS: *Was?*
> WALDBRUNN: *Die Tabletten müssen in Wasser aufgelöst werden.*

Waldbrunn kam in der Doppelconférence immer die Rolle des »Blöden« zu, Farkas war stets »der Gescheite«. Der Spieß konnte sich freilich mitunter umdrehen, ist doch laut Farkas »die Doppelconférence ein Dialog zwischen einem Gescheiten und einem Blöden, worin der Gescheite dem Blöden etwas Gescheites möglichst gescheit zu erklären versucht, damit der Blöde möglichst

»Nimm an, du bist in der Wüste. Du hast Durst, weit und breit gibt es kein Wasser«: Karl Farkas und Ernst Waldbrunn in der Doppelconférence

blöde Antworten darauf zu geben imstande ist. Mit dem Resultat, dass zum Schluss der Blöde zwar nicht gescheiter, aber dem Gescheiten die Sache zu blöd wird. Beide haben daher am Ende nichts zu lachen. Dafür desto mehr das Publikum.«

In der Tat. Der neue Simpl konnte an die Tradition anknüpfen, die 1938 gewaltsam unterbrochen worden war. Zu der von Farkas entdeckten neuen Komikerelite zählten neben Waldbrunn auch Fritz Muliar, Heinz Conrads, Fritz Imhoff, Alfred und Maxi Böhm, Fritz Heller, Cissy Kraner, Otto Schenk und Ossy Kolmann. Keiner ist unfehlbar: Peter Alexander wurde 1951 von Farkas nach einer Spielsaison mit den Worten »Nicht einmal singen kann er« hinausgeworfen.

Zu den großen Erfolgen zählten in den ersten Nachkriegsjahren neben den Farkas-Conférencen und Doppelconférencen auch *Die Vier im Jeep* – in jedem Programm wiederkehrende Sketche, in deren Mittelpunkt die in Wien stationierten Besatzungssoldaten standen. Farkas spielte den Amerikaner, Muliar den Russen, Maxi Böhm den Franzosen, Fritz Heller den Engländer. Als die Alliierten 1955 abzogen, wollte man aber nicht auf die – zumindest im Simpl – beliebten Besatzer verzichten. Also saß »Iwan« Fritz Muliar beim »Sibirischen Nobelheurigen« und schwärmte von den Goldenen Zeiten an der Donau:

> *»Knapp vor unserer Abreise musste ich noch den Sohn meiner Quartiersfrau zur Firmung führen!«*
> *»Warum?«*
> *»Er hat seine Uhr zurückhaben wollen!«*

Nach Abschluss des Staatsvertrags conférierte Farkas auf der Simpl-Bühne: »Wir müssen jetzt neutral sein, das heißt, wir haben nix zu tun als nix zu tun. Und das liegt uns ja ...« Zum Abschied der GI's gab's noch den typischen Farkas-Reim: »Da sagt der Ami, i drah mi!«

War Farkas in den Zwanzigerjahren forsch und bestimmend aufgetreten, so gab er sich jetzt – dem Alter entsprechend – weise und gütig. Spätestens mit siebzig war er eine lebende Legende. Manchmal wurde ihm vorgeworfen, in seinen Programmen nicht genügend scharf zu sein. »In der Demokratie kritisch zu sein, ist keine Kunst«, entgegnete er, »da ja alles erlaubt ist. Außerdem kann man seinem Feind auch lachend die Zähne zeigen. Ich bin sowieso schon zu alt, um ein zorniger junger Mann zu sein. Trotzdem geht's auch in meinen Simpl-Programmen nicht immer sanft zu.«

Was er mit Pointen, in denen Politiker »zerzaust« wurden, unter Beweis zu stellen versuchte:

Wenn Politiker eitel wären, würden sie sich nicht so oft im Fernsehen zeigen!

Ein Politiker muss mit der Zeit gehen, sonst muss er mit der Zeit gehen.

Öffentliche Meinung nennt man jenen Lärm, der entsteht, wenn die Bretter zusammenschlagen, die unsere Funktionäre vor dem Kopf haben.

Wenn ich Geld sage, meine ich damit jene Materie, die auf dem Weg zum Finanzamt flüchtig unsere Finger streift.

Nationalrat ist eine Gruppe von Männern, die einzeln nichts macht, gemeinsam aber beschließen kann, dass nichts gemacht wird.

Opposition nennt man die Kunst, den Ast, auf dem die Regierung sitzt, so abzusägen, dass man selbst bequem darauf Platz hat.

Subventionen nennt man die staatliche Kraftnahrung für jene Kinder des Staates, die am lautesten schreien.

Bei uns hat de facto bereits jede Partei zwei Flügel: Politiker sind also die reinsten Engel.

Geben ist seliger denn nehmen. Besonders für den, der nimmt.

Defizit ist das, um was man weniger hat, als man gehabt hat, als man nichts gehabt hat.

Mit der Abrüstung ist es wie mit einer Abmagerungskur. Einer empfiehlt sie immer dem anderen – aber keiner will damit anfangen.

Wenn zwei kleine Staaten mit einem Konflikt vor die UNO treten, verschwindet der Konflikt. Wenn ein großer und ein kleiner Staat vor die UNO treten, verschwindet der kleine Staat. Wenn zwei große Staaten vor die UNO treten, verschwindet die UNO.

Ich weiß, der Staat kann einem nichts geben, was er einem nicht vorher genommen hat. Das ist nur recht und ... – also billig ist es nicht!

Der Kommunismus ist eine gewaltige Idee, die nur den Nachteil hat, dass sie sich verwirklichen lässt.

Politik ist die große Kunst, Geld von den Reichen und Wählerstimmen von den Armen zu ergattern – unter dem Vorwand, jeden der beiden vor dem anderen schützen zu wollen.

Wesentlich für das unvergleichliche Ansehen, das Farkas in seinen späten Jahren genoss, waren seine Fernsehsendungen *Bilanz der Saison*, die sich ab 1957 zu dem entwickelten, was man damals einen »Straßenfeger« nannte. Der Bildschirm führte freilich auch zum Bruch des Erfolgsteams Karl Farkas–Hugo Wiener. Während sein Co-Autor der Meinung war, das Fernsehen schade dem Simpl, weil das Publikum nach den Sendungen nicht mehr so zahlreich kommen würde, wollte Farkas nicht auf seine TV-Popularität verzichten. Der Streit eskalierte, sodass Hugo Wiener 1965 den Simpl verließ. Mit ihm ging seine Frau Cissy Kraner, die hier ihre berühmtesten Chansons kreiert hatte.

In seinen späten Jahren eine lebende Legende: Karl Farkas vor dem Simpl-Vorhang

Anfang Mai 1971 meldeten die Zeitungen, dass der »Altmeister des Wiener Kabaretts« ernsthaft erkrankt sei. Die Ärzte hatten Karl Farkas schon zwei Jahre davor empfohlen, sich von der Bühne zurückzuziehen – ein Rat, den er trotz seines schweren Krebsleidens nicht befolgen wollte. Farkas hielt dem Simpl im wahrsten Sinne des Wortes bis zum Umfallen die Treue, lag zeitweise stationär im Allgemeinen Krankenhaus, um sich abends mit der Rettung in die Wollzeile bringen und auf einer Bahre in den Simpl-Keller tragen zu lassen. Kaum lugte aber seine signifikante Nase durch den dunkelroten Vorhang, war der Todkranke ganz »der Alte«.

Ein Araber ist ein Mann, der in der Früh aus dem Bett aufsteht und das Leintuch mitnimmt.

Ein Spielcasino ist ein Ort, den man als Kapitalist betritt und ohne jede Revolution als Proletarier verlässt.

Meteorologie nennt man die Kunst, das Wetter von gestern voraussagen zu können. Für morgen ist's schwieriger: Die Prognose stimmt immer, nur das Wetter ist falsch!

Die jungen Mädeln tragen heutzutage so hauchdünne Kleider, dass das sachkundige Auge konstatieren kann, ob sie ebenmäßig gebaut oder eben mäßig gebaut sind.

Ein Statistiker ist ein Mann, der zehntausend Schilling monatlich dafür bekommt, dass er ausrechnet, wie ein anderer mit zweitausend Schilling im Monat leben kann.

Freiheit ist für viele dasselbe wie Sophia Loren: Sie wird einem fortwährend gezeigt, aber haben kann man sie nicht!

Wir Komiker sind heutzutage die Hofnarren der Demokratie.

Tragbare Radios sind untragbar!

Die tagtäglichen Verkehrsunfälle haben zur Folge, dass man, wenn heute jemand überfahren wird, fast schon sagen muss: Er ist eines natürlichen Todes gestorben.

Die Reise auf den Mond wird bald für jedermann in fünfzehn Tagen möglich sein. Einen Tag braucht man für die Reise und vierzehn Tage dauert es, bis man das russische Visum kriegt.

Ein Spezialist ist ein Mann, der sein Tätigkeitsfeld mehr und mehr einschränkt, um auf möglichst engem Fachgebiet sein ganzes Wissen zu konzentrieren. So weiß er dann immer mehr und mehr von immer weniger und weniger. Zum Schluss weiß er alles über gar nichts.

Nicht alle, die heute Hosen tragen, sind eine Frau.

Ein österreichischer Patriot ist ein Mann, der böse wird, wenn ein Fremder Österreich kritisiert, wie er selbst es immer tut.

Farkas conférierte, sang, tanzte, spielte und kaum jemand bemerkte etwas vom Leiden des großen, alten Mannes. Der Applaus hielt ihn aufrecht. »Um Österreichs Literatur ist es schlecht bestellt«, hatte er einmal gesagt, »Grillparzer ist tot, Nestroy ist tot – no, und ich bin auch nicht mehr der Jüngste.« Am Abend des 15. Mai 1971 lief im ORF seine letzte, kurz zuvor aufgezeichnete *Bilanz der Saison*. Am nächsten Morgen starb Karl Farkas 77-jährig im Wiener AKH.

»Er war das Lachen des Jahrhunderts«, sagte Maxi Böhm an seinem offenen Grab.

Die Rebellen

Eine neue Form des
Kabaretts

»*Der Papa wird's schon richten*«
Gerhard Bronner und seine Klassiker

Für kritisches Kabarett war Karl Farkas nicht zuständig, dieses Genre wurde in den Nachkriegsjahren von einem neuen, jungen Ensemble übernommen, dessen wichtigste Vertreter Gerhard Bronner, Helmut Qualtinger, Carl Merz, Michael Kehlmann, Peter Wehle, Louise Martini und Georg Kreisler hießen. Bronner war es, der den bunten Haufen von Einzelkämpfern zumindest eine Zeitlang zusammenhalten konnte, er war es auch, der die meisten Lieder und Nummern schrieb und die Musik komponierte.

Der Vater des *G'schupften Ferdl* war 1922 in Wien als Sohn eines Tapezierers und einer Näherin zur Welt gekommen und hat in Favoriten die Lehre zum Schaufensterdekorateur absolviert. Als die Nazis einmarschierten, war Bronner sechzehn, flüchtete nach Brünn und verdiente sich seinen Unterhalt als Straßensänger. Schließlich gelangte er über England nach Palästina, wo er es zum musikalischen Leiter des englischen Soldatensenders brachte.

»Nur zur Durchreise«, wie Gerhard Bronner immer betonte, kam er 1948 nach Wien. Bleiben wollte er keinesfalls – waren doch seine Eltern und weitere Angehörige dem Holocaust zum Opfer gefallen. Bronner hatte in Haifa eine Wienerin geheiratet, die nach dem Krieg ihre Eltern besuchen wollte. Er war bereit, mit ihr vier Wochen in Wien zu bleiben.

An einem nasskalten Wintertag suchte er in dieser Zeit vor dem plötzlich einsetzenden Regen Schutz, betrat das nächste Lokal und

*Die ersten Wiener Auftritte
als Pianist in der Marietta-
Bar: Gerhard Bronner*

nahm an der Bar Platz. Als die Musiker Pause machten, setzte er sich ans Klavier und spielte ein paar Takte. Die Bar hieß Marietta-Bar, ihr Besitzer fand Gefallen an Bronners Spiel und engagierte ihn.

Auf der Suche nach Mitstreitern fiel Bronner eines Tages »in der Sauna ein schlanker junger Mensch in einer schlecht sitzenden Badehose auf, der nach einem freien Liegestuhl Ausschau hielt«. Der Herr setzte sich zu ihm und stellte sich als Helmut Qualtinger vor. Er war nach einem abgebrochenen Medizinstudium an mehreren Studentenbühnen aufgetreten und wollte Kabarettist werden. Bronner nahm ihn auf.

Die Vorstellungen in der Marietta-Bar waren zunächst Geheimtipps, sprachen sich aber so schnell herum, dass die Gruppe ihr erstes Programm *Brettl vor'm Kopf* im Wiener Konzerthaus aufführen musste, Premiere 12. November 1952. Mit dabei war bereits einer der größten Hits aus Bronners Feder, dessen Geschichte, wie die meisten seiner Songs, einen realen Hintergrund hatte.

Bronner hatte sich vor der Premiere zwecks Orchesterprobe in die hiefür angemietete Tanzschule Thumser auf der Neulerchenfelderstraße in Wien begeben. Da er in den Tanzschulräumlichkeiten seine Aktentasche vergaß, musste Bronner abends noch einmal zurückgehen, wodurch er Zeuge eines Raufhandels wurde, der in dem Satz »Pass auf, G'schupfter, die Sau hat a Messer« gipfelte. Bronner schrieb noch am selben Abend jenes legendäre Lied nieder, das Qualtinger dann in einzigartiger Weise vortrug:

Heute ziagt der g'schupfte Ferdl frische Socken an
Grün und gelb gestreift, das ist so elegant.
Schmiert mit feinster Brillantine seine Locken an,
Putzt si' d'Schuach und nachher haut er si' ins G'wand,
Denn beim Thumser draußt, in Neulerchenfeld is Perfektion.

An der Ecken trifft er dann die Mizzi Wastapschick,
Das beliebte Pinup-Girl von Hernals.
Ihre Kleidung ist wie seine ganz dezent und schick,
Sie hat beinah' echte Perlen um den Hals!
Denn beim Thumser draußt in Neulerchenfeld is Perfektion.

So gehen die Beiden mit vergnügtem Sinn zum Thumser hin.
Bei der Garderobe sehen sie ein großes Schild:
»Die p. t. Gäste werden höflichst gebeten,
die Tanzlokalität ohne Messer zu betreten.«
Da legt der g'schupfte Ferdl, ohne lange zu reden,
Sein Taschenfeitl hin – die Mizzi hat im Taschl eh no' an drin ...

Sämtliche Vorstellungen waren ausverkauft, sodass das junge Kabarettensemble nach einer größeren Bühne Ausschau hielt. Die nächste Station war das Intime Theater in der Liliengasse, das Bronner 1956 mit Georg Kreisler pachtete. Hier entstand das Programm *Blattl vor'm Mund*, für das Gerhard Bronner einen weiteren Klassiker schuf. Wieder nach einem persönlichen Erlebnis: Er hatte eben den Film *Der Wilde* mit Marlon Brando gesehen und danach Qualtinger eine Persiflage auf den Leib geschrieben: *Der Halbwilde*.

Vor ein paar Monat geh i aus mit der Hilde,
I mit der neuchen Schal'n und sie mit'n Kostüm.
Wir geh'n ins Kärntnerkino und wir sehn:
»Der Wilde«, ein leiwander Film.
I schick' die Hilde z'Haus und steh dann allan do,
Weil dieser Film, der geht mir nicht aus dem Sinn
Und ich beschließ ich kauf mir wie der Marlon Brando a klasse
   Maschin.
Ich bin nämlich immer für's Moderne, jeder muss sich heut
   motorisier'n,
And're reißen immer wieder Sterne, aber mir kann sowas nicht
   passier'n!
Ich kaufe einer Witwe billig des G'wand o
Und leg beim Daimler-Puch die Anzahlung hin.
Und jeder sagt, i schau jetzt aus wie Marlon Brando mit seiner
   Maschin.
Bis jetzt war ich in uns'rer Platten der Gfüllte,
Jetzt wissen's alle, in mir steckt no was drinn',
In meiner Gassen nennt mi jeder jetzt »der Wilde« mit seiner Maschin.

Für das zwei Jahre später gesendete Fernsehkabarett *Spiegel vor'm G'sicht* entstand Bronners Chanson *Der Papa wird's schon richten*, von dem niemand ahnen konnte, dass es zu politischen Konsequenzen führen würde, da sich in Wien schnell herumsprach, wer gemeint war, wenn Qualtinger sang:

Da neulich, da sitz ma in der Eden und reden,
Der Gießhübel, der Puntigam und i.
Man red't so – was soll ich Ihnen sagen,
Vom Wagen und was man so schon red't um zwei Uhr früh …
Auf einmal sagt mir der Puntigam,
Sag, was is wahr an dem Tamtam?
Ich hab da so was aufgeschnappt,
Du hättest einen Unfall g'habt?
Drauf sag ich: Es is nix passiert,
Mein Porsche ist schon repariert,
Nur leider ist mir ein Passant,
Bevor er g'storb'n is, einigrannt.
Da mischt der Gießhübel sich ein:
»Was ist jetzt mit dein Führerschein?«
»Na ja«, sag ich, »na ja, was soll schon sein?«

Der Papa wird's schon richten,
Der Papa wird's schon richten,
Das g'hört zu seinen Pflichten,
Dazu is er ja da.
Denn wenn man einen Sohn hat
Und so a Position hat
Und so viel Protektion hat
Wie mein Papa,

Dann genügt ja schon ein Telefonat
Zum richtigen Ort,
Und dort sind sofort
Die Akten unauffindlich ...

In Windeseile sprach sich in Wien herum, dass der Porschefahrer
der Sohn des Nationalratspräsidenten war, der einen Fußgänger
niedergefahren und danach Fahrerflucht begangen hatte. Der
Papa hat's seinem Sohn zwar gerichtet, wurde allerdings aufgrund
des Wirbels, den das Lied hervorrief, in Pension geschickt.

Man müsste annehmen, dass Bronner, nachdem er der Eden
mit dieser Nummer eine fulminante Reklame verschafft hatte,
hier Ehrengast auf Lebenszeit wurde – aber ganz im Gegenteil: er
bekam Lokalverbot! Erst Jahre später erkannte der damalige Besitzer, dass das Lied zu einer Art »Nationalhymne« für seine Bar
geworden war und hieß Bronner wieder willkommen.

Der hatte mittlerweile das Neue Theater am Kärntnertor in
der Walfischgasse übernommen, wo das Kabarett-Ensemble ab
1959 mit den Programmen *Dachl über'm Kopf* und *Hackl vor'm*
Kreuz weitere Erfolge feierte, so auch mit dem Lied *Die Demeline-*
rinnen, in dem die Herren Bronner, Qualtinger, Johann Sklenka
und Nikolaus Haenel zur Pizzikato-Polka von Johann und Josef
Strauß in der Tracht der Serviererinnen der k. u. k. Hofkonditorei
Demel sangen.

Wir sind die letzten Schwestern Oberinnen
Eines Ordens, den gibt's nur in Wien.
Der Orden nennt sich Demelinerinnen
Und erfordert strengste Disziplin.
So lang wir da sind is' ka Not,

Ist fast noch All's im rechten Lot,
Wenn wir mal nimmer da sind, ist die alte Zeit erst tot.
Küß d'Hand, Herr Graf, sind auch marod?

Plakat des Erfolgspro-
gramms »Hackl vor'm
Kreuz«, 1960 im Neuen
Theater am Kärntnertor

Louise Martini gab das Lied von den Chesterfield-Zigaretten, die man als junge Wienerin nur von amerikanischen Besatzungssolda-ten bekommen konnte: »Damals war a Chesterfield für mich ein Vermögen. Und die Leute legen für ein Vermögen sehr viel hin. Und so legte ich mich hin ...«

Im selben Jahr bestimmte die »Habsburg-Debatte« die politische Diskussion in Österreich, zumal Otto von Habsburg, dem Sohn des letzten Kaisers, die Einreise in seine Heimat verwehrt wurde. In Bronners Lied *Unser guter Kaiser kommt zurück* zerbrechen sich die adligen Herren Hunyadi, Gießhübl und Puntigam ihre Köpfe darüber, was passiert, wenn der Thronfolger – 42 Jahre

nach dem Zusammenbruch des Habsburgerreichs – als Monarch
heimkehrt:

Wir hab'n uns entschlossen,
's muß etwas gescheh'n.
Dieses Interregnum hat schon lang genug gedauert,
Was für Interregnum? Um was tut sich's dreh'n?
Unser guter Kaiser kommt zurück!
Uns hat sehr verdrossen,
Dieser status quo.
Unsereiner hat doch durch Geburt verbriefte Rechte.
Auf die muss man pochen.
Ja, bitte wieso?
Unser guter Kaiser kommt zurück.
So wie bisher geht's nimmermehr,
Selbst die Perser halten sich an Schah.
Ja, ja!
Und kommt der auf Staatsbesuch her
Wer ist's, der den Schah empfangen derf?
Der Schärf!*
Das ist jetzt ganz anders,
's ist auch höchste Zeit!
Auf die Dauer kann man ohne uns kein' Staat regieren!
Lang hab'n wir gewartet,
Jetzt ist es so weit:
Unser guter Kaiser kommt zurück ...
D'rauf woll'n wir was trinken!
Dass der gute Kaiser kommt zurück!

---

* Bundespräsident Adolf Schärf, 1890–1965

Geh borg' mir zehn Schilling ...
Bis der gute Kaiser kommt zurück!

1961 löste sich das Ensemble wegen interner Streitereien auf, Bronner gestaltete fortan Fernsehsendungen wie *Zeitventil* und *Die große Glocke*, arbeitete mit Peter Wehle, Ernst Stankovski, Herbert Prikopa, Peter Orthofer, Marianne Mendt, Elfriede Ott, Lore Krainer und Kurt Sobotka zusammen. Fürs Radio gestaltete er *Schlager für Fortgeschrittene* und den *Guglhupf*.

Ab 1988 lebte Gerhard Bronner als freier Schriftsteller und Musiker in Florida und kehrte 1993 nach Österreich zurück, nachdem Freunde seine Steuerschulden beglichen hatten. In seinen späten Jahren genoss Bronner, der sich mit der zeitkritischen Form des Kabaretts nicht wenige Gegner geschaffen hatte, seine wachsende Popularität. Wurde einst Qualtinger mit dem *G'schupften Ferdl* und anderen Klassikern so sehr identifiziert, dass viele dachten, er hätte sie auch geschrieben, so hatte sich inzwischen herumgesprochen, dass sie alle von Bronner stammen. Er starb am 19. Jänner 2007 im Alter von 84 Jahren.

»In Linz müsste man sein«
Das Genie Helmut Qualtinger

Qualtinger«, so hat ihn ein Zeitgenosse einmal definiert, »ist das Gegenteil vom Herrn Karl.« Kein kleinkarierter Opportunist, kein Nörgler, kein Intrigant. Vielmehr ein hochsensibler Intellektueller, der in den 57 Jahren seines Lebens nie wirklich erwachsen geworden ist.

Bürgerlich war nur der Anfang. Am 8. Oktober 1928 als Sohn eines Mittelschulprofessors und Diplomingenieurs in Wien zur Welt gekommen, »war ich schon als Kind nicht sehr jung, und darin hat sich bis heute nichts geändert«, sagte er, als das Erwachsenwerden eigentlich längst fällig gewesen wäre. Der blondgelockte, zarte Bub flog viermal aus der Mittelschule, was seinem Vater den resignierenden Satz entlockte: »Ich bin Chemiker, mein Sohn ist Komiker.« Helmut begann ein Medizinstudium, zog es aber dann doch vor, das väterliche Wortspiel in die Tat umzusetzen. Über den Umweg als Lektor und Journalist landete er bei Studentenbühnen und schließlich bei Gerhard Bronner und seiner Kabarettgruppe.

Von Qualtinger stammen mehr Texte als man annimmt. 1960 schrieb er für das Programm *Hackl vor'm Kreuz* die Nummer *Der Menschheit Würde ist in Eure Hand gegeben*, in der er und Johann Sklenka zwei alternde Provinzmimen spielen, die – während sie sich in ihrer Garderobe abschminken – von vergangenen Theaterzeiten träumen.

ERSTER MIME: *Hast du Girardi noch gesehen?*

ZWEITER MIME: *Ausgesprochen überschätzt.*

ERSTER MIME: *Er hatte gute Beziehungen zur Presse.*

ZWEITER MIME: *Nur so kommt man nach Wien.*

ERSTER MIME: *Wien ... Josefstadt ... Volkstheater.*

ZWEITER MIME (nachdenklich): *Mährisch-Ostrau war besser als Teplitz-Schönau.*

ERSTER MIME: *Vom neuen* Jedermann *habe ich furchtbare Verrisse gelesen.*

ZWEITER MIME: *Ich habe immer gesagt, das Stück passt nicht zu Salzburg.*

217

ERSTER MIME: *Vielleicht zu Linz ... In Linz müsste man sein* (Schweigen). *Es war doch eine schöne Zeit.*
ZWEITER MIME: *Das ist endgültig vorbei.*
ERSTER MIME: *Die jungen Leute, die heute zum Theater gehen, sind arm.*
ZWEITER MIME: *Es fehlt ihnen die Provinz ...*

Auch die legendäre Figur des Travnicek, der zum Prototyp des österreichischen Spießers wurde, hat Qualtinger (gemeinsam mit Carl Merz) geschaffen. Merz erinnerte sich an die Entstehungsgeschichte des ewig nörgelnden Wieners: »In den Fünfzigerjahren machte die Familie Qualtinger (bestehend aus Helmut, seiner ersten Ehefrau Leomare und Sohn Christian, Anm.) gelegentlich Urlaub in Jugoslawien, wobei man sich einmal via Adria zu Schiff weiter nach Süden begab. Man kam, wie das so ist, mit den anderen Reisenden ins Gespräch, unter denen es auch Österreicher gab. Ein Herr tat sich dabei hervor: Er beklagte sich über das fremdartige Essen, belegte es mit verächtlichen Bezeichnungen, gab seiner Sehnsucht nach kalten Wiener Schnitzeln mit Erdäpfelsalat Ausdruck und war im Allgemeinen von der Tatsache negativ beeindruckt, dass die Einheimischen im Ausland Ausländer zu sein pflegen. Als ich mich nach Qualtingers Rückkehr wieder mit ihm traf, erzählte er von seinem Urlaub und so auch von jenem Herrn, er berichtete nicht nur von ihm, er kopierte ihn auch und improvisierte einige seiner Dialoge. Der Travnicek war geboren.« Die Szene *Travnicek am Mittelmeer* handelt an Deck eines Mittelmeerschiffes. Qualtinger spielt die Titelrolle, Bronner seinen Freund, es ist Vollmond, beide sitzen auf Deckstühlen.

Helmut Qualtinger und Gerhard Bronner, hier in der Szene »Travnicek hat Vorrang«

TRAVNICEK (missmutig): *Des is a Land! Schaun S' da abi.*

FREUND: *Ja – und?*

TRAVNICEK: *Nix wia a Salzwasser. Und die Gitarren. Net zum Anhören. Wann's wenigstens Schrammeln hätten. Und der Mond scheint an ins G'sicht, es is net zum aushalten.*

FREUND: *Südliche Nächte, Travnicek!*

TRAVNICEK: *Hern S' ma auf mit dem Süden. In der Bahn is ja noch gangen. Da hab ich kalte Schnitzeln mitg'habt von z'Haus. Und an Erdäpfelsalat im Glasl. Aber da herunt. Die Cevapcici wollen s', dass i essen soll.*

FREUND: *Was?*

TRAVNICEK: *No dö Hundstrümmerl mit Zwiefel – und ka Schnitzel weit und breit. Ka Erdäpfelsalat. Für das Geld, was ich da*

ausgib, halten s' mi am Wörther See für an Ausländer. Und an
guten Wein gibt's net. Nur Sauerrampfer und an Slibowitz, an
scharfen, und mit niemand kann ma sich unterhalten, nur mit
Ihnen. Ka Ansprach.
FREUND: *Jetzt steigt die Küste aus dem Wasser, Travnicek.*
TRAVNICEK: *Na, was brauch i des? Gibt's da a Strandcafé? Na!*
Und was für Leut? Lauter Tschuschen ...

Das Lied *Krügel vor'm G'sicht* stammt von Gerhard Bronner, ist
aber auf Qualtingers Alkoholkrankheit zurückzuführen. Bronner erinnerte sich, dass sein Starinterpret ab Anfang der 1960er
Jahre mit ernsten Alkoholproblemen zu kämpfen hatte. Als während der Spielzeit von *Dachl über'm Kopf* eine ausverkaufte Vorstellung abgesagt werden musste, weil Qualtinger betrunken war,
schrieb Bronner ihm die Nummer eines Alkoholikers auf den
Leib. Qualtinger weigerte sich zunächst, das Lied zu singen,
weil er genau wusste, auf wen es gemünzt war – ließ sich dann
aber dazu überreden, dass aus dem Solo ein Duett würde, das er
gemeinsam mit Bronner vortrug. Ein weiterer Klassiker entstand.

A Krügerl, a Glaserl, a Stamperl, a Tröpferl,
Da wer'n unsre Äugerln gleich feucht,
Da warmt si' das Herzerl, da draht si' mei Köpferl,
Die Fusserl wern luftig und leicht.
Dann muass i da Musi an Hundata reib'n,
I bin in mein Himmel und dann geh i speib'n.
Ein Spitzerl, ein Schwipserl, a Räuscherl, a Schwamm,
Is unsa tägliches Arbeitsprogramm.

Kurz nach'm Krieg, da war's Leben so mies
Da hab i g'soffen damit i vergiss.
Jetzt geht's uns guat scho seit längerer Zeit
Da macht des Saufen erst richtig a Freud.
Es is schon längst der Rekord übertroffen bei uns,
Fünf Milliarden werd'n jährlich versoffen bei uns.
Aber mia schaun uns dann unsre Regierung an,
Die geht mit'n Beispül voran ...

Es war klar, dass mit dieser Zeile die Regierungsmitglieder Figl und Raab gemeint waren, die dem Alkohol nur allzu gern zusprachen. Qualtingers Witwe Vera Borek hat Bronner nie verziehen, dass er ihren Mann als Alkoholiker bezeichnete und auch nach dessen Tod noch öffentlich über dieses Problem sprach. »Es ist bekannt, dass Qualtinger nicht gerade abstinent lebte«, erklärte Vera Borek, »aber Bronners Aggression gegen meinen Mann, der sich nicht mehr wehren kann, ist mehr als geschmacklos. Qualtinger hat gegen den Alkohol angekämpft, zum Teil mit Erfolg, sonst hätte er nicht immer wieder in großen Rollen auf der Bühne stehen können. Man wird kaum einen Großen ohne Schwächen finden. Bei einem Mann vom Format Helmut Qualtingers ist es aber nicht wichtig, ob und wie viel er getrunken, sondern nur, was er geleistet hat.«

In der Tat erfolgte Qualtingers Glanzleistung, sein Monolog *Der Herr Karl*, der ihn unsterblich machte, erst nach der Trennung von Bronners Team. Neben interner Streitereien hatte er sich vom Kabarett auch mit der Begründung losgesagt: »Die österreichische Wirklichkeit ist eine Parodie geworden. Und eine Parodie kann man nicht parodieren.«

Am 15. November 1961 wird *Der Herr Karl* erstmals im österreichischen Fernsehen ausgestrahlt: Qualtinger erzählt darin

221

»einem jungen Menschen« seine Lebensgeschichte, während er seine Arbeit im Lager eines Feinkostgeschäfts verrichtet. Es ist der Monolog eines Mitläufers, der sich als kleinbürgerlicher Opportunist durch die wechselvollen Zeitläufe des zwanzigsten Jahrhunderts schlägt:

Bis Vieradreißig war i Sozialist. Das war aa ka Beruf, hat ma aa net davon leben können ... Später bin i demonstrieren gangen für die Schwarzen ... Hab i fünf Schilling kriagt. Dann bin i umme zu die Nazi. Da hab i aa fünf Schilling kriagt. Naja, Österreich war immer unpolitisch, aber a bissl Geld is z'sammkummen, net ...

Des war eine Begeisterung, ein Jubel, wie man sie sich überhaupt nicht vorstellen kann – nach diesen furchtbaren Jahren. Endlich amal hat der Wiener a Freud g'habt, a Hetz, ma hat was g'segn, net? Des kennen S' Ihna gar net vurstellen ... Wann san Se geboren? Achtadreißig? Naja, also mir san alle, i waaß no, am Ring und am Heldenplatz g'standen, unübersehbar waren mir. Man hat gefühlt, man is unter sich, es war wia bein Heirigen. Aber feierlich, ein Taumel ...

Der Führer hat geführt. Aber a Persönlichkeit war er, vielleicht ein Dämon, aber man hat die Größe gespürt. I maan, er war net groß. I bin ja vor ihm g'standen. Er hat mi ang'schaut mit seine blauen Augen, i hab eahm ang'schaut. Hat er g'sagt: ›Jaja‹. Da hab i alles g'wusst, wir haben uns verstanden ...

Natürlich hab i manchmal die Gelegenheit benützt, es war ja a moderne Ehe ohne Vorurteile – a Mann is a Mann, wann er a richtiger Mann is. Im Krieg war's ja leicht mit die Weiber, i hab net

»Mir ham was auf die anderen g'wusst, die ham was auf uns g'wusst – man hat sich geeinigt«: Helmut Qualtinger in der Rolle seines Lebens, als Herr Karl

einrucken müssen. Die Frau is der gebende Teil und der Mann is der herrschende. Des hab i ihr ja aa klarg'macht, bevor ma g'heirat ham.

Mir ham was auf die anderen g'wusst, die ham was auf uns g'wusst – man hat sich geeinigt ...

Na, dann san eh scho bald die Russen kumma. Also, i bin sehr guat mit eahna auskommen. I hab ja g'wusst, wie ma mit eanah umgeht. De Nachbarn san alle g'rennt mit ihre Hitlerbilder und ham s' am Misthaufen g'schmissen. I hab meins hängen lassen. Dann hab i die Russen extra in mei Wohnung g'führt – kumm, Kamerad, dawai, Towarisch – hab's Hitlerbild packt, um d'Erd g'haut, drauf umanandatrampelt. Ham's g'sagt »Karascho« und san gangen ...

A paar Monat später, was glauben S', wer kumma is? – De Ameri-ganer. Des war eine Erlösung. Da hab i mi glei beworben, weil man steht doch dem Westen – weil ich doch schon die ganze Zeit die

223

Arbeit gemacht hab für die Gemeinschaft, net? Um den Westen zu verteidigen. Luftschutz und des, hab i mir denkt, es muaß doch a Meglichkeit geben bei die Ami – und mit'n Essen war's aa ganz guat ... Na – mir ham aufpasst! Wann a Österreicher kummen is, glei hab ma ihm verjagt! »Weg da! Go away! You ...«

Auch der *Herr Karl* ist keine Erfindung, es hat ihn wirklich gegeben. Der Wiener Schauspieler Nikolaus Haenel arbeitete nach dem Krieg im Vorratskeller des Lebensmittelgeschäfts *Top – Spezialitäten aus aller Welt*, Ecke Führichgasse/Tegetthoffstraße, in dem ein Mann beschäftigt war, der ein Ebenbild des Herrn Karl war. Haenel erzählte Qualtinger von dieser wenig erfreulichen Erscheinung der österreichischen Zeitgeschichte – und der verlegte dessen Existenz aus dem Dunkel des Vorratskellers ins Scheinwerferlicht des Fernsehens und der Bühne.

»Der wirkliche Name des Herrn Karl war Max«, verrät Nikolaus Haenel. »Er war viel schlanker als Qualtinger, ihm vom Typ her aber doch irgendwie ähnlich. Herr Max war etwa fünfzig Jahre alt, Brillenträger, 1,70 Meter groß, er hatte schütteres, leicht angegrautes Haar und einen Schnurrbart.« Max war an der Arbeit in dem Geschäft, zu der Boden aufwischen und das Nachfüllen der Regale gehörte, nicht sonderlich interessiert. Stattdessen erzählte er Nikolaus Haenel aus seinem Leben.

Haenel wusste, dass Qualtinger auf der Suche nach einer Bühnenfigur mit Nazivergangenheit war. »Da Max Parteigenosse war und seine Geschichte in einer sehr anschaulichen und theatralischen Weise wiedergab, verständigte ich Qualtinger. Wir trafen uns im Restaurant Halali am Neuen Markt, wo ich ihm an drei oder vier aufeinander folgenden Tagen Wort für Wort vorspielte, was Herr Max mir erzählt hatte.«

Helmut Qualtinger verarbeitete den Text zu einem in seiner Art einzigartigen Monolog, den er sich dann – wieder gemeinsam mit Carl Merz – auf den eigenen Leib schrieb.

Aus dem späteren Leben des Herrn Max weiß man nur, dass er bald aus dem Feinkostgeschäft Top entlassen wurde, weil sich in seinem kleinen Koffer einige Flaschen Wermut fanden, die er mit nach Hause nehmen wollte.

Haenel hat den Familiennamen des Herrn Max vergessen, kann sich aber noch sehr gut an sein Aussehen erinnern.

Herr Max, der später zur Vorlage für den Herrn Karl wurde, in der Erinnerung gezeichnet von Nikolaus Haenel

Nach der Fernsehübertragung hagelte es zahllose Proteste erboster Zuschauer, die »so« nicht sein wollten. Hans Weigel war es, der die Aufregung auf den Punkt brachte: »*Der Herr Karl* wollte einem bestimmten Typus auf die Zehen treten, und ein ganzes Volk schreit Au.«

Solange er Kabarettist war, hatte das Publikum Qualtinger als Enfant terrible wahrgenommen, dessen sogenannte *Practical Jokes* in Wien die Runde machten. Es passte daher – noch in seiner Zeit beim Kabarett – durchaus in sein Repertoire, dass er nach der Ausstrahlung von Franz Werfels Drama *Der veruntreute Himmel* die Hauptdarstelle-rin Annie Rosar in einem TV-Kabarett parodiert hatte.

- Annie Rosar meldete sich daraufhin – man schrieb das Jahr 1958 – telefonisch bei Fernsehdirektor Gerhard Freund und zeigte sich tief getroffen, dass man – gerade nach ihrem großen Erfolg im *Veruntreuten Himmel* – eine solche Parodie zuließ. Gerhard Freund war die Angelegenheit äußerst peinlich. Einerseits versuchte er der Volksschauspielerin zu erklären, dass es für Kabarettisten keinerlei Zensur gäbe, andererseits wollte er die alte Dame nicht verletzen. Doch die Rosar war nicht zu beruhigen, rief im Lauf der nächsten Tage sechsmal an und ging Freund mit ihren Interventionen schon ein wenig auf die Nerven. Beim siebenten Mal ließ er sich verleugnen – rief dann aber doch zurück. Annie Rosar war erstaunt: »Herr Direktor, ich habe in meinem ganzen Leben noch nie bei Ihnen angerufen!«
  Bald fand man des Rätsels Lösung: Qualtinger selbst war es, der sich mit verstellter Stimme über seine eigene Parodie beschwert hatte!

Weitere Beispiele seiner *Practical Jokes* sind Legion:

- Eines Tages stellte »Quasi«, wie alle Welt ihn nannte, beim Unter-richtsminister Felix Hurdes den Antrag, den Buchstaben »U« aus dem deutschen Sprachschatz entfernen zu lassen, da dieser »unsittlich, unseriös und unschön« sei. Nächtelang war Qualtin-ger mit einer Leiter unterm Arm unterwegs, um etliche U's von den Portalen der Wiener Innenstadtgeschäfte abzumontieren.
- Eines Tages bestellte er mit verstellter Stimme als »russischer Offizier« den österreichischen Außenminister Leopold Figl zu einer Besprechung in den Wiener Stadtpark – der auch prompt dorthin kam.
- Journalisten eilten zum Westbahnhof, um auf Einladung des

Österreichischen PEN-Clubs den von Qualtinger erfundenen »Eskimodichter und Literaturnobelpreisträger Kobuk« zu interviewen. Doch vor ihnen stand, mit einer Pelzmütze am Kopf: Qualtinger, wer sonst?

• Er konnte das Komödienspielen auch fernab der Bühne nicht lassen – selbst viel später, nach dem Ende seiner Kabarettzeit, als man ihn irrtümlich schon erwachsen wähnte. Da erhielt eines Tages der aus Wien stammende Terror- und Aggressionsforscher Friedrich Hacker in seiner psychiatrischen Klinik in Los Angeles einen Anruf aus dem Weißen Haus. Am Apparat: Helene von Damm, die persönliche Sekretärin des damaligen Präsidenten Ronald Reagan. »Herr Professor«, sagte die aufgeregte Anruferin, »Sie müssen dem Präsidenten helfen. Er ist ... äh, er ist ... plötzlich verrückt geworden.«
Hacker bestieg das nächste Flugzeug nach Washington, meldete sich im Weißen Haus bei Frau von Damm. Die sehr verwundert war: »Ich habe Sie nicht angerufen.« Es war – na klar: Qualtinger, der für diesen Streich selbst die hohen Telefongebühren aus Wien nicht scheute.

• Vera Borek hat seine *Practical Jokes* auch zu Hause erlebt. »Er hat oft selbst mit verstellter Stimme an Theatern angerufen und den jeweiligen Direktor verlangt«, erinnert sie sich. »»Hier spricht die Assistentin von Herrn Qualtinger‹, sagte er. ›Kann ich den Intendanten Soundso sprechen? Ich verbinde.‹ Er spielte dann auch das Knacksen in der Leitung, bis er sich endlich als Qualtinger meldete. Das waren so unsere privaten *Practical Jokes*.«

Jenseits aller Narreteien war das ewige Kind Helmut Qualtinger »wie jeder intelligente Mensch in Wirklichkeit eher ernst und nachdenklich, Kasperl war er keiner«, erzählt Vera Borek.

Schwer waren die letzten zehn Jahre. »Er hat tapfer gegen den Alkoholismus angekämpft, wir waren bei Ärzten, in Sanatorien und Spitälern. Sonst wär er vielleicht noch früher gestorben. Er hatte Phasen, in denen es ihm besser ging – und andere Phasen leider auch.« Erstaunlich, wie viel der Mann in den Jahren seines Krankseins noch gearbeitet hat. Er führte Regie, spielte Theater, drehte Filme und schrieb bis zuletzt satirische Szenen. Mit dem ersten hier zitierten Satz wollte er auf den in Österreich sprichwörtlichen Mangel an Vergangenheitsbewältigung hinweisen:

Wenn wir nur lange genug tun, als ob nix g'wesen wär, dann is aa nix g'wesen.

Österreich ist ein Labyrinth, in dem sich jeder auskennt.

Seitdem es Flugzeuge gibt, sind die entfernten Verwandten auch nicht mehr das, was sie einmal waren.

Demagogen sind Leute, die in den Wind sprechen, den sie selbst gemacht haben.

Wenn keiner weiß, was geschehen soll, sagen alle: Es muss etwas geschehen!

Qualtinger starb am 29. September 1986 in Wien. Und es geschah, was er vorausgesagt hatte:

In Wien musst erst sterben, damit s' dich hochleben lassen, aber dann lebst lang.

»Aber dann lebst lang«: Helmut Qualtinger, das Universalkunstwerk

Die Ideen des Merz
Qualtingers kongenialer Partner

Er hatte hohen Anteil an Qualtingers Erfolgen. Geboren 1906 als Karl Czell in Kronstadt in Siebenbürgen, ist Carl Merz in Budapest aufgewachsen, hat in Wien Welthandel und Schauspiel studiert. Nach einer prägenden Begegnung mit Karl Kraus fiel er zunächst als Interpret von Wedekind-Chansons auf und war dann unter dem Namen Karl Zeller an deutschen Bühnen als Schauspieler und Dramaturg engagiert.

Obwohl im Sinne der Nazidiktion »Arier«, kehrte er 1933 nach Wien zurück, trat hier an den Kleinkunstbühnen Literatur am Naschmarkt und ABC auf – nun erstmals unter dem Pseudonym Carl Merz. In der Nazizeit war er Schauspieler an verschiedenen Provinzbühnen, nach dem Krieg holte ihn Stella Kadmon an ihr Kabarett Der liebe Augustin, wo Fritz Eckhardt und Kurt Nachmann seine Schauspielpartner waren. Als Merz 1946 kurzzeitig künstlerischer Leiter des Lieben Augustin war, engagierte er den jungen Helmut Qualtinger, womit eine lebenslange Freundschaft und Zusammenarbeit ihren Anfang nahm.

Merz gehörte neben Qualtinger, Kehlmann, Bronner und Wehle zum Stammteam, das die neue Ära des Wiener Kabaretts eingeläutet hatte. Mit Qualtinger kreierte er den Herrn Karl und den Travnicek, man sprach auch von den »Ideen des Merz«. Im Nationalratswahlkampf 1959 entstand *Travnicek und die Wahl*, gespielt von Qualtinger und Bronner.

Kongenialer Qualtin-
ger-Partner: Carl Merz

FREUND: Travnicek, die Überzeugungskraft eines Plakates kann
die Entscheidung in der Wahlschlacht bringen.

TRAVNICEK: Des hab i mir auch schon gedacht. Wenn der Raab
so durch die Straßen geht und a KP-Plakat siecht, wer weiß, was
er dann wählt?

FREUND: Schau'n Sie sich diese Plakate an, Travnicek, da haben
sich die besten Köpfe der Nation nächtelang damit geplagt.

TRAVNICEK: Und das ist dabei herausgekommen?

FREUND: Die abgegebenen Stimmen sagen den Politikern, was das
Volk von ihnen hält.

TRAVNICEK: Und das stört sie nicht?

FREUND: Stellen Sie sich vor, Sie gründen eine neue Partei, die Tra-
vnicek-Partei, TPÖ. Sie stecken Millionen in die Propaganda, wie
die anderen ...

TRAVNICEK: Wenn i des Geld hab, was die für die Propaganda
ausgeben, pack i mei ganze Partei z'samm und fahr an die Riviera.

FREUND: Travnicek, nehmen wir an, Sie sind Politiker und wollen
sich wählen lassen. Auf was hinauf sollen die Leute Ihnen
vertrauen?

TRAVNICEK: *Auf was hinauf vertrauen sie den anderen Politikern?*
FREUND: *Die haben durch ihr jahrelanges Regieren schon bewiesen, was sie können.*
TRAVNICEK: *Na eben!*

In seinen späteren Jahren schrieb Carl Merz Romane und Erzählungen und verfasste mit Michael Kehlmann eine Reihe von Fernsehspielen, darunter *Kurzer Prozess* mit Qualtinger in der Hauptrolle. Carl Merz beging am 31. Oktober 1979 in seinem 74. Lebensjahr wegen einer unheilbaren Krankheit Selbstmord.

Menschen, die im Leben keinen Spaß verstehen, werden nie seinen Ernst begreifen.

»Bronner, ich hab eine phantastische Idee«
Peter Wehle, der lachende Zweite

Noch einer, der im Schatten eines anderen stand. Peter Wehle war sich der Tatsache bewusst, die Nummer zwei neben Gerhard Bronner zu sein – und doch hatte er entscheidenden Anteil am Erfolg des gemeinsamen Kabaretts. Einer seiner großen Qualtinger-Songs hieß *Ich bin ein Twen* und entstand 1960, als die Alten zur Seite und die Jugend ins Zentrum des Interesses gestellt wurden:

Ich bin ein Twen, ich bin kein Bursch und auch kein Mann,
Ich bin ein Twen, ist das nicht schön?

Ich bin ein Twen, wenn ich's auch nicht verstehen kann,
Auf das Wort Twen bin ich ein Kren.
Ich hab ka Abkunft, ich hab ka Einkunft
Aber eine Zukunft hab ich glaub ich schon
Weil doch in jeder Zeitung stehen tut,
Dass nur um uns sich drehen tut
Die Welt, und ich hab festgestellt:
Ich bin a Twen, das ist die neuzeitliche Form
Von Gentleman, der dernier cri.
Man kämpft als Twen für Ideale,
die die meisten nicht versteh'n
Net amoi i!
Natürlich leider, gibt es auch Neider
Und Ehrabschneider voll Impertinenz,
Jedoch wir fürchten keine Konkurrenz,
Denn Zeitgenossen oberster Potenz
Sind nur wir Twens ...

Der 1914 in Wien geborene Peter Wehle sollte eigentlich die Anwaltskanzlei seines Vaters übernehmen. Als er jedoch 1936 Karl Farkas kennenlernte und ihm vorschlug, für eines seiner Programme ein Chanson zu schreiben, kam alles anders. Farkas erkannte Wehles Talent und beauftragte ihn mit zwei weiteren Nummern. Ein Jahr später arbeitete er bereits für die Femina-Bar.

Obwohl er sein Jusstudium abschloss, konnte Wehle die Kanzlei des Vaters nicht übernehmen, da er 1939 einrücken und für die Wehrmacht in Stalingrad kämpfen musste. Nach dem Krieg schlug er sich als Pianist beim Sender *Rot-Weiß-Rot* in Salzburg durch, gründete mit Gunther Philipp und Fred Kraus die Kabarettgruppe *Die kleinen Vier*, ehe sich Karl Farkas seiner erinnerte

233

und ihn nach Wien holte. Doch Wehles Berufung war nicht das Unterhaltungskabarett, daher war es klar, dass er, als er Gerhard Bronner traf, dessen Bühnenpartner auf Lebenszeit wurde.

Anfangs waren sie noch Konkurrenten. »Derjenige, der billiger war, erhielt den Auftrag«, erzählte Bronner, »bis uns das zu blöd war, und von da an haben wir beschlossen, gemeinsam zu arbeiten.« Wie im Simpl zählten auch im Intimen Theater und im Theater am Kärntnertor die Doppelconférencen zu den Höhepunkten der Programme. »Wir haben uns ausgemacht«, so Bronner, »zwei bestimmte Typen zu verkörpern. Wehle war der liebenswerte, nette Blöde, ich der unangenehme, zynische Gescheite. So entstanden unsere Doppelconférencen.« Wehle bekam das Image lieb, aber blöd zu sein, Bronner das des bösen Zeitgenossen. »Tatsache ist, dass einige der bösesten Aussagen, die ich machte, mir der Wehle geschrieben hat. Der dann mit sonnig-verklärtem Gesicht neben mir stand und sich darüber freuen durfte, wie ich unbeliebt wurde.«

Eines Tages erklärten sie dem Publikum, wie ihre Kabarettsendung *Guglhupf* entstanden ist, die mehr als drei Jahrzehnte, von 1978 bis 2009, im Radio lief – natürlich in Form einer Doppelconférence:

WEHLE: *Erzähl jetzt einmal den Herrschaften, warum wir schreiben.*

BRONNER: *Also schuld ist natürlich wie immer der emsige Wehle.*

WEHLE: *Natürlich, ich!*

BRONNER: *Eines Tages, als er wieder einmal keinen Partner zum Billardspielen gefunden hat, kommt er aufgeregt zu mir gelaufen und sagt:*

WEHLE: *Bronner, ich hab eine phantastische Idee!*

BRONNER: *Oj weh!*

WEHLE: Weißt du was, du solltest ein Theater aufmachen.

BRONNER: Pass auf, mir liegt mein letztes Theater noch in den
Knochen, ich hab mir jede Menge Feinde gemacht, jetzt mach du
a Theater.

WEHLE: Was? Ich?

BRONNER: Warum machst du kein Theater?

WEHLE: Ich bin doch net deppert!

BRONNER: Hörst, du bist mir ein schöner Freund. Ich soll etwas
machen, was du nicht machen willst, weil du nicht deppert bist.

WEHLE: Ich bin halt keine Abenteurernatur.

BRONNER: Und ich ja?

WEHLE: Schau, du streitest dich gern mit den Leuten herum und
du weißt, wenn du ein Theater aufmachst, dann kriegst du Subventionen, und von den Subventionen kannst du dir einen erstklas-
sigen Mitarbeiter engagieren. Zum Beispiel mich!

BRONNER: Dich?

WEHLE: Vielleicht könnten wir im Fernsehen ein bissl Kabarett
machen ...

BRONNER: Die Unterhaltung im Fernsehen machen doch jetzt nur
noch Journalisten.

WEHLE: Ich hab eigentlich geglaubt, dass für Journalisten als Betä-
tigungsfeld Zeitungen erfunden wurden.

BRONNER: Na ja schon, aber dort verdienen sie nicht so viel als
wenn sie im Fernsehen Unterhaltung machen.

WEHLE: Und dem Publikum fällt nicht auf, dass sie das nicht
können?

BRONNER: Ja schon, aber wenn man dann am nächsten Tag in der
Zeitung liest, wie großartig, wie spritzig, wie humorvoll das alles
war, wie wunderschön die Sendung gewesen ist, die der Kritiker
selbst geschrieben hat ...

WEHLE: Das ist a bissl traurig für uns. Mit Theater is es nix, mit dem Küniglberg is es nix. Es müsst doch irgendwas geben, wo man noch a Kabarett machen kann.

BRONNER: Das kann nur etwas sein, wo man nichts verdienen kann.

WEHLE: Also Rundfunk ... Ich weiß da am Sonntagvormittag zwischen Du holde Kunst und Das Glaubensgespräch is a Loch.

BRONNER: Du mit deiner Emsigkeit bringst mich noch in den Guglhupf.

WEHLE: Moment, ein herrlicher Titel für eine Sendung! Wie wäre es, wenn eine Sendung folgendermaßen anfangt (singt):
Was den Sonntag erst zu einem Sonntag macht,
Ist der Guglhupf, der Guglhupf ...

BRONNER: Seitdem ist mir jedes Wochenende verpatzt. Und das alles nur, weil der Wehle keinen Billardpartner gefunden hat!

»Nur, weil der Wehle keinen Billardpartner gefunden hat«: Gerhard Bronner und Peter Wehle in der Doppelconférence

Dass Bronner in fast vierzigjähriger Zusammenarbeit die Nummer eins blieb, war Wehle durchaus recht, wie er in seinen Memoiren *Der lachende Zweite* schreibt: »Obwohl ich nie ein Star war, obwohl ich nie Satiriker, Politiker oder Philosoph sein werde, obwohl ich nie nach Neuerungen strebte, über Leichen ging, über Leben und Tod entschied, Rekorde aufstellte, kurz: nie ganz bis zur Spitze vordrang, bin ich zufrieden ... und möchte beweisen, dass es sehr günstig ist, im Schatten eines Größeren zu stehen: weil es im Schatten immer angenehm kühl ist, wenn es draußen heiß hergeht.« Wehle war auch ausgesprochen uneitel, wie ein von ihm selbst verfasster Schüttelreim beweist:

Es tut mir in der Seele weh, wenn ich den Peter Wehle seh.

Bronner und Wehle schrieben für Theater, Fernsehen und Rundfunk mehr als dreitausend Texte und Melodien. »Während man anfangs nicht wusste, ob ich der Bronner bin und er der Wehle ist oder umgekehrt, hat sich das schlagartig geändert, als wir mit unseren Programmen ins Fernsehen kamen«, erzählte Wehle. In seinem Chanson *Wir san von Natur aus neutral* erklärte Wehle, dass der Österreicher durch seine Gabe, »sich's mit niemandem anlegen« zu wollen, für die Neutralität geradezu geschaffen ist.

Uns lasst der Osten kosten
Uns muass der Westen mesten,
Wir sind der kleine Dritte Mann
Wir san von Natur aus neutral,
Des hätt ma freiwillig gsagt,
Dabei hat eh kaner gfragt ...
Mir sagen nach rechts Küss die Hand,

237

Wir san nach links sehr charmant.
Wer recht hat, des is uns egal,
Weil selber denken is oft sehr riskant,
Schaun Sie, es wär ja schön,
Sich wem anzuschließen,
Nur müsst ma vorher wissen,
Wo hat ma nachher dann am wenigsten Verdruss.
Aber des kann sich kaner vorstellen,
Drum tama weiterwursteln
Und sind sehr stolz auf den Entschluss.
Wir san von Natur aus neutral,
Des war seit je unsre Art,
Uns bleibt ja eh nix erspart,
Beim Match haben ma gern an Bahö, an Skandal,
Jedoch politisch sind wir streng neutral.

Mit einem Lied, das Wehle 1963 schrieb und in dessen letzter Strophe er ins Jahr 2000 schaut, bewies er ziemlichen Weitblick. Es ist die letzte Strophe des Wehle-Klassikers *Rababzhibap*, in dem er (mit Bronner) die Süßlichkeit des Wienerlieds persifliert:

Ein alter Herr, der drausst in Grinzing sitzt,
Im Jahr 2000 bei an Achterl g'spritzt,
Der sagt: Ihr Leutln, wisst ihr noch wie schön das war,
Das alte Wien im Dreiundsechzgerjahr
Da hat man d' Strumferln noch aus Nylon gmacht
Und das Programm im Radio war a Pracht.
Und so viel gmüatlich waren die Weanaleut,
Ja, war die schön, die guate alte Zeit,
Und die Musik, gibt's heute net mehr.

Mit leiser Stimme singt der alte Herr
(der gemütliche Wiener Klang geht in einen schnellen Rhythmus über:)
Rababzhibap, Rababzhibap, bu,
Zhibib bubu, zhibib bubu ...

Peter Wehle, der sechzehn Fremdsprachen beherrschte, promovierte im Alter von sechzig Jahren ein zweites Mal, nun zum Dr. phil., mit dem Dissertationsthema *Die Sprache der Wiener Unterwelt*. Er starb 1986 im Alter von 72 Jahren.

»*Tauben vergiften im Park*«
Der Musik- und Sprachvirtuose Georg Kreisler

Auch er war Sohn eines Wiener Rechtsanwalts, doch als er sechzehn war, musste er mit seinen Eltern das Land und die bürgerliche Geborgenheit verlassen. Georg Kreisler, Jahrgang 1922, flüchtete mit seiner Familie nach Amerika, wurde Angehöriger der US-Armee und bekam die Aufgabe, Shows für in England stationierte Soldaten zu gestalten – einer seiner Partner dabei war Marcel Prawy. Nach dem Krieg wieder in Amerika, nahm er kleine Jobs in Hollywood an, wo er 1947 einen außergewöhnlichen Auftrag erhielt: Charlie Chaplin drehte den Film *Monsieur Verdoux*, für den er Kreisler engagierte: Chaplin komponierte die Filmmelodie, konnte aber keine Noten lesen bzw. schreiben. So pfiff er Kreisler das Lied vor, der es dann zu Papier brachte. In einer Szene sieht man Chaplin die Melodie am Klavier spielen – tatsächlich saß der junge Georg Kreisler hinter den Kulissen und klimperte für Charlie.

239

1955 kehrte Kreisler nach Wien zurück, er wurde zum Zugpferd in Gerhard Bronners Marietta-Bar – und hat als Musik- und Sprachvirtuose wahrlich Kabarettgeschichte geschrieben. Dutzende seiner Lieder sind Klassiker, so *Der Musikkritiker, Der Beamte, Der General, Der gute alte Franz, Das Triangel, Ich hab ka Lust, Mein Sekretär, Telefonbuch-Polka, Oper, Burg und Josefstadt* – allen voran aber *Tauben vergiften im Park.*

> Schau, die Sonne ist warm und die Lüfte sind lau
> Gehn wir Tauben vergiften im Park!
> Die Bäume sind grün und der Himmel ist blau
> Gehn wir Tauben vergiften im Park!
> Wir sitzen zusamm' in der Laube
> Und ein jeder vergiftet a Taube
> Der Frühling, der dringt bis ins innerste Mark
> Beim Tauben vergiften im Park.
>
> Schatz, geh, bring das Arsen g'schwind her,
> Das tut sich am besten bewähren.
> Streu's auf ein Grahambrot kreuz über quer,
> Und nimm's Scherzel, das fressen's so gern.
> Erst verjagen wir die Spatzen,
> Denn die tun einem alles verpatzen.
> So ein Spatz ist zu g'schwind, der frißt's Gift auf im Nu,
> Und das arme Tauberl schaut zu ...

Viel später wurde Kreisler mit dem Vorwurf konfrontiert, der Text vom *Taubenvergiften* sei ein Plagiat von Tom Lehrers *Poisoning Pigeons in the Park.* Georg Kreisler erklärte, dass sein *Taubenvergiften* vor dem amerikanischen Song entstanden war. Die Zusammenarbeit mit Bronner dauerte nur vier Jahre, danach gingen die beiden im Streit auseinander, ohne sich je zu versöhnen. Als Kreisler einmal von einem Journalisten gefragt wurde: »Was kann Gerhard Bronner besser als Sie?« antwortete er: »Gerhard Bronner kann besser schlechte Lieder schreiben als ich!«

Kreisler war unglaublich produktiv, er hinterließ neben fünfhundert Liedern auch Romane, Gedichte, Kurzgeschichten und mehrere Opern. Was aus den wenigen Jahren in der Marietta-Bar bleibt, ist auch dieser Kreisler-Klassiker.

Zwei alte Tanten tanzen Tango mitten in der Nacht,
Warum auch nicht, sie hätten sonst die Nacht nur schlaflos zugebracht,
Wie diese Engeln sich nur schlängeln und schmiegen Bein an Bein,
Jeder Schritt muss bei dem Rhythmus ein Vergnügen sein!
Und rings umher da ist es finster, schwach nur grinst das Morgenrot,
Da mit Migränen gähnen Tränen, stöhnend man erwacht,
In den Spelunken wird getrunken, und der Bäcker backt das Brot,
Zwei alte Tanten tanzen Tango mitten in der Nacht …

Zwei alte Tanten tanzen Tango mitten in der Nacht,
Die suchen sobald nicht nach Kobalt, auch wenn der Globus kracht,
Die bringt kein greller Pfiff nach Tel Aviv, nach Kairo, nach Korinth,
Die ruft kein Muezzin zum Suez hin, die bleiben, wo sie sind.
Und Hunde heulen, wunde Eulen legen Eier in den Turm,
Man hat Affären mit Millionären, meist auf einer Yacht,
Doch spuckt den Ozean ein Loste an, dann gibt es einen Sturm,
Zwei alte Tanten tanzen Tango mitten in der Nacht …

Aus der Zeit, als Bronner und Kreisler noch gut miteinander waren, gibt es eine Anekdote, die nicht untypisch für Kreislers

Humor ist: Die beiden spazierten eines Abends nach der Vorstellung über die Kärntner Straße, auf der damals noch die »Schönen der Nacht« ihrer Kundschaft harrten. An der Ecke zur Krugerstraße standen an diesem eiskalten und regnerischen Abend zwei Prostituierte, die ihre frierenden Körper, in dicke Mäntel gehüllt, eng an die wärmende Hausfassade schmiegten. Würden die beiden Herren mit ihnen für eine Weile das geheizte Zimmer eines nahen Hotels teilen? Das mochten die Freudenmädchen gedacht haben, als Kreisler und Bronner sich ihnen näherten. Die Herren freilich, weit entfernt von derlei Ambitionen, gingen an den Damen vorbei. Bronner drehte sich nach ein paar Metern um, sah die Mitleid erregenden Geschöpfe noch einmal an und flüsterte Kreisler zu: »Also, ehrlich, bei dem Wetter möcht ich ka Hur sein!«

Worauf dieser die nicht unberechtigte Frage stellte: »Sag, bei welchem Wetter möchst du a Hur sein?«

Wie schön wäre Wien ohne Wiener!
So schön wie a schlafende Frau.
Der Stadtpark wär sicher viel grüner,
Und die Donau wär endlich so blau.
Wie schön wäre Wien ohne Wiener,
Ein Gewinn für den Fremdenverkehr!
Die Autos ständen stumm, das Riesenrad fallet um,
Und die lauschigen Gassen wär'n leer,
In Grinzing endlich Ruh – und's Burgtheater zu!
Es wär herrlich, wie schön Wien dann wär.
Keine Baustellen, keine Schrammeln,
Und im Fernsehen kein Programm,
Nur die Vogerln und die Pferderln
Und die Hunderln und die Bam ...

»Wie schön wäre Wien ohne Wiener«: Ausnahmekabarettist Georg Kreisler

Kreisler, der sich mit seinen »bösen Liedern«, seinem hintergründigen, oft schwarzen Humor nicht nur Freunde gemacht hatte, führte ein äußerst unstetes Leben. Wurde er 1938 noch zur Emigration gezwungen, so blieb er auch mit zunehmendem Alter rastlos:

- Nach dem Bruch mit Bronner verließ Kreisler 1959 Wien und ging mit seiner damaligen Ehefrau Topsy Küppers nach München, wo er mit ihr Chanson-Abende gab.
- 1962 kehrte er nach Wien zurück, schrieb hier Theaterstücke und gestaltete *Die heiße Viertelstunde* für den ORF.
- 1972 wollte er sich in Israel niederlassen, kam aber nach wenigen Monaten wieder zurück.
- 1976 übersiedelte er nach West-Berlin, wo er in Barbara Peters eine neue Lebens- und Bühnenpartnerin fand.

- 1988 übersiedelte Kreisler nach Hof bei Salzburg.
- 1992 ließ er sich in Basel nieder.
- 2007 ging er, mittlerweile 85 Jahre alt, mit seiner Frau Barbara wieder nach Salzburg.

Nicht untypisch für sein unstetes Leben ist der Text seines Chansons *Ich fühl mich nicht zu Hause.*

> *Ich fuhr zu meinem Bruder nach New York.*
> *Der lebt dort schon seit Jahren ohne Sorg.*
> *Sein Umsatz ist pro anno a Million*
> *Und deshalb wollt er mich als Kompagnon.*
> *Ja, den sein Business war so gut wie Gold,*
> *Ich hätt's auch gern mit ihm geführt,*
> *Doch als ich endlich unterschreiben sollt,*
> *Da hab ich plötzlich klar gespürt:*
>
> *Ich fühl mich nicht zu Hause, zu Hause, zu Hause.*
> *Was gehen mich an die Yankees?*
> *Auch wenn ich dabei Geld verlier,*
> *Ich fühl mich nicht zu Hause und deshalb, mein Bruder,*
> *Auch wenn es ein Geschenk is,*
> *Ich lass das Business dir.*
>
> *Dann fuhr ich zu mein Schwager Mojsche Grün*
> *Der wohnt in Buenos Aires, Argentin*
> *Er hat a Hazienda, sitzt am Pferd*
> *Und pflanzt sich die Bananen in die Erd.*
> *Und Señoritas gibt es schöne hier*
> *Ich hab mit vielen gleich frohlockt*

Doch als mein Schwager sagte: »Bleib bei mir!«
Da hab ich traurig ihm gesagt:

»Ich fühl mich nicht zu Hause, zu Hause, zu Hause,
Was solln mir Señoritas
Und Sonnenschein und blaues Meer?
Ich fühl mich nicht zu Hause
Zu Hause, zu Hause
Und jeder Cowboy sieht,
dass ich hier nicht hingehör!«

In Salzburg fand Georg Kreisler schließlich doch noch sein »Zuhause«, er starb dort am 22. November 2011 im Alter von 89 Jahren.

»Dös g'fallet euch Bürgerlichen«

Der volkstümliche Humor

Goethe bei den Löwingern
Lacher für die »kleinen Leute«

Das Lachen stand auch hier immer im Mittelpunkt, wenn auch auf ganz andere, auf derbere Weise. Bauern, Arbeiter und andere »kleine Leute«, die mit existenziellen Problemen zu kämpfen und im Alltag wenig zu lachen hatten, verspürten gerade deshalb das unabdingbare Verlangen, wenigstens für ein paar Stunden ihre Sorgen zu vergessen und unterhalten zu werden. Und sie sollten auf ihre Rechnung kommen.

Zu denen, die das sehr früh erkannten, zählt die Familie Löwinger, die auf eine zweihundertfünfzig Jahre alte Theatertradition zurückblicken kann. Sie beginnt mit dem Dorfschullehrer Thomas Maggauer, der 1760 im Tiroler Oberinntal eine Laientruppe gegründet und seine Volksschule immer dann zugesperrt hat, wenn er auf Theatertournee ging. Er flog deshalb von der Schule und machte sein Hobby zur Profession. Maggauers Großnichte Anna übernahm nach ihm die Wanderbühne und gastierte 1845 in Budapest, wo sie Paul Löwinger I., den Juniorchef eines Konkurrenzunternehmens, kennen und lieben lernte. Das war die Geburtsstunde einer Dynastie.

Anna und Paul Löwinger – sie waren die Großeltern des uns noch bekannten Volksschauspielers Paul Löwinger – traten nun gemeinsam auf, doch ihre Bühne war noch kein Bauerntheater, man spielte damals Operetten, Komödien und Klassiker inklusive Goethe und Schiller. Zu den Bauernpossen ging man erst über, als es immer schwieriger wurde, mit den Kulissen der großen Ausstattungsstücke auf Reisen zu gehen, während für einen Schwank im ländlichen Milieu ein Baum, ein Tisch und vier Sessel genügten. Aus dieser Not heraus fanden die Löwingers zu ihrer Identität. Und sie rissen ihr Publikum mit Komödien wie *Die Liab am Almsee* oder *Die Bürgermeisterin unter der Tuchent* zu Lachstürmen hin. Reich wurden sie damit nicht, traten sie doch oft nur fürs Abendessen in Gasthöfen auf.

Annas und Pauls Sohn Josef verliebte sich in die sechzehnjährige Cilli Weber, die in einem solchen Wirtshaus mit angeschlossener Kleinstbühne in Scheibbs eine Kochlehre absolvierte. Doch Josefs Eltern verboten die Verlobung, da ein Löwinger eine Schauspielerin heiraten musste, »um die Theatertradition fortführen zu können«. Als Cilli das hörte, nahm sie ein paar Stunden Sprechunterricht – und das mit derartigem Erfolg, dass sie der erste große Star der Löwingerbühne werden sollte.

Cilli und Josef Löwinger hatten vier Kinder, von denen Paul das talentierteste war. Er wurde am 10. November 1904 während einer

Josef Löwinger verliebte sich in Cilli Weber, die zum ersten Star der Volksbühne wurde

Tournee seiner Eltern in Laa an der Thaya geboren, weigerte sich als junger Mann zunächst im Bauerntheater aufzutreten und wurde Tenor. Erst als ihm während eines Engagements in Hallein das Geld ausging, zwang man Paul Löwinger, der Familienbühne beizutreten. Und er wurde das Zugpferd des Theaters, erlangte in den 1950er Jahren auch durch zahlreiche Kinofilme und die im Fernsehen gezeigten Aufzeichnungen ungeahnte Popularität.

Wenn man die Bücher der aufgeführten Stücke durchblättert, findet man die besondere Note nicht, die Paul Löwinger einbrachte, da die Pointen fast immer von ihm erfunden oder improvisiert waren. Peter Minich – mit Paul Löwingers Tochter Guggi verheiratet – weiß sie aber noch. Also sprach Paul Löwinger in *Der Latschenbauer Sepp auf Brautschau*:

> *I bin der Latschenbauer Sepp auf Brautschau, wir haben 36 Küah, sieben Ochsen, an Hund, an reinrassigen Terpentiner, und a Katz hab ma aa, mit an Schwaaf, der is so dick. Dann wird er immer dünner und dünner – und dann hört er auf.*

In dem Lustspiel *Damian beim Militär* spielte Löwinger einen Soldaten, der vom Korporal im Kasernenhofton geprüft wird.

> KORPORAL: *Soldat, in wie viele Teile zerfällt das Gewehr?*
> SOLDAT: *Es kommt drauf an, wie man's auf d' Erd haut.*
> KORPORAL: *Das ist ja fürchterlich. Haben Sie noch einen Bruder?*
> SOLDAT: *Jawohl, Herr Korporal.*
> KORPORAL: *Was is'n der von Beruf?*
> SOLDAT: *Korporal, Herr Korporal!*

*Erlangte ungeahnte
Popularität: der
Volksschauspieler
Paul Löwinger*

Und in einem weiteren Volksstück sah man Paul Löwinger als Sohn eines Großbauern, der mit seinem Vater nach einem Besuch auf dem Viehmarkt ins Gespräch kommt.

> SOHN: *Vater, warum hast denn die Kuah so abgriffen bevor du's kauft hast?*
> VATER: *Blöder Bua, bevor ma a Kua kauft, muass ma schaun, obs's a harts Fleisch hat.*
> SOHN: *Vater, dann verlier ma d'Muatter. Der Brieftrager kauft's!*

Paul Löwingers komödiantische Fähigkeiten gingen weit über sein Genre hinaus, er hatte zahlreiche Angebote anderer Bühnen, als Gaststar – vor allem in Nestroy-Rollen – aufzutreten, wollte aber den Familienbetrieb nicht im Stich lassen. Der Theaterprinzipal war seit 1938 mit der Schauspielerin Liesl Meinhard verheiratet, mit der er drei Kinder hatte, die ebenfalls alle zum Theater gingen. Während Tochter Guggi an der Volksoper Karriere machte, blieben Paul jun. und Sissy bei der familieneigenen Bühne, die nach dem Zweiten Weltkrieg im Renaissancetheater in der Wiener Neubaugasse eine feste Bleibe fand. Dass man bald die Grenzen einer Bauernbühne überschritt, wird schon durch die Liste der Stars, die »bei den Löwingern« gastierten, bekundet. So traten im »Burgtheater des kleinen Mannes« Fritz Imhoff, Elfriede Ott, Heinz Conrads, Trude Herr, Hans Joachim Kulenkampff, Johannes Heesters und Heinz Rühmann auf.

Nach Paul Löwingers Tod im Jahre 1988 übernahmen Paul jun. und Sissy die Leitung der Bühne. Paul jun. starb 2009, Sissy zwei Jahre später – und damit war das endgültige Aus für die Löwingerbühne gekommen.

Frau Sopherl und Herr Adabei
Vinzenz Chiavaccis Volkstypen

Vinzenz Chiavacci übte zunächst den gar nicht an Humor gemahnenden Beruf eines Eisenbahnbeamten aus. Er war 1847 als Sohn eines italienischen Pfeifenschnitzers in Wien zur Welt gekommen, gab mit vierzig Jahren die Beamtenlaufbahn auf und schrieb zahlreiche Humoresken für Bücher und in populären Zeitungsfeuilletons. Unsterblich wurde er durch die Schaffung zweier Wiener Volkstypen, der »Frau Sopherl« und des »Herrn von Adabei«.

Die Frau Sopherl war eine Marktstandlerin, beheimatet am Naschmarkt – der damals noch am Karlsplatz lag –, die mit ihrem berüchtigten Mundwerk weit über die Grenzen ihres Verkaufsstands hinaus Berühmtheit erlangte.

Die von Vinzenz Chiavacci geschaffenen »guten Ratschläge aus Liebesleben und Politik« waren im alten Wien Tagesgespräch. Einer Dame erklärte die Frau Sopherl einmal den Unterschied zwischen dem von ihr verehrten Adel und dem gering geschätzten Bürgertum:

Ihna kennt ma do glei an, dass Sö ka Aristokratin san ... Wenn sich so a g'wöhnlicher Beamter, der vielleicht bloßfüßi in d'Schul gangen is, herausnehmen därf, seine Bemerkungen z'machen, dass der hoche Adel dö besten Stell'n kriagt, währenddem dass der Bürgerliche was kenna und was g'lernt hab'n muass, wann er's zu was bringa will. Gelt, dös gfallet euch Bürgerlichen, wann S' aa nix z'lerna brauchet's und nix z'verstehn brauchet's und nachdem do Minister wurdet's? Freili, was denn! Für was hätterten mir denn des bürgerliche Ölikment? Ebenso wenig als a Adeliger a Schuaster oder a Schneider werd'n kann ... Sö wer'n m'r do zuageb'n, dass der Sohn von an' Saukräutler sein Lebtag net den feinen Takt hab'n kann, wie a Graf mit sechzehn Ahnen ...

Bei Vinzenz Chiavacci erkennt man - was damals mutig war - Ressentiments gegen den Adel. Auch dann, wenn sich ein Herr in einen Monolog der Sophie Pimpernuss - wie die Frau Sopherl bei Chiavacci mit vollem Namen hieß - einzumischen wagt. Da klärt sie ihn gleich über die wahren Unterschiede zwischen Aristokratie und gewöhnlichem Volk auf:

Sö hab'n halt niemals net mit an' Grafen oder Fürschten was z'thuan g'habt. In unser'n Haus hat a Wäscherin g'wohnt, dö hat für an Grafen dö Kindswäsch g'waschen. Da hat ma schon an dö Windeln seg'n kinna, dass dös a ganz a andere Menschengattung is. In jed's

253

»Weil's blaue Bluat fehlt«:
Chiavaccis Frau Sopherl
vom Naschmarkt

Windel war a Grafenkron' eing'stickt, glauben S', so was prägt si net
ein? Wann so a Kind auf d'Welt kummt, so hat's schon an feinern
Takt als unsereins ... Probieren S' es amal und lassen S' das Kind von
an Krowoten bei aner Gräfin trinken, ob nachdem a Graf draus
wird, sein Lebtag net. Weil's blaue Bluat fehlt.

Adelssympathisantin, die sie nun einmal war, gratulierte die Frau
Sopherl dem deutschen Reichskanzler Fürst Bismarck im Jahre
1885 mit einem offenen Brief, dem sie etwas Grünzeug beigelegt
hatte, zum siebzigsten Geburtstag:

Es kommt vom Herzen, lassen Sie den Zeller die Frau Fürschtin selber machen, denn die Trampeln können nicht umgehen damit ...
Geben Sie nur recht auf den Frieden acht, damit dass mein Ferdl
nicht einrücken muss. Verzeihen Sie, dass ich dalkerte Kräutlerin

Ihnen gratulir, aber hinter mir stehen die ganzen Kräutler von Österreich.

Wer von der Frau Sopherl spricht, kann an ihrem Widerpart, dem ebenfalls von Chiavacci geschaffenen Herrn Adabei nicht vorübergehen. Während man heute unter »Adabei« ein Mitglied der Oberen Zehntausend versteht, das bei keinem gesellschaftlichen Ereignis fehlen darf, war Chiavaccis Figur das genaue Gegenteil: ein kleinbürgerlicher Spießer. Als solcher schreibt er am 3. April 1888 einem Wiener Freund von einer Venedig-Reise:

Dö Stadt is das Merkwürdigste, was i in mein' Leb'n g'sehn hab. Denk dir, in jeder Gassen a stinkete Wean, wo dö Leut 's ganze Jahr dö Eierschal'n, Salatplätsch'n und in Mist einileeren ... Der Markusplatz is eigentlich nix als a großer Taubenkobel. Dö Tauben san dö Herr'n, dö Leut san nur geduldet ... Der Doschenpalast schaut si auswendig recht schön an, is aber total verwahrlost: in dem ganzen Gebäude nicht a anziges Wirtshaus! A Menge alter Bilder soll'n drinn sein. Wie i schon auf so was fliag! Wann i Bildln seg'n wollt', ging i daham in dö Balvidergalerie. Dös war do a Schand, wann i mir dö Büldln in Doschenpalast anschauet, bivor i in der Balvidergalerie g'wesen bin ...

Der Mann, der davon lebte, auf seinen Spaziergängen durch Wien die urwüchsigen Volkstypen zu studieren, nahm ein tragisches Schicksal: Chiavacci war die letzten Jahre seine Lebens an den Rollstuhl gefesselt, da ihm als Folge seiner Zuckerkrankheit beide Beine amputiert werden mussten. Er starb 1916 – gerade in jenem Jahr, in dem seine Frau Sopherl und alle anderen Standlerinnen vom Naschmarkt am Karlsplatz zu dem auf der Wienzeile, wie wir ihn heute noch kennen, übersiedelten.

*Schöpfer der Frau
Sopherl und des
Herrn Adabei:
Vinzenz Chiavacci*

Fast dreißig Jahre nach seinem Tod wurde Chiavaccis Herr von Adabei zu neuem Leben erweckt, als der britische Rundfunksender BBC regelmäßig eine von Emigranten verfasste deutschsprachige *Austrian Show* sendete, in der die populäre Figur samt Gemahlin plötzlich wieder auftauchte. Im März 1945 »feierte« das Ehepaar mit folgendem Dialog den bevorstehenden Jahrestag des »Anschlusses«.

HERR ADABEI: *Mali, heut san's grad sieben Jahr her ... Erinnerst dich noch an den 11. März 1938?*

FRAU ADABEI: *Ferdl, den Tag vergess ich mei Lebtag net. Damals hat Herr Hitler das kleine wehrlose Österreich erobert. Und a paar tausend Nazi-Buam, die er vorher aus Berlin hergeschickt hat, hab'n auf der Ringstraßen ›Heil‹ g'schrien, um der Welt die Begeisterung der Wiener vorzutäuschen.*

HERR ADABEI: *Und das Merkwürdigste is, dass die Wiener heute genau dasselbe schrei'n, was damals die Nazi-Buam g'schrien haben, nur mit anderer Betonung.*

FRAU ADABEI: *Wieso?*

HERR ADABEI: *No, die Hitlerbuam haben damals g'rufen:*
»Anschluss woll'n ma haben. Anschluss woll'n ma haben ...«

FRAU ADABEI: *No, entschuldige, die heutigen Wiener schreien*
doch net: »Anschluss woll'n ma haben ...«

HERR ADABEI: *Na! Die schreien:* »An Schluss woll'n ma haben,
an Schluss!«

»Wann i, vastehst, was z'reden hätt«
Das Mysterium des Josef Weinheber

Sein Leben begann in großer Tristesse. In Wien-Ottakring als Sohn eines Fleischhauers 1892 geboren, wuchs Josef Weinheber nach dem frühen Tod seiner Eltern im Waisenhaus Mödling auf, musste mit fünfzehn das Gymnasium verlassen, weil ihm nach einem »Nicht genügend« auf die Mathematikschularbeit die staatliche Unterstützung gestrichen wurde. Er kam zu Zieheltern, war Lehrling in einer Pferdefleischhauerei, ehe er zur Post ging, wo er es bis zum »Inspektor« brachte.

Ein Heiratsinserat vermittelte ihm die Bekanntschaft mit seiner ersten Frau Emma Fröhlich, von der er sich bald scheiden ließ, da er bei der Post seine zweite Frau Hedwig kennenlernte. Schon als kleiner Beamter schrieb er neben zahlreichen Gedichten mit dem Roman *Das Waisenhaus* die Erinnerung an seine ärmliche Kindheit nieder. An Selbstbewusstsein mangelte es dem von Rilke, Trakl, Wildgans und Karl Kraus beeinflussten Dichter nicht, meinte er doch 1926, als noch ziemlich unbekannter Schriftsteller: »Ich will nicht ein Lyriker sein, ich will *der* Lyriker sein.«

Mit seinem Gedichtband *Adel und Untergang* 1934 bekannt geworden, feierte er ein Jahr später seinen Durchbruch mit der Gedichtsammlung *Wien wörtlich*, in der er, meist im Dialekt, eine liebevolle Zeichnung seiner Heimatstadt vorlegte.

> *War net Wien, wann net durt,*
> *Wo kan Gfrett is, ans wurdt.*
> *Denn däs Gfrett ohne Grund*
> *Gibt uns Kern, hält uns gsund ...*

> *War net Wien, wann net grad*
> *aufgraben wurdt in der Stad,*
> *Dass die Kübeln mit Teer*
> *sperr'n den Fremdenverkehr ...*

> *War net Wien, Pepi, wannst*
> *Raunzen mächst und net kannst:*
> *Denn das Gfrett ohne Grund*
> *Gibt uns Kern, hält uns gsund !*

Mit dem Mozartpreis der deutschen Goethestiftung geehrt, verwendete Weinheber die mit 16 000 Schilling dotierte Auszeichnung zum Ankauf eines ehemaligen Gasthofs in Kirchstetten bei St. Pölten, in dem er mit seiner zweiten Frau bis zum letzten Tag seines Lebens wohnte und schrieb.

> *Wann i, verstehst, was z'reden hätt,*
> *Ich schaffert alles a.*
> *Was brauch ma denn des alles, net?*
> *Is eh gnua da.*

Zum Beispü' die Gehälter, waaßt,
Ich streichert's glatt.
Net einz'segn, net, dass aner prasst
Und aner gar nix hat.

Der trinkfeste Lyriker aus der »Ostmark« ließ sich von NS-Deutschland hofieren und wurde zum Paradeliteraten jener dunklen Zeit. Vom braunen Gedankengut verblendet, wurde Weinheber bereits 1931 NSDAP-Mitglied, schrieb von den Nazis bestellte Huldigungsgedichte, darunter *Der Führer* und *Ode an die Straßen Adolf Hitlers*.

Zwischen Liebe zu Wien und nationalsozialistischer Gesinnung: Josef Weinheber

Während des Krieges verliebte sich die Germanistikstudentin Gerda Jahoda bei einer Autorenlesung in Linz in Weinheber und brachte 1941 seinen unehelichen Sohn Christian zur Welt, der später sein literarisches Erbe verwalten sollte.

Am 8. April 1945, als die Sowjetarmee Wien erreichte, starb Josef Weinheber in seinem Haus in Kirchstetten an einer Überdosis Morphium. Die Umstände seines Todes bleiben rätselhaft. Für die Version Selbstmord sprechen Depressionen, spricht ein Abschiedsbrief, den er fünf Tage vor seinem Tod an seine Ziehmutter Maria Grill geschrieben hat. Seine Witwe Hedwig war jedoch von einem Unfall überzeugt und beschrieb das Ende so: »Er litt seit Jahren unsäglich an dem, was er kommen sah, war an schwere Schlafmittel gewöhnt und musste die Dosis immer wieder verstärken. In der Nacht zum 8. April wirkte auch das nicht mehr, er war am Morgen todmüde, aber ruhig. Da muss es geschehen sein. Er wollte schlafen, musste schlafen. Jetzt aber war die Dosis zu groß, die in der Nacht zu klein gewesen war. Er schlief ein, aber er wachte nicht mehr auf.«

Ein Zwickl für den Wondra
Ein Duo erregt Lachstürme

Sie waren so eine Art Grünbaum-Farkas für den »kleinen Mann«, ihre Sprache war einfach und derb, ihre Witze nicht immer zimmerrein, aber Wondra und Zwickl brachten ihr Publikum zu Lachstürmen. Mit ihrer scheinbar improvisierten Schlagfertigkeit zeichneten sie ein Spiegelbild des Wienerischen aus der Vorstadt. Und von dort kamen sie auch. Ferry Wondra und Ludwig Zwickl stammten beide aus Simmering und kannten einander noch aus ihrer Schulzeit, worauf sie später in einer Doppelconférence Bezug nahmen:

> ZWICKL: *Ich war immer der Gescheitere! Ich war schon in der fünften Klasse, da war er noch in der dritten.*
> WONDRA: *Aber dann hat er auf mich gewartet!*

Und dabei blieb es auch, Zwickl spielte immer den »Gescheiten« und Wondra musste »blöd« sein. So war's schon bei ihrem ersten Auftritt, noch in der Ersten Republik im Simmeringer Kardinal-Piffl-Saal. »Während des Krieges haben sie dann im Rahmen der Truppenbetreuung im Kabarett Simpl die Landser aufgeheitert, wobei in der ersten Reihe ein Beobachter der Gauleitung als Zensor saß«, erzählt Zwickls Sohn, der bekannte Motorjournalist Helmut Zwickl.

Doch das Duo, das in der Nazizeit für die geächteten Simpl-Stars »einsprang«, verzichtete auf politische Witze, »da wir nicht vorhatten, den Heldentod zu sterben«, wie Ludwig Zwickl später bekannte.

»Nach dem Krieg gab es dann zwischen Schwechat und Innsbruck kein Kino, keinen Theater- und Konzertsaal, in denen sie nicht auftraten. Es war die Zeit der Bunten Abende, der Hausfrauennachmittage und Modeschauen, Kleinkunst und Kabarett boomten, denn es gab noch kein Fernsehen, und die Menschen waren hungrig nach Vergnügen«, erinnert sich Helmut Zwickl. »Wenn ich mit dem Papa in der Straßenbahn fuhr, erkannten ihn die Leute schon an der Stimme.«

Wondra und Zwickl kannten keine Tabus – und zogen selbst ihre eigenen Namen durch den Kakao.

> WONDRA: *Ich bin zu dick, sagt mei Schneider, und so hat er mir hinten in der Hosen an Zwickel eingesetzt.*
> ZWICKL: *Das interessiert doch niemanden!*
> WONDRA: *I kann hinten an Zwickel haben, aber du kan Wondra.*

Ein bisschen Wienerliedgeschichte haben sie auch geschrieben, als sie 1953 den Evergreen *Wie Böhmen noch bei Österreich war* aus der Taufe hoben – noch ehe ihn Heinz Conrads, Peter Alexander und andere Große für sich entdeckten.

261

ZWICKL (nach dem Vortrag eines Wienerlieds): *Als wir dieses Lied zuletzt im Wiener Rundfunk gesungen haben, bekamen wir zwei Stunden später aus Hamburg ein Telegramm ...*
WONDRA: *Ja, wir sollen in Wien bleiben.*

Im Gegensatz zu vielen anderen Komikerpaaren blieben Ferry Wondra und Ludwig Zwickl bis an ihr Lebensende in unzertrennlicher Freundschaft verbunden.

ZWICKL: *Wir machen alles miteinander. Einer zahlt für den anderen.*
WONDRA: *Er will immer der andere sein.*

Zwickl starb 1975, noch keine siebzig Jahre alt, Wondra im Jahr darauf. Sie ruhen auf dem Alt-Simmeringer Friedhof, hundert Meter Luftlinie voneinander entfernt.

»Er will immer der andere sein«: Ferry Wondra (1905–1976) und Ludwig Zwickl (1906–1975)

»Wir bringen Ihnen jetzt, ob Sie es hör'n woll'n oder nicht«
Die Wortakrobaten Pirron und Knapp

Es war die Zeit der Transistorradios, der Motorroller, der Nylons und Espressomaschinen, als zwei Wiener Musikkomiker mit ihren Liedern vom *Tröpferlbad*, dem *Campingausflug* oder dem *Goggomobil* zu Kultfiguren wurden. Pirron und Knapp schufen Evergreens – und sie hätten noch viel mehr geschaffen, wären sie nicht, ganz im Gegensatz zu Wondra und Zwickl, im Streit auseinander gegangen.

Auch Pirron und Knapp hatten einander noch in der Ersten Republik kennengelernt – und zwar 1937 in der Kaserne von Bruckneudorf, wo Josef Knapp und Bobby Pirron eingerückt waren – doch zum Duo wurden sie erst nach dem Krieg. »Wir haben uns schon in der Kaserne über die Musik gefunden«, erzählte Robert Pirron die Entstehungsgeschichte dieser in Wien einzigartigen Formation. »Der Pepi spielte Gitarre, ich Akkordeon.« 1946 trafen die beiden einstigen Kasernenkameraden einander zufällig wieder. »Der Pepi war Hilfsarbeiter bei der Bahn und i Inspizient am Stadttheater. Bald haben wir beschlossen, dass ma a Duo werden.« Sie studierten ein paar Lieder ein und Max Lustig, Wiens führender Conférencier zwischen Philadelphia-, Elite- und Forumkino, holte sie in seine Programme. Die Gage betrug 25 Schilling pro Mann und Auftritt.

Während Wondra und Zwickl damals schon bekannt waren, fingen Pirron und Knapp gerade erst an. Das neue Paar verstand es freilich, die prominenteren Namen der Konkurrenz zu nützen, um auf sich aufmerksam zu machen. »Hier treten nicht WONDRA UND ZWICKL auf«, plakatierten sie, um dann in kleineren Lettern fortzusetzen, »sondern Pirron und Knapp.«

Solche Tricks hatten sie bald nicht mehr nötig, denn Pirron und Knapp erlebten einen wahren Höhenflug. »Getobt und gestrampelt haben die Leut, wenn wir mit unseren Liedern aufgetreten sind.« Nun verdienten sie schon tausend Schilling pro Auftritt.

Und kassierten auch nebenbei noch: »Wie i mit an Transistorradio über die Bühne gangen bin, hat Ingelen sechstausend Schilling zahlt. Und von der Firma Goggomobil haben wir für unseren Schlager über das Kleinauto achttausend Schilling gekriegt.«

> *Das Fräulein Vera hat seit'm Jänner an Verehrer*
> *Mit einem lieben, kleinen, süßen Goggomobil*
> *Unlängst wärn's bald z'sammkehrt worden von an Straßenkehrer*
> *Doch im letzten Augenblick sieht er: Des is a Automobil ...*

Auch wenn durch den Vormarsch des Fernsehens ein Vorstadtkino nach dem anderen zusperren musste und die Auftrittsmöglichkeiten Ende der Fünfzigerjahre geringer wurden, hätte nichts in der Welt den Aufstieg des populären Duos stoppen können.

Außer Pirron und Knapp selber. »Es ist ums Geld gangen«, sagte Bobby Pirron, »wir haben nie einen Vertrag miteinander gehabt, wir waren ja auch privat befreundet und haben uns total vertraut. Bis mir der Knapp plötzlich nicht mehr den mir zustehenden Anteil an den Tantiemen unserer Lieder überlassen wollte.«

Wie Walther Matthau und George Burns in dem Film *Sunnyboys* lebten sich die beiden Komiker total auseinander, bis nur noch blanker Hass vorhanden war. »Wir haben weiter miteinander gesungen, aber nicht mehr miteinander geredet.« Pirron nahm sich den Streit so zu Herzen, dass er körperlich verfiel. »Bis mir mei Frau g'sagt hat, hör auf, du machst dich ja kaputt.«

Dann ein Auftritt bei einem Feuerwehrfest im Herbst 1961. Ein Abend wie tausend andere davor, natürlich mit dem beliebten *Camping*-Lied als Höhepunkt:

> *Wir bringen Ihnen jetzt, ob Sie es hör'n woll'n oder nicht*
> *Unseren Campingrundreisebericht.*
> *Das wichtigste beim Camping ist ein erstklassiges Zelt,*
> *Man braucht an Tisch, an Sonnenschirm und auch ein Bett, das sehr gut hält.*
> *Dann braucht ma Luftmatratzen, Schlafsäck, einen Sessel für den Gast,*
> *Und als Österreicher einen rot-weiß-roten Fahnenmast.*
> *Drei, vier Reindl, ein paar Häferl, eine Dose für das Salz,*
> *Einen Seier für die Nudeln, einen Tiegel für das Schmalz,*
> *Ein paar Gabeln, Löffel, Messer, eine Kanne für den Tee,*
> *Zwei, drei Teller und an Stampfer für das Erdäpfelpüree ...*

»Als der Abend zu Ende war«, erinnerte sich Bobby Pirron, »hab ich zum Pepi g'sagt, dass es aus ist. Von dem Tag an haben wir uns – nach fünfzehnjähriger, fast täglicher Zusammenarbeit – nie wieder gesehen.«

Mit einer Ausnahme. »Es war gespenstisch. 1984 wurde uns die Goldene Schallplatte überreicht. Wir sind auf die Bühne, haben uns nicht gegrüßt, kein Wort miteinander geredet.«

Beide versuchten sich in Solokarrieren, Knapp scheiterte nach einem Jahr, Pirron trat bis 1996 auf: Pirron ohne Knapp.

Sonderbar auch, wie Pirron vom Tod des einstigen Freundes und Partners erfahren musste: »Im Fachblatt der Bühnengewerk-

*Das Ende eines Erfolgs-
duos: Robert Pirron
(1918–2007), Josef
Knapp (1917–1999)*

schaft hab i gelesen, dass er gestorben ist. Das war im Februar
1999. Mir tut's leid, dass wir uns nicht noch einmal ausgesprochen haben. Wir waren halt sture Hund.«

*Am vergangnen Freitag warn mir zwa im Tröpferlbad,
Dass Sie net dabei warn, des is schad, schad, schad, schad.
Drunten beim Kassier, da macht a Frau grad an Bahö,
Was, Sie sogn, i bin a alte Fee, Fee, Fee, Fee ...
Was san denn Sie dann, Se zrupfter Bisam,
Wäretn S' ka Amtsperson, hörertn S' an anderen Ton
Doch weil ich fein bin und net gemein bin,
Stell i mi nimmermehr mit Ihnen her ...
's ist ein Gedränge in dera Menge
Und kaner waß mehr g'wiss, welcher Fuß sein eigener is
's ist wia a Narrnhaus, mir ziagn uns d'Schuach aus,
Doch unser Nebenmann ziagts uns wieder an ...*

Bobby Pirron, der einer französischen Adelsfamilie entstammte und in Wirklichkeit Robert Cuny de Pierron hieß, starb im Dezember 2007 im Alter von 89 Jahren.

»Dann war's doch die Pestsäule«
Die 3 Spitzbuben

>»Hab ich Sie nicht gestern am Graben gesehen, in an grauen Anzug?«
>»Na, des gibt's net!«
>»Ah, dann war's doch die Pestsäule.«

Eine der typischen Pointen, wie man sie jahrzehntelang in der Spitzbuben-Pawlatschen zu hören bekam. Es war bei Gott nicht die intellektuelle Tour, mit der Toni Strobl, Helmut Schicketanz und Helmut Reinberger ihr Publikum unterhielten, aber es kam in Strömen und machte das Trio zur Wiener Institution, zum »Vorläufer der Wiener Dialektwelle«, wie »Adabei« Roman Schliesser schrieb.

Toni Strobl war als Bohrmeister bei der ÖMV beschäftigt, wo er auf den Elektriker Helmut Schicketanz traf. Die beiden unterhielten ihre Arbeitskollegen mit Wienerliedern, blieben aber vorerst noch in ihren Berufen. Erst als der Postbeamte Helmut Reinberger 1955 zu ihnen stieß, waren *Die 3 Spitzbuben* geboren, die nun mit Musik, Parodien und Witzen beim Heurigen Wannemacher in Wien-Strebersdorf auftraten.

Kommt ein Mann in eine Trafik und sagt: »Bittschön eine Sechzig-Schilling-Stempelmarke. Aber radieren Sie den Preis aus. Es soll nämlich a Geschenk sein.«

Gerade als nach vier Jahren der Vertrag mit dem Lokalbesitzer zu Ende ging, erfuhren die *Spitzbuben* von einem Gast, dass für einen Heurigen in der Hackhofergasse in Wien-Nußdorf ein neuer Eigentümer gesucht würde. Am selben Abend noch schaltete sich der bei dem Gespräch zufällig anwesende Almdudler-Chef Erwin Klein ein, der die Zugkraft der *3 Spitzbuben* erkannte, die einfache Holzbaracke kaufte und sie dem Trio zur Verfügung stellte.

Damit begann die große Zeit der *Spitzbuben*. Was Rang und Namen hatte, war hier zu Gast. Die Parlamentspräsidenten Maleta und Benya, die Bürgermeister Gratz und Zilk, die Bundeskanzler Kreisky und Gorbach. Letzterer war ein so großer Fan, dass er zu jeder Premiere ein kleines Heft mitbrachte, in das er feinsäuberlich die neuesten *Spitzbuben*-Witze notierte. Einmal rief Kanzler Alfons Gorbach frühmorgens bei Strobl an und sagte: »Toni, sei mir net bös, dass i di aufweck, aber erzähl ma schnell an Witz. I brauch ihn für a Sitzung am Vormittag.«

Die Spitzbuben hatten aber auch dann keine Hemmung, über Politiker herzuziehen, wenn diese in der Vorstellung saßen:

Der Benya spricht auf einer Tagung vor Gewerkschaftsfunktionären über die Arbeitszeitverkürzung. »Liebe Kolleginnen und Kollegen, in spätestens fünf Jahren führen wir in Österreich die 35-Stunden-Woche ein. Wenn dann die Technisierung so schnell weitergeht, können wir daran denken, nur noch am Mittwoch zu arbeiten.«
Stimme aus dem Hintergrund: »Jeden Mittwoch, Kollege Benya?«

Die *Spitzbuben*-Witze sollten deftig, aber nicht verletzend sein. Toni Strobl war in einem Gemeindebau in der Floridsdorfer

Werndlgasse aufgewachsen, in dem auch ein Schriftsetzer wohnte, den es später in die Politik verschlug: Franz Jonas wurde Bürgermeister von Wien und danach Bundespräsident. 1965 lud das Staatsoberhaupt Strobl in seine Amtsvilla auf der Hohen Warte ein. »Du weißt doch, Toni«, sagte Jonas, »dass es in der Zeit vor meiner Wahl eine Unzahl unschöner Witze gab, die gegen meine Frau und mich gerichtet waren. Man hat mir erzählt, dass du keinen dieser Witze in deinen Programmen hattest.«

Toni Strobls Antwort war entwaffnend: »Weil i über an Menschen, der's so schwer g'habt hat wie Sie und durch Können und Fleiß dös worden is, was er heute is, kane Witz erzähl.«

In anderen Fällen war man weniger zimperlich.

Sagt a Freund zu an anderen: »Stell dir vor, ich wurde wegen Betrugs angezeigt.«
   »Warum denn?«
   »Weil i an Politiker a Kuvert geben hab.«
   »Aber des is doch ka Betrug, des is Bestechung.«
   »Ja, aber es war nix drin!«

Auch sonst scheute man nicht vor ziemlich schlichtem Klamauk zurück:

Ein Mann kommt in eine Apotheke und verlangt Strychnin. »Haben Sie einen Giftschein?«, fragt der Apotheker.
   »Nein, aber ein Foto von meiner Frau.«

Nach dreizehn Jahren und Tausenden Vorstellungen, die von halb Wien besucht wurden, erging es dem Trio nicht anders als es Pirron und Knapp ergangen war: Das »Aus« kam, obwohl die

Pawlatschen in Nußdorf jeden Abend gesteckt voll war. Toni Strobl, »der Betriebsrat«, Helmut Schicketanz, »der Chef«, und Helmut Reinberger, »die breite Masse«, hatten sich im Herbst 1972 dermaßen zerstritten, dass es nicht weiterging. »Sie wollten es nicht wahrhaben«, schreibt Strobls Biograf Walter Gibbs, »aber sie konnten sich einfach nicht mehr ausstehen.« Es gab dann noch den einen oder anderen Aufguss in verschiedenen Besetzungen, doch der Abgesang dauerte nur wenige Monate, und danach machte jeder *Spitzbub* seinen eigenen Heurigen auf. Tragisch war, dass Helmut Schicketanz 1975, nur eine Woche nach der Eröffnung seines Lokals, starb. Toni Strobl »folgte« seinem langjährigen »Schmähbruder« 2006 in den Tod, Helmut Reinberger starb 2011.

Treffen sich zwei Freunde. Sagt der eine: »Servas Franz, bist scho verheiratet?«

»Na, leider, i hab a Problem. Immer wenn i a Freundin mit nach Haus bring, wird sie von meiner Mutter rausg'schmissen.«

»Dann such dir doch a Freundin, die deiner Mutter ähnlich schaut.«

Nach drei Monaten treffen die beiden Männer einander wieder. »Also«, sagt der Franz, »i hab jetzt a Freundin mit nach Haus bracht, die schaut wirklich so aus wie mei Mutter, wie's jung war.«

»No, und hat's geklappt?«

»Na, die hat der Papa ausseg'haut!«

»Der Totengräber von St. Stephan«
Die Tschaunerbühne

Die Spielfreude vieler Wiener, die nicht nur ins Theater gehen, sondern gleich auch selber auftreten wollen, hat es möglich gemacht: In Wien gab es in der Zwischenkriegszeit bis zu dreißig Stegreifbühnen. Sie alle haben längst zugesperrt – bis auf eine, den Tschauner.

Beim Tschauner spielten keine Degischer und kein Meinrad, da traten blutige Laien auf, die weder Text gelernt noch Proben absolviert hatten. Die Theater-Enthusiasten trafen einander kurz vor Beginn des jeweiligen Stücks, das *Ein Mutterherz hört auf zu schlagen* oder *Der Totengräber von St. Stephan* hieß, um den groben Handlungsablauf zu besprechen. Und das ist's auch schon, was das Publikum am Stegreifspiel begeistert. Präzision war hier verpönt, das Aufregende am Tschauner ist das Unerwartete. So richtig Stimmung kommt auf, wenn der jugendliche Liebhaber die Falsche küsst und die komische Alte einen viel zu großen Hut auf hat.

Am Beginn der 1909 gegründeten Freiluftbühne standen die beiden Schausteller-Dynastien Tschauner und Rudolf, die Hanswurstiaden, Tanz-Pantomimen und deftige Singspiele zur Aufführung brachten. Die Familien vereinigten sich durch Heirat des Theaterprinzipals Gustav Tschauner und der um dreißig Jahre jüngeren Rudolf-Enkelin Karoline. 1957 bezogen sie ihr Domizil in der Ottakringer Maroltingergasse und führten die Bühne zu neuer Blüte. Wichtig ist neben griffigen Stücktiteln immer, dass man während der Vorstellung Knackwurst und Bier zu sich nehmen kann.

Reich wurde beim Tschauner keiner. Die Darsteller bekommen kleine Gagen, denn das Geschäft des Freilufttheaters ist schwierig, da die Betreiber von den Einnahmen, die nur im Sommer fließen, das ganze Jahr über leben müssen. Dennoch hat sich die Bühne ein derartiges Renommee erworben, dass auch Profis von Emmy Schörg über Dolores Schmidinger bis Heinz Zednik und Joesi Prokopetz auftraten. Auch Theaterkritiker konnten zum Mitspiel überredet werden. Als sich einer beim Abgang das Nasenbein brach, knurrte die legendäre Frau Tschauner: »Ja, Kritiken schreiben is leicht, aber Stegreifspielen ...«

»Dass dir vierzehn Tag der Schädel wackelt«
»Mundl« und die Familie Sackbauer

Der Titel *Ein echter Wiener geht nicht unter* war nicht neu, als die erste Folge der Serie am 8. Juni 1975 über die Bildschirme lief. Die Zeile entstammt einem alten Volkslied aus der Nestroy-Zeit: »Allweil lustig, fesch und munter, denn der Weaner geht net unter.« Und doch hat Ernst Hinterberger mit der Figur seines Edmund »Mundl« Sackbauer das Genre des derben Humors revolutioniert: Zum ersten Mal durften die Mitglieder einer Wiener Proletarierfamilie im Fernsehen so reden wie ihnen der Schnabel gewachsen ist – und wie man in der Vorstadt zum Teil auch wirklich redet.

> *Jetzt haun wir uns ein gepflegtes Bier in die Venen, damit wir munter werden!*

272

Trinkst no a Bier, Papa? – Frag net so blöd.

I hab eahm ka Goschen anghängt. I hab eahm nur gfragt, obs eahm ins Hirn g'schissen haben.

Haschen tat's net miteinander, schlafen tat's net miteinander, für was seid's dann a Kommune?

Bitte sagen Sie nicht immer Herr Sohn zu mein Buam, der is ja kein Herr, sondern ein Trottel.

Der is a Trottel! Des hab i scho gspürt, wie er auf die Welt kommen is.

Die dürfen S' net ernst nehmen, des is mei Frau.

Vom *Echten Wiener* wurden bis 1979 insgesamt 24 Folgen ausgestrahlt, die wegen ihres anhaltenden Erfolges im Lauf der Jahre immer wieder gezeigt werden. Die Kultserie, von der ursprünglich nur zwei Folgen geplant waren, entstand nach Hinterbergers Roman *Das Salz der Erde* und brach mit der Tradition bisher bürgerlich-idealisierter Fernsehfamilien wie *Die Familie Leitner* und *Die liebe Familie*.

Im Mittelpunkt steht der jähzornige Elektriker Edmund Sackbauer, der mit seiner Familie in einer typischen Wiener Zimmer-Küche-Kabinett-Wohnung lebt. In der Serie werden die Alltagssituationen eines »Hacklers« wie Schulden, Ehekrisen, Wohnungsrenovierung, Familienstreit, Klassenunterschiede und zwischenmenschliche Beziehungen thematisiert.

Sag des no amal, und i hau di durch die zuagmachte Fensterscheiben auf die Straßen abe.

Red net so gschert, wenn Besuch da is.

I hab mir denkt, mir können ja aa amal owefahrn, wenn eh schon jedes Arschloch in Jesolo oder in Caorle war.

Wenn i net von meiner eigenen Kraft a Angst hätt, i tät dir jetzt a Watschen geben, dass dir vierzehn Tag der Schädel wackelt.

Der Kurt is für an Trottel viel z'gscheit.

Glaubst, der Sackbauer Mundl laßt sich am Schädl scheißen und sagt noch danke?

Halt die Goschn, hörst. Wenn ich red', hast du Sendepause.

Kannst ja nix dafür, dass du ein Trottel bist.

Der »Mundl« entzweite die Nation von der ersten Folge an. Die einen liebten den ungehobelten »Proleten«, der seinen Sohn »Nudlaug« nannte, die anderen verteufelten ihn ob seiner nicht wirklich feinen Art, familiären Zwist zu lösen, sich zu kleiden oder Bierflaschen zu öffnen. Jedenfalls liefen die Servicetelefone im ORF-Zentrum nach jeder Folge heiß, wobei die Beschwerdeführer in ihrer Ausdrucksweise oft auch nicht viel nobler waren als Herr »Mundl« selbst.

Erhaben über derlei Konflikt zeigte sich Kardinal Franz König, der sich zum »Mundl« bekannte, wie Ernst Hinterberger in seinen

»Wenn ich red', hast du Sendepause«: Die von Ernst Hinterberger geschaffene Figur des »Mundl« Sackbauer, dargestellt von Karl Merkatz

Memoiren schreibt: »Am Höhepunkt des Streites griff Kardinal König ein und meinte, der ›Mundl‹ sei zwar kein feiner, dafür aber ein sittlich einwandfreier Mann, weil er in der ganzen Serie nie, auch in Gedanken nicht, seine Frau betrügt, sondern als zwar lauter und unbeherrschter, aber treu sorgender Familienvater dargestellt wird.«

An der Passage der Hinterberger'schen Memoiren erstaunt weniger, auf welcher Seite der Kardinal in der brisanten »Mundl-Causa« stand, als die Tatsache, dass er überhaupt zu den Konsumenten der Familiensaga zählte.

Ernst Hinterberger starb am 14. Mai 2012 im Alter von achtzig Jahren.

Turm auf g'sturbn
Was sich in Österreich alles reimt

Die Stimme des kleinen Mannes erhebt schließlich auch der Mundartdichter Ernst Kein (1928–1985), der Mitte der Fünfzigerjahre mit der Dialektdichtung begann und durch Zeitungskolumnen wie *weana schbrüch* bekannt wurde.

> *Iwas buagdeata*
> *heans fo mia*
> *ka schlechtes wuat*
> *weu i gee ned eine*
> *und fon aussn*
> *gfoeds ma ee gauns guad.*

Dass sich Österreich von Deutschland durch die gemeinsame Sprache unterscheidet, hat schon Karl Kraus erkannt, und Hans Weigel verdanken wir die Erkenntnis, dass es »so viele österreichische Sprachen gibt, als es Österreicher gibt, also annähernd sieben Millionen, nein: unendlich viel mehr noch, da ja jeder mit jedem anders spricht ... Im Österreichischen, und daraus allein schon könnte man eine Entfernung vom Deutschen erkennen, reimt sich's ganz anders.« Weigel reimt uns das gleich vor:

> *Österreich kann »Turm« auf »gestorben« reimen, denn es sagt »g'sturbn«, »lahm« auf »haben« und »daheim«, denn es sagt »ham« beziehungsweise »daham«, »Zeus« auf »alles« und »Freud« auf »Wald«,*

denn es sagt »oi's« und »Woid«, und »Geräusch« auf »falsch« denn es sagt »foisch.«

Was Lyrik in unseren Tagen bedeutet, brachte Trude Marzik (*1923) auf den Punkt:

> *wanst*
>
> *an satz*
>
> *unterananda*
>
> *statt*
>
> *nebnarananda*
>
> *schreibst*
>
> *is des*
>
> *heutzutag*
>
> *a gedicht*

Mit Marianne Mendt schließt sich der Kreis. Sie hat 1970 mit Gerhard Bronners *Wia a Glock'n, die vierazwanzig Stunden läut* die Welle der Dialektlieder eingeläutet, und sie war in den 1990er Jahren die Gitti Schimek in Ernst Hinterbergers *Kaisermühlen Blues*.

Lachen unter Tränen

Jüdischer Witz und jüdische Anekdoten

Treffen sich zwei Chinesen
Sagt der Kohn zum Blau

>Kennst du den? Treffen sich zwei Juden ...<

>Ich bitt dich, hör auf mit deine jiddischen Witz. Weißt du keine anderen?<

>Oh ja, pass auf. Treffen sich zwei Juden ...<

>Du sollst aufhören, es gibt doch auch nichtjiddische Witz.<

>Du hast recht, also pass auf: Treffen sich zwei Chinesen. Sagt der Kohn zum Blau ...<

Es stellt sich die Frage, warum Juden zu einer eigenen Form des Witzes fanden und warum sich dieser in aller Welt besonderer Popularität erfreut – wo sich die Juden doch nicht in aller Welt besonderer Popularität erfreuen. »Der jüdische Witz ist kein Witz«, meint der Schauspieler Miguel Herz-Kestranek, der sich viel mit dem jüdischen Witz beschäftigt. »Witze haben Pointen, der jüdische Witz hat Humor; mit allem, was dazu gehört – vor allem aber Lebensklugheit und Weisheit.«

Sagt der Grün zum Roth: »Weißt du, ich geh nicht gern nach Hause. Weil immer wenn ich komm nach Hause, begrüßt mich meine Frau und sie redt und redt und redt und redt ...<

»Ja, was redt sie denn?«

»Das sagt sie nicht.«

Hofmannsthal und Schnitzler sitzen im Kaffeehaus und diskutieren darüber, welche Sprache die schönste sei. »Französisch«, sagt

Hofmannsthal, »ist für mich die schönste Sprache. Die Eleganz der Formulierung, die Präzision des Ausdrucks, die subtile Nuancierung des Tonfalls.«

»Italienisch«, erwidert Schnitzler, »ist für mich noch schöner. Die Sprache des Belcanto, der strahlenden Musikalität.«

Da beugt sich ein Kaffeehausgast vom Nebentisch zu den Schriftstellern. »Die Herren werden entschuldigen«, sagt er, »mein Name ist Blau und ich komme aus Czernowitz. Ich habe Ihre Unterhaltung gehört und möchte betonen, dass für mich ist die schönste Sprache das Jiddische.«

Schnitzler und Hofmannsthal sehen Herrn Blau überrascht an. »Und wie, Herr Blau, begründen Sie das?«

»Weil«, antwortet er, »man versteht jedes Wort!«

In seiner 1933 in Wien veröffentlichten Anthologie *Wie der Jude lacht* teilt der Autor Jonas Kreppel den jüdischen Witz in zwei Kategorien ein: In jene, die von Juden erzählt werden und in jene, die gegen Juden erzählt werden, die also versteckte oder offene antisemitische Bezüge haben. »Der (echte) jüdische Witz«, meint Kreppel, »hat die Aufgabe eines Sicherheitsventils, die erregten Nerven zu beruhigen und das verbitterte Herz von dem Gefühl der Beklemmung zu befreien. Andererseits ist er Ausdruck des jüdischen Optimismus. Auch in den schwierigsten Situationen rafft sich der Jude zu einem Lachen auf, bekundet damit seine unerschöpfliche Lebenskraft und seine innerliche Überlegenheit. Er spottet über Hitler, über Zarismus und Bolschewismus, über Not und Elend, über Bosheit und Verfolgung; er verspottet sich selbst und auch alles, was ihm heilig ist. Mit Gott darf man nicht rechten, gegen die Gebote der Thora darf man sich nicht auflehnen – aber einen Witz darf man sich schon erlauben.«

Ein Tourist kommt an den See Genezareth. Dort ist eine kleine Barke zur Überfahrt bereitgestellt. Er geht hin und sagt: »Verzeihen Sie die Frage, was kostet eine Fahrt über den See Genezareth?«

Der Barkenführer schaut ihn an und sagt: »Zwanzig israelische Pfund!«

»Das is aber doch a bissl viel.«

»Mein lieber Freund, das ist der See Genezareth! Über diesen See ist Christus zu Fuß gegangen!«

Worauf der Tourist erwidert: »Is a Wunder, bei die Preise!«

Der Leutnant gibt theoretischen Unterricht. Am anderen Tag prüft er seine Truppe ab: »Rekrut Katz, warum soll der Soldat für Kaiser und Vaterland sein Leben opfern?«

Katz: »Ja, warum soll er, Herr Leutnant?«

Hoher Besuch im Verwundetenlazarett. Kaiserin Zita tritt an das erste Bett heran: »Wie ist Ihr Name? Wo wurden Sie verwundet? Ihre Konfession?«

Auf die Antwort »katholisch« *legt die Kaiserin fünf Zigaretten aufs Nachtkastl.*

Sie tritt an ein zweites Bett heran. Der Mann sagt »protestantisch«. *Die Kaiserin legt vier Zigaretten hin.*

Bevor sie den dritten Patienten befragen kann, ruft der aus seinem Bett: »Mir kommen drei zu, Majestät!«

Ein Antisemit will nach dem Ersten Weltkrieg in der Eisenbahn einen Juden provozieren. »Sag', Jud, wer ist schuld daran, dass wir den Krieg verloren haben?«

»Ich glaube, die jüdischen Generäle.«

*»Richtig«, sagt der Antisemit, doch dann fällt ihm ein: »Aber wir
haben ja gar keine jüdischen Generäle gehabt.«*
»Wir nicht – aber die anderen.«

Der jüdische Witz stammt aus dem osteuropäischen Schtetl, ist
durch die jiddische Sprache geprägt und lässt sich oft nur mangel-
haft ins Deutsche übertragen. Im Schtetl entstand auch der Begriff
vom »Lachen unter Tränen«, da die Geschichte der Juden Ost-
europas eine Geschichte der Verfolgung, der Armut und der Ent-
wurzelung ist.

Groteskerweise gab und gibt es zwischen jüdischem und antise-
mitischem Witz viele Überschneidungen. Jüdische Jargonkomiker
erzählten jiddische Witze, in denen sie sich »über die eigenen Leut«
lustig machten. Das war natürlich nicht antisemitisch gemeint, sondern eine Form der Selbstironie, unter dem Motto: »Wenn schon
jemand über uns herzieht, dann machen wir das am besten selber!«
In einen solchen Witz verpackte Heinrich Eisenbach, Wiens bedeu-
tendster Jargonkomiker, die Tatsache, dass viele Juden, aus Gründen der Assimilation, zum Christentum konvertierten:

*Schmule hat sich taufen lassen. Drauf fragt ihn Itzig: »Warum bist
du Protestant geworden und nicht Katholik?«*

*Drauf sagt Schmule: »Weil bei die Katholiken sind mir schon zu
viel Juden!«*

Auch Armin Berg zog in seinen populären *Trommelversen* gern über
Juden her.

*Herr Bloch, verspricht der Kunigund
Zehn Kronen für e schwache Stund*

Jedoch im kritischen Moment
Da war er nebbich insolvent.

Gehenkt soll werden Montag früh
Der Mörder Jonas Tulpenblüh
Wie er beim Galgen steht sodann
Sagt er: Schön fangt die Wochen an ...

Und in der erfolgreichen *Klabriaspartie*, einem zum Sketch erweiterten jüdischen Witz, der zwischen 1890 und 1925 über fünftausend Mal vor jüdischem und nichtjüdischem Publikum in verschiedenen Wiener Kabaretts gespielt wurde, spotteten jüdische Komiker über jüdische Sitten und Gebräuche. »Der Witz darin ist heute als solcher kaum mehr nachzuvollziehen«, schreibt Marcus G. Patka in seinem Buch *Wege des Lachens, Jüdischer Witz und Humor aus Wien.* »Es geht eigentlich nur um Kaffeehausbesucher beim Kartenspiel, die aufgrund ihrer Armut um ihre Existenz ringen, dabei übereinander Witze reißen und offensichtlich in der Selbstpersiflage einen gewissen Trost finden. Jeder betrügt jeden ein bisschen, und sei es nur um eine Zigarre, einen Kaffee oder einen Sitzplatz beim Spiel.« Eine typische Szene aus Adolf Bergmanns *Klabriaspartie*:

> »Nu, was machst du far e Gesicht?«
> »Wenn ich Gesichter machen könnt, hätt ich dir scha längst e anderes Gesicht gemacht, mei Kind.«

Dies sei ein unzweideutiger Verweis auf eine »jüdische Physiognomie«, meint Patka. Auch Sigmund Freud bezweifelte in seinem Standardwerk über den Witz, »ob es sonst noch vorkommt, dass sich ein Volk in solchem Ausmaß über sein eigenes Wesen lustig macht«. Etwa wenn er einen Scherz über das Handelstalent des »Schadchen« – des jüdischen Heiratsvermittlers – wiedergibt:

Der Schadchen verteidigt das von ihm vorgeschlagene Mädchen gegen die Kritik des jungen Mannes. »Die Schwiegermutter gefällt mir nicht«, sagt dieser, »sie ist eine boshafte, dumme Person.«

»Sie heiraten doch nicht die Schwiegermutter, Sie wollen die Tochter.«

»Ja, aber jung ist sie nicht mehr und schön von Gesicht gerade auch nicht.«

»Das macht nichts; ist sie nicht jung und schön, wird sie Ihnen um so eher treu bleiben.«

»Geld ist auch nicht viel da.«

»Wer spricht von Geld? Heiraten Sie denn auch das Geld? Sie wollen doch eine Frau!«

»Aber sie hat ja auch einen Buckel!«

»Nun, was wollen Sie? Gar keinen Fehler soll sie haben!«

Das Verheiraten der eigenen Kinder spielt in vielen jüdischen Witzen eine große Rolle.

Ein junger und ein älterer Herr sitzen im Zugabteil. Der ältere versteckt sein Gesicht hinter einer Zeitung.

»Können Sie mir bitte sagen«, fragt der jüngere, »wie spät es ist?«

Keine Antwort.

»Ob Sie wissen, wie spät es ist, hab ich gefragt.«

Keine Antwort.

»Dann sagen Sie mir doch bitte wenigstens, warum Sie meine Frage nicht beantworten.«

Der ältere legt seine Zeitung beiseite und sagt: »Das kann ich Ihnen sagen. Wenn ich Ihnen geantwortet hätte, wären wir ins Gespräch gekommen und wir hätten Freundschaft geschlossen. Sie fahren nach Lemberg, ich fahr nach Lemberg, ich hab a hübsche Tochter, Sie hätten sich verliebt in meine Tochter, sie hätte sich verliebt in Sie, ihr hättet's heiraten wollen. – Glauben Sie, ich geb mei Tochter einem Burschen, der nicht amal a Armbanduhr besitzt?«

Auch das Thema Kunst und Kultur darf im jüdischen Witz nicht zu kurz kommen.

Zwei Juden sind in einer Ausstellung moderner Kunst. Vor einem Bild bleiben sie stehen.

»Das is a Porträt«, sagt der eine.

»Nein, das is a Landschaft.«

Sie streiten und streiten, bis sie endlich beschließen, den Katalog zu kaufen und nachzuschauen.

»Jetzt wissen wir's erst recht nicht.«

»Wieso?«

»Da steht ›Rosenfeld‹.«

Noch vor dem »Anschluss« an Nazi-Deutschland erzählte man in Wien:

Zwei Juden sitzen auf einer Parkbank im Volksgarten. Grün liest die Zeitung der Kultusgemeinde, Levi den aus Berlin eingeschmuggelten Völkischen Beobachter.

»Du liest dieses antisemitische Hetzblatt«, wundert sich Grün, »ekelt dich denn gar nicht?«

286

»Im Gegenteil«, sagt Levi, »mich deprimiert die jüdische Zeitung. Schau sie dir nur an: Judenhass im Deutschen Reich, Hitler immer populärer, Pogrome, keine Einreise für Juden in Amerika – ich ertrage es einfach nicht.«

»Na, und weshalb liest du den Völkischen Beobachter?«

»Weil er mich in Entzücken versetzt. Da, lies: Juden regieren die Welt, Juden haben sämtliche Banken und Industriekonzerne unter Kontrolle, Juden sind Finanzgenies, Juden besitzen die wichtigsten Zeitungen ... Siehst du, das macht mich glücklich!«

Sogar auf der Flucht vor den Nationalsozialisten und im Exil versuchten viele, ihren Humor nicht zu verlieren.

Ein alter Jude will emigrieren. Er geht ins Reisebüro, um eine Schiffspassage zu kaufen. »Wohin soll die Reise gehen?«, fragt der Verkäufer.

»Augenblick, ich sehe auf dem Globus nach.« Der alte Herr schaut sich ein Land nach dem anderen an, aber jedes Mal rät der Verkäufer ab: »Da brauchen Sie ein Visum ... Hier lässt man Juden nicht herein ... Dort beträgt die Wartezeit acht Jahre ...«

Da blickt der Jude auf und sagt: »Entschuldigung, haben Sie keinen anderen Globus?«

Zwei Juden kommen nach einer abenteuerlichen Flucht durch halb Europa in Holland an. Gleich hinter der Grenze sehen sie eine Kaserne, vor der Soldaten patrouillieren. »Was die marschieren nennen«, sagt einer der beiden Flüchtlinge. »Wenn ich da an unsere SA denke!«

Die Nazis pervertierten den jüdischen Witz zum »Judenwitz«, indem sie dessen Protagonisten zu »Witzfiguren« formten, die sie in Hetzblättern wie *Der Stürmer* auch noch karikierten. Für die Inhaftierten in den Konzentrationslagern wurde der Witz oft zur Überlebensstrategie, hinterließ uns der Auschwitz-Überlebende und später berühmt gewordene Neurologe Viktor Frankl: »Es mag erstaunlich klingen, dass es im KZ so etwas wie Humor gibt. Freilich: nur in Ansätzen, und wenn, dann natürlich nur für Sekunden oder Minuten. Auch der Humor ist eine Waffe der Seele im Kampf um ihre Selbsterhaltung.«

> *Hält ein Gestapo-Beamter einen Mann 1941 auf der Straße an, zeigt auf den Judenstern und fragt: »Jude, was?«*
> *Darauf der andere: »Nona, Sheriff!«*

Auch Fritz Grünbaum hatte in den beiden letzten Stationen seines Lebens, in den Konzentrationslagern Buchenwald und Dachau, seinen legendären Humor nicht verloren. Er gab auf improvisierten Bühnen Kabarettvorstellungen, um seine Schicksalsgenossen durch Witze und Couplets aufzuheitern. Mithäftlinge erinnerten sich an eine Conférence, in der er überlegte, wie er das »Tausendjährige Reich« zu besiegen gedachte und dass der Hunger durch die mangelhafte Ernährung im KZ das beste Mittel gegen die Zuckerkrankheit sei. Nach einem der gefürchteten Appelle, bei denen die Häftlinge stundenlang in Eiseskälte stehen mussten und halb erfroren waren, versuchte Grünbaum die anderen aufzuheitern: »Ist euch das aufgefallen, heute war es beim Appell nicht ganz so gemütlich wie sonst.« Und als ihm ein Aufseher ein Stück Seife verweigerte, kommentierte Grünbaum dies mit den Worten: »Wer für Seife kein Geld hat, soll sich kein KZ halten.« Seinen letzten Auftritt in Dachau hatte der einstige König des Kabaretts zu Silvester 1940, zwei Wochen später war er tot.

Nach der Shoa, dem nationalsozialistischen Völkermord an den Juden, war alles anders, musste alles anders sein. In den ersten Nachkriegsjahren wurde es um den jüdischen Witz ruhig, Täter wie Opfer wollten vergessen. Das Thema Humor sollte erst 1960 wieder in den Blickpunkt rücken, als Salcia Landmann den Bestseller *Der jüdische Witz* veröffentlichte, den sie als »stilles Requiem auf die untergegangene ostjüdische Kulturwelt« sehen wollte. 1911 in eine jüdisch-galizische Familie geboren, zeichnet Salcia Landmann anhand Hunderter Witze ein klischeehaftes Bild jüdischen Humors. Ein Kapitel beschäftigt sich mit dem Klischee, dass Juden »mit die Händ'« reden:

Finkelstein, aus einem galizischen Schtetl frisch in Wien eingetroffen, beobachtet auf der Opernkreuzung staunend den Verkehrspolizisten, der ununterbrochen die Arme nach verschiedenen Richtungen streckt und schwenkt. Nach einer halben Stunde wird Finkelstein jedoch unruhig, geht auf den Schutzmann zu und sagt: »Verzeihen Sie, Herr Inspektor, den letzten Satz habe ich nicht verstanden!«

Im Zentrum vieler jüdischer Witze aus der Landmann-Sammlung steht der Rabbiner.

Der Rebbe sitzt und klärt. Da kommt eine Jüdin hereingestürzt und schreit: »Gewalt, Rebbe, mein Mann will sich von mir scheiden lassen!« Der Rebbe sucht in einem Folianten, im zweiten Folianten, im dritten Folianten – endlich hat er, was er gesucht hat: die Brille. Er setzt sie auf, schaut die Jüdin an und sagt: »Recht hat er.«

Und natürlich geht's, ein weiteres Klischee bedienend, immer wieder ums Geld.

Der alte Kohn, sehr aufgeregt zu seinem Sohn: »Ich verstehe absolut nicht, wieso du pleite bist. Du hast erst voriges Jahr fünfzigtausend Gulden Mitgift bekommen. Nehmen wir an, die Einrichtung hat euch zehntausend gekostet, fünftausend wirst du Schulden von früher her gehabt haben, fünftausend habt ihr für euch verbraucht – wo ist der Rest?«

Der junge Kohn: »Und Geschäfte habe ich keine gemacht?«

Dachten anfangs viele, Salcia Landmann hätte dem jüdischen Witz und damit den Juden einen guten Dienst erwiesen, so kritisierte Friedrich Torberg ihr Werk in Grund und Boden. Unter dem Titel *Salcia Landmann ermordet den jüdischen Witz* schrieb er in der Berliner Zeitschrift *Der Monat*, dass der »beunruhigende Bestseller« seiner Meinung nach zwar philosemitisch gut gemeint, aber schlecht gemacht sei, die Autorin transportiere in seinen Augen »Nicht-Pointe für Nicht-Pointe, Schluderei für Schluderei«, sodass vom Witz der Juden nichts weiter übrig bleibt – als nur noch die puren antisemitischen Klischees. Weiters wirft Torberg der Autorin vor, dass sie die Witze nicht in der Form belassen hätte, in der sie vor dem Krieg erzählt wurden, sondern sie umformuliert und dabei durch Kürzungen und Zusätze und eine »stupende Unfähigkeit zwischen echten und unechten Tonfällen zu unterscheiden« Pointen verstümmelt hätte. Und Torberg erbringt den Beweis seiner These. Hier ein Witz, wie Salcia Landmann ihn erzählt:

Ein Bürger bestellt beim Rabbiner seiner Gemeinde eine Trauerrede auf seinen verstorbenen Vater. Der Rabbiner offeriert ihm: »Ich hab eine besonders schöne Predigt, die kostet aber achtzig Gulden. Ich habe eine zweite, auch noch ganz schöne Predigt auf Lager, die können Sie schon für fünfzig Gulden haben ... Und dann habe ich noch

eine Predigt für zwanzig Gulden – aber offen gestanden, die kann ich
Ihnen selber nicht empfehlen.«

Soweit Salcia Landmanns Witz. In ganz anderer Qualität und
sprachlicher Brillanz erzählt Torberg seine Version desselben Witzes, der bei ihm zu einer milieusicheren Pointe des geschäftsbewuss-
ten Trauerredners führt:

In einer mährischen Judengemeinde gab es einen weithin bekannten
Trauerredner, der zu allen Beerdigungen herangezogen wurde – sofern
die Hinterbliebenen sich's leisten konnten. Denn billig war er nicht.
Wieder einmal hatte ein angesehenes Gemeindemitglied das Zeitli-
che gesegnet, und die Familie – die nicht gerade im Ruf der Freigie-
bigkeit stand – erkundigte sich nach den Kosten eines würdigen
Nekrologs. »Je nachdem«, antwortete der Vielbegehrte. »Die große,
wirklich erschütternde Grabrede, die ich nur bei außergewöhnlichen
Anlässen halte, kommt entsprechend teuer. Aber sie ist ihr Geld wert.
Alles weint, die Trauergäste, der Rabbiner, sogar die Sargträger, was
soll ich Ihnen sagen: der ganze Friedhof ist in Tränen gebadet. Kostet
zweihundert Gulden.«
  »Zweihundert Gulden?! So viel können wir nicht ausgeben.«
  »Gut, dann nehmen Sie die zu hundert. Immer noch sehr ergrei-
fend. Ich garantiere Ihnen, dass sämtliche Trauergäste weinen, und
vielleicht wird auch der Rebbe ein paar Mal aufschnupfen.«
  »Gibt es nichts Billigeres?«
  »Es gibt«, sagt der Trauerredner, »noch eine zu zwanzig Gulden.
Aber die hat bereits einen leicht humoristischen Einschlag.«

Torberg wirft der Autorin vor, statt des nuancenreichen Jargons
»ein plumpes Gejüdel und falsches Gemauschel« benutzt zu haben,

das dem Möchtegern-Gemauschel des antisemitischen Wiener Witzblattes *Kikeriki* um nichts nachstünde.

> *Eine junge Frau kommt weinend zum Rabbi. Sie wohnt mit ihrem Mann bei ihrem Vater – beide prügeln sie. Der Rabbi zitiert den Vater zu sich. »Dein Schwiegersohn«, sagt er, »ist ein stadtbekannter Grobian. Aber du bist doch ein ordentlicher Mensch – wie kommst du dazu, deine arme Tochter zu schlagen?«*
>
> *Der Mann: »Ich tue es doch nur, um meinen Schwiegersohn zu strafen: Haut er meine Tochter, hau ich ihm seine Frau!«*

Eine Renaissance des jüdischen Witzes leitete Fritz Muliar ein, der ab den späten Sechzigerjahren Schallplatten, Bühnenauftritte, Radio- und Fernsehsendungen gestaltete und Bücher herausbrachte, in denen er unter dem Motto *Damit ich nicht vergesse, Ihnen zu erzählen* die Kultur des jüdischen Witzes in einer dem Jiddischen angenäherten Kunstsprache interpretierte:

> *Kohn und Lewy haben miteinander a Prozess. Sagt da Kohn zu seinem Advokaten: »Herr Doktor, iach hab a großartige Idee, wie wir den Prozess gewinnen. Ich wer dem Richter zwei scheene Gansln schicken!«*
>
> *Sagt der Anwalt: »Sind Se verrückt! Das darf der Richter doch nicht annehmen! Da verlieren wir doch den Prozess umso eher!«*
>
> *Sagt Kohn: »Nu, wer ich se nicht schickn.«*
>
> *Die Verhandlung kommt, Kohn gewinnt den Prozess gegen Lewy. »Sehen Sie«, sagt der Anwalt, »wer weiß, wie die Sache ausgefallen wäre, wenn Se dem Richter die Gansln geschickt hätten.«*
>
> *Lacht Kohn: »Ich hab se ihm geschickt! Aber ich hab dem Lewy sei Visitkarten dazugelegt!«*

*»Weil – Vergniegen es dorf
keines sein«: Fritz Muliar
erzählt jüdische Witze*

Ost-Berlin 1963. In eine staatliche Handlung kimmt a kleines
Männchen und sogt: »Verzeihen Se bitte, ich mecht a Päckchen Tee.«
   »Russischen oder chinesischen Tee?«
   »Provozieren Se mich nicht, gebn Se mer an Kakao!«

*Zum Rebben kommt herein ein Mensch und fragt ihm: »Rebbe – ich
weiß, ma darf am Schabbes nicht arbeiten, ma darf nicht rauchen,
aber – Rebbe, so ehrlich – darf man schlafen mit einer Frau?«
   Der Rebbe klärt, wiegt den Kopp hin, wiegt den Kopp her – und
dann, dann hebt er den Zeigefinger und sogt: »Ja! Ma darf schlafen
am Schabbes mit einem Weib. Aber nur mit der eigenen Frau! Weil
– Vergniegen es dorf keines sein!«*

Für den Wiener Schriftsteller Doron Rabinovici ist der jüdische
Witz nicht tot: »Der jüdische Witz, ob bei Woody Allen oder Phi-
lip Roth, ist modern und universell, weil die meisten in unserer
Zivilisation, ob Juden oder Nichtjuden, erfahren, dass wir immer
auch ein anderer, ein Fremder sind.«

Dem Rebben Schlomo erscheint Gott, und er sagt zu ihm: »Schlomo, du kannst dir aussuchen, ob du bist ab sofort der weiseste Mann der Welt oder der reichste Mann der Welt. Wofür entscheidest du dich?«

Schlomo wägt alles ab, er überlegt lange und ausführlich und sagt dann: »Ich möchte sein der weiseste Mann der Welt.«

Kaum hat er die Worte gesprochen, verlässt Schlomo seine Synagoge, geht nach Hause und zieht sich zurück in sein Studierzimmer. Er denkt und denkt und denkt. Einen Monat, ein Jahr, zwei Jahre, drei Jahre – die Frau des Rebben weiß schon nicht mehr, mit welchem Geld sie die Suppe kaufen soll, die Schlomo täglich isst.

Endlich kommt der Rebbe aus dem Studierzimmer heraus und sagt zu seiner Frau: »Jetzt weiß ich – dass ich hab getroffen die falsche Entscheidung.«

Humorist wider Willen
Friedrich Torberg, der Vater der Tante Jolesch

Eine Schwiegermutter legte ihrem Schwiegersohn am Weihnachtsabend zwei ausgesucht schöne Krawatten unter'n Christbaum. Als das junge Ehepaar am folgenden Abend zu ihr kam, verstand es sich für den Schwiegersohn von selbst, die eine der beiden Krawatten anzulegen. Schon in der Türe fasste ihn die Schenkerin missbilligend ins Auge: »Ach?«, machte sie. »Die andere hat dir nicht gefallen?«

Humor-Profis erkennen auf den ersten Blick, dass diese Geschichte aus der Bibel des österreichischen Anekdotenreichs stammt, aus Friedrich Torbergs *Tante Jolesch*. Anekdoten – die im Gegensatz zum Witz wahre Geschichten erzählen – waren auch vor Torberg ein wesentliches Element österreichischen Humors, doch er, der Kritiker der Salcia-Landmann-Witze, hat sie erst in literarische Form gebracht. Dabei war Torberg mit dem Erfolg der *Tante Jolesch* und dem seiner Übersetzungen der Satiren von Ephraim Kishon alles andere als glücklich. Denn Torberg wollte kein Humorist sein, sondern als Romancier ernst genommen werden. Und das wäre auch der Fall gewesen, hätten ihn die Kishon-Erfolge und die der *Tante Jolesch* nicht daran gehindert.

Neben besagter Tante – Torberg kannte sie, weil er mit ihrem Neffen befreundet war – setzt er mit dem Buch *Die Tante Jolesch oder Der Untergang des Abendlands in Anekdoten* auch zahlreichen anderen Typen und Originalen wie dem Onkel Hahn, den Bohemiens der Wiener Kaffeehausliteratur, Schauspielern oder dem Rechtsanwalt Hugo Sperber ein einzigartiges Denkmal. Sperber zum Beispiel, der für seine Kanzlei den Werbeslogan »Räuber, Mörder, Kindsverderber, gehen nur zum Doktor Sperber« verwenden wollte, darauf aber der strengen Standesregeln wegen verzichten musste, verteidigte einmal einen Kriminellen, der sowohl bei Tag als auch bei Nacht einbrechen ging. Der Staatsanwalt legte den Angeklagten im ersten Fall die Frechheit zur Last, mit der er sein verbrecherisches Handwerk sogar bei Tageslicht ausübte, im zweiten Fall die besondere Tücke, mit der er sich das Dunkel der Nacht zunutze gemacht hatte.

> *An dieser Stelle erdröhnte der Gerichtssaal von Dr. Sperbers Zwischenruf: »Herr Staatsanwalt, wann soll mein Klient eigentlich einbrechen?«*

Die Tatsache, dass Torberg – in diesem Fall kann man sagen – das Glück hatte, bei der Matura durchgefallen zu sein, hatte ihn zu

dem Roman inspiriert, durch den er über Nacht berühmt wurde:
Der Schüler Gerber hat absolviert erzählt von einem Gymnasiasten,
der aus Furcht, die Reifeprüfung nicht bestanden zu haben, Selbstmord begeht. Der Erfolg des Buches brachte den 22-jährigen Torberg mit den literarischen Heroen seiner Zeit, von Alfred Polgar
über Anton Kuh bis Karl Kraus, in Kontakt. Er wurde Theaterkritiker, pendelte zwischen Wien und Prag und war nebenbei noch
ein preisgekrönter Wasserballspieler. Torbergs Drama blieb, dass
keiner seiner späteren Romane an den Erfolg des *Schüler Gerber*
heranreichte.

Geboren als Friedrich Kantor am 16. September 1908 in Wien,
führt uns der Umstand, dass er sich Torberg nannte, zu einer weiteren Anekdote. Der Schriftsteller und Karl-Kraus-Freund Gustav
Grüner warf ihm nämlich vor, dieses Pseudonym aus purer Eitelkeit gewählt zu haben, worauf Torberg ihm heftig widersprach
und Grüner erklärte, dass er das Buch vom *Schüler Gerber* noch als
Gymnasiast geschrieben hätte und er seine Autorenschaft nur ver-
schlüsselt angeben konnte, da sein Inhalt gegen das Mittelschulsys-
tem gerichtet war.

> *»Ich stellte mir also aus der Endsilbe meines Vaternamens – Kantor*
> *– und dem Geburtsnamen meiner Mutter – Berg – das Pseudonym*
> *Torberg zusammen, das sich je nachdem zur Verschleierung oder zum*
> *Nachweis meiner Identität eignete ... Hätte mein Vater zum Beispiel*
> *Rosenblatt geheißen und meine Mutter Gold, dann hätte ich mich –«*
> *»Dann hätten Sie sich auch Torberg genannt«, zischte Grüner.*

Zunächst war es die Geschichte des zwanzigsten Jahrhunderts, die
Torbergs Karriere als Romanautor verhinderte. Als Hitler in Österreich einmarschierte, flüchtete er über Zürich nach Paris und

schließlich in die USA. Er schrieb Drehbücher für Hollywood, musste aber Jahre warten, bis eines realisiert wurde. Auch aus der Emigration hat Torberg so manche Geschichte für die *Tante Jolesch* mitgebracht. Etwa jene aus den Tagen in Paris, wo sich das weit verbreitete Gerücht hielt ...

> ... *dass die Kaffeehäuser, in denen sich die deutschen Emigranten trafen, große Tafeln mit der Aufschrift »On parle français« anzubringen planten.*

In New York ging Torberg mit dem ebenfalls in die USA geflüchteten Schriftsteller Franz Molnár auf der dem Central Park gegenüberliegenden Straßenseite spazieren, an der das berühmte Plaza Hotel liegt, in dem Molnár – der auch in Amerika sehr erfolgreich war – logierte. An jenem Nachmittag herrschte reger Fußgängerverkehr, und die beiden mussten unausgesetzt den ihnen entgegenkommenden Passanten ausweichen. Nach einer Weile schlug Torberg vor, auf die am Park gelegene Straßenseite hinüberzuwechseln, die weniger frequentiert war.

> *Molnár wehrte mit gewohntem Misstrauen ab: »Hinübergehen? Über die Straße? Mitten durch die Autos? So etwas macht kein vernünftiger Mensch.«*
> *»Aber Sie sehen doch auch drüben Leute gehen, Herr Molnár. Wie sind denn die hinübergekommen?«*
> *»Die sind schon dort geboren«, entschied Molnár, und damit war der Vorschlag endgültig abgelehnt.*

Nach dem Krieg wartete Torberg sechs Jahre, ehe er sich zur Rückkehr entschloss. Bald war er Wiens führender Theaterkritiker und

Feuilletonist, der durch Witz und sprachliche Brillanz bestach. Doch seine Vielseitigkeit hielt ihn davon ab, seiner wahren Berufung nachzukommen: ein literarisches Werk zu schreiben! Das eine oder andere entstand zwar, brachte aber nicht den Durchbruch. Stattdessen kam die *Tante Jolesch* als rauschender Erfolg, in der er die Atmosphäre der Zwischenkriegszeit anekdotisch schildert. Einer der Prototypen dieses Buchs der ebenso heiteren wie wehmütigen Erinnerungen war Karl Tschuppik, seines Zeichens Chefredakteur des deutschsprachigen *Prager Tagblatts*. Als der sich einmal vom Direktor des Deutschen Theaters despektierlich behandelt fühlte, verfiel er auf einen ungewöhnlichen Racheakt:

> *Zur nächsten Premiere, Lessings Minna von Barnhelm, entsandte Tschuppik den Redaktionsdiener Reisner als Kritiker. Reisner zog sich mit Anstand aus der Affäre und schloss seine Besprechung (die unverändert im Druck erschien) mit dem denkwürdigen, alsbald zum Zitat avancierten Satz: »Solche Stücke sollten öfter geschrieben werden.«*

Einige der von Torberg überlieferten Aussprüche der Tante Jolesch und ihrer Epigonen wurden zu geflügelten Worten:

> *Was ein Mann schöner is wie ein Aff is a Luxus.*

> *Gott soll einen hüten vor allem, was noch ein Glück ist.*

> *Alle Städte sind gleich, nur Venedig is e bissele anders.*

> *In den Achtzigerjahren hat man noch Theater gespielt. Heute? Nix wie Tingel und Tangel.*

> *Was andere Mädchen Verhältnisse haben, geh ich in Vorträge.*

»Alle Städte sind gleich, nur Venedig is e bissele anders«: Friedrich Torberg

Abreisen sind immer überstürzt.

Was setzt du dich hin Karten spielen mit Leuten, was sich hinsetzen Karten spielen mit dir?

Für platonische Liebe bin ich impotent.

Was kann schon aus einem Tag werden, der damit beginnt, dass man aufstehen muss.

Viele der Torberg'schen Anekdoten haben ihren Ursprung in Wiens Traditionskaffeehäusern, im Herrenhof wie im Central, im Griensteidl wie im de l'Europe oder im Colosseum – überall dort, wo er vor dem Krieg selbst ein- und ausging. Von einem Stammgast namens Amtsrat Reiter erzählt Torberg, dass er seit Jahrzehnten um vier Uhr Nachmittag im Café Colosseum erschien, täglich am selben Tisch Platz nahm, sich eine Melange mit Schlag, zwei mürbe Kipfel und sämtliche Zeitungen bringen ließ. Als er fertig war, zahlte er, wobei er für die ganze Prozedur kein einziges Wort aufwenden musste.

> *Generationen von Kellnern hatten ihn betreut, Scheidende instruier-*
> *ten ihre Nachfolger, Sterbende legten den Kollegen, die ihr Lager*
> *umstanden, noch ein letztes Mal den Amtsrat Reiter ans Herz – es*
> *war undenkbar, dass es ihm jemals an der gewohnten Obsorge fehlen*
> *würde. Aber das Undenkbare geschah. Die beiden Kellner, in deren*
> *Rayon sich Reiters Stammtisch befand, waren nach einem Krach mit*
> *dem Besitzer abgegangen, beide zugleich und so wütend, dass sie*
> *nicht daran dachten, die nötigen Instruktionen zu hinterlassen. Um*
> *vier Uhr betrat Reiter das Colosseum, setzte sich an seinen Tisch,*
> *bekam keine Melange mit Schlag, keine mürben Kipfel, keine Zeitun-*
> *gen und wurde nicht einmal nach seinen Wünschen gefragt.*
>
> *Nach einigen Minuten rief Amtsrat Reiter den Pikkolo zu sich und*
> *schickte ihn ins gegenüberliegende Café Hacker um eine Melange*
> *mit Schlag und zwei mürbe Kipfel.*

Als Autor der *Tante Jolesch* und als Kishon-Übersetzer erlangte Torberg in seinen reifen Jahren breite Popularität – und wirtschaftli-
chen Erfolg. Jedoch: Der große Roman blieb aus, musste ausblei-
ben, da die überwältigende Wirkung der *Tante Jolesch* einen zweiten
Band* verlangte. Er schrieb wie ein Besessener, prinzipiell nur
nachts, bei siebzig bis achtzig Zigaretten und Unmengen von Kaffee.
Tagsüber schlief er fünf Stunden, in Stresszeiten nur drei bis vier.

---

* Die Erben der Tante Jolesch, 1978

In dem Essay *Auch Nichtraucher müssen sterben* meinte er noch: »Ich bin auf diese Weise siebzig Jahre alt geworden. Vielleicht wäre ich bei gesünderer Lebensführung schon fünfundsiebzig oder achtzig, aber das lässt sich schwer feststellen.«

Sehr wohl lässt sich feststellen, dass er's *nicht* wurde. Torberg musste sich im November 1979 einer Venen-Operation unterziehen, an deren Folgen er 71-jährig starb.

Die Tante Jolesch wäre nicht sie selbst, hätte sie uns nicht auch zu diesem Thema, dem Thema Tod, die eine oder andere Geschichte hinterlassen. Als man sie nach ihrer Lieblingsspeise fragte, wusste sie zunächst keine Antwort. Doch ihre Angehörigen ließen nicht locker.

> »Also, stell dir vor, Tante – Gott behüte, dass es passiert – aber nehmen wir an: Du sitzt im Gasthaus und weißt, dass du nur noch eine halbe Stunde zu leben hast. Was bestellst du dir?«
> »Etwas Fertiges«, sagte die Tante Jolesch.

Es liegt mir fern, Torberg eine Geschichte kaputtzumachen, doch in diesem Fall kann ich nicht anders. Torberg schreibt, die Tante Jolesch sei 1932, »von der Familie umsorgt, zu Hause und im Bett gestorben«. Doch das stimmt nicht. Ich bin der wahren Identität der Titelheldin seines erfolgreichsten Buches nachgegangen und zu folgendem Ergebnis gekommen: Frau Gisela Jolesch geborene Salacs wurde 1875 im ungarischen Großwardein geboren, hat im Alter von achtzehn Jahren Herrn Julius Jolesch, später Generaldirektor der Wiener Textilwerke Mautner A. G., geheiratet und lebte mit diesem viele Jahre in Wien I., Franz-Josefs-Kai 53/3. Stock/Tür 12.

Jolesch Alexander, Wohnung,
XIX/2, Probusg. 3. 12-7-35
Jolesch Ernst, Strick- u. Raschel-
warenerzeugung, XII/2, Thunhofg. 9/11.
80-2-99
Jolesch Julius, Gen.Dir. d. Textilwerke Mautner A. G., IX/2, Michel-
bauerng. 9 a. 24-0-95
Wohnung, I., Franz-Josefs Kai 53.
64-1-28

Die Tante Jolesch, Ehefrau des Generaldirektors Julius Jolesch, wohnte am Franz-Josefs-Kai. Auszug aus dem Amtlichen Wiener Telefonbuch 1925

Am 19. Mai 1938 ist Frau Gisela Jolesch laut Meldezettel der Gemeinde Wien nach Prag übersiedelt. Und von diesem Tag an verliert sich ihre Spur. Zu den Opfern des Holocaust zählte sie, laut Dokumentationsarchiv des österreichischen Widerstandes, nicht.

Torberg zitiert auch die allerletzten Worte der durch ihn berühmt gewordenen Tante, die – wie alle ihre Aussprüche – Geschichte geschrieben haben:

> *Die Tante Jolesch lag reglos in den Kissen. Noch atmete sie. Da fasste sich ihre Lieblingsnichte Louise ein Herz und trat vor. Aus verschnürter Kehle aber darum nicht minder dringlich kamen die Worte: »Tante – ins Grab kannst du das Rezept ja doch nicht mitnehmen. Willst du es uns nicht hinterlassen? Willst du uns nicht endlich sagen, wieso deine Krautfleckerln immer so gut waren?«*
>
> *Die Tante Jolesch richtete sich mit letzter Kraft ein wenig auf: »Weil ich nie genug gemacht hab ...«*
>
> *Sprach's, lächelte und verschied.*

Wann und wo das war, wird wohl für immer das Geheimnis der Tante Jolesch bleiben.

»Schule Farkas«

Von Maxi Böhm bis Fritz Muliar

Zwischen Klamauk und Tragödie
Das schwere Los des Maxi Böhm

Die Nachfolge nach dem Tod von Karl Farkas am Kabarett Simpl ergab sich mehr oder weniger von selbst. Maxi Böhm wurde künstlerischer Leiter, Conférencier und Hauptdarsteller, Peter Hey wurde Regisseur und Hugo Wiener Hausautor. Klar, dass mit Wiener auch seine Frau Cissy Kraner als weitere Attraktion in die Wollzeile zurückkehrte. Maxi Böhm versicherte, dass »der Stil des Pointenservierens unverändert bleibt. Nichts, was auf der Bühne geschieht, ist dem Zufall überlassen, jedes Stichwort muss in der richtigen Sekunde kommen, es gibt fast keine Improvisation.« Oder wie Farkas gemeint hatte: »Die beste Improvisation ist die Vorbereitung.« Und so sollte es in der neuen Ära auch bleiben.

Der am 23. August 1916 in Wien geborene Maxi Böhm stammte aus der »Schule Farkas«, den er als Kind schon bewundert hatte: Karl Farkas war 1926 in dem böhmischen Badeort Teplitz-Schönau gemeinsam mit Fritz Grünbaum in einer Doppelconférence aufgetreten. Maxi Böhms Vater war dort Badearzt und nebenberuflich als Kritiker tätig, was dazu führte, dass ihn der kleine Maxi immer wieder ans Stadttheater begleitete. Später erinnerte er sich:

> Als ich Farkas einmal erzählte, dass ich in Wien geboren wurde, aber in Teplitz-Schönau zur Schule gegangen bin, hat er gesagt: »Da müssen Sie aber einen weiten Schulweg gehabt haben.«

Der Auftritt Farkas-Grünbaum in Teplitz-Schönau wurde dem Gymnasiasten Maxi Böhm zum Schicksal, denn von da an hatte er nur noch den Wunsch, Kabarettist zu werden. Da ihm der strenge Herr Papa »die Schauspielerei« untersagte, nahm Maxi hinter dessen Rücken privaten Sprechunterricht. Er wurde Schauspieler, trat Engagements in der böhmischen Provinz, im Linzer Kabarett Eulenspiegel und am Wiener Volkstheater an und wurde mit der legendären Radiosendung *Die große Chance* der erste Quizmaster im deutschen Sprachraum. 1957 kam Farkas, nachdem er ihn bei einem Auftritt in der Wiener Casanova Bar beobachtet hatte, in seine Garderobe und sagte: »Sie wissen, dass ich Sie jetzt an den Simpl holen werde?«

Worauf Böhm antwortete: »Ja das weiß ich seit meinem elften Lebensjahr, seit Sie 1926 in Teplitz-Schönau gastierten, seit damals weiß ich, dass ich eines Tages zu Ihnen kommen würde.«

Farkas suchte damals einen Nachfolger für Ernst Waldbrunn, der am Theater in der Josefstadt vermehrt eingesetzt wurde und kaum noch Zeit für den Simpl fand. Waldbrunn konnte nur durch einen Spitzenkabarettisten ersetzt werden – und das war Maxi Böhm, wobei er natürlich »Der Blöde« zu sein hatte.

> BÖHM: *Ich freu mich, dass ich Sie seh, Herr Berger, da treff ich kurz vor Jahresschluss doch noch einen vernünftigen Menschen.*
> FARKAS: *Ja, da haben Sie entschieden mehr Glück als ich.*
> BÖHM: *Da neulich hab ich einen schrecklichen Traum gehabt. Ich hab geträumt, meine Frau und die Brigitte Bardot haben um mich gerauft!*
> FARKAS: *Wieso ist das ein schrecklicher Traum?*
> BÖHM: *Meine Frau hat gewonnen!*
> FARKAS: *Mir scheint, Sie gehen zu oft ins Kino.*

BÖHM: Aber nein, das geht ja gar nicht.

FARKAS: Warum soll das nicht gehen?

BÖHM: Ich hab's gestern sieben Mal probiert. Aber draußen, vor der Tür, steht immer ein Mann und der zerreißt mir die Karten!

FARKAS: Sie sind so engstirnig, dass Sie mit beiden Augen durch ein Schlüsselloch schauen könnten ... Ich sag's ganz ehrlich, ich hab Angst vor meiner Frau. Sie auch?

BÖHM: Nein, ich nur vor meiner! Aber Sie können sie haben. Was zahlen Sie für meine Frau?

FARKAS: Nichts!

BÖHM: Gemacht!

Böhm sollte also blöd sein, doch er war Farkas »nicht blöd genug«. Böhms Gesichtszüge erinnerten den Kabarett-Altmeister eher an einen Mittelschulprofessor als an einen Dummen, der im Kaffeehaussketch Paravent mit Parapluie und Parvenü zu verwechseln hat. Maxi »probierte alles«, versuchte es mit abenteuerlichen Frisuren und Augengläsern – sogar Kindersonnenbrillen waren darunter – aber er war Farkas noch immer nicht blöd genug.

Durch Zufall fand er dann doch noch das Rezept für die geforderte Blödheit: »Während einer Szene mit Farkas fielen mir, da ich wieder einmal eine neue, besonders ›verwegene‹ Frisur probierte, die Haare ins Gesicht. Mit einer umständlichen Handbewegung versuchte ich sie aus der Stirn zu wischen.« Die Leute brüllten vor Lachen – und Maxi Böhm hatte ein Markenzeichen, das ihm bleiben sollte.

Neben seinen Tätigkeiten als Quizmaster und am Simpl war Maxi Böhm einer der meistgefragten Conférenciers seiner Zeit.

Zählte zu den Großen im Simpl: Maxi Böhm (ganz rechts) mit Farkas und Ossy Kolmann

Keine Firmeneröffnung, keine Modenschau, kein Weltspartag ohne Maxi Böhm, der auf bis zu achtzehn Auftritte pro Abend kam, deren Abfolge strategisch geplant werden musste, um das gewaltige Pensum absolvieren zu können. Vor der Tür wartete ein Taxi und brachte ihn zur nächsten »Tingelei«, wie man diese Auftritte damals nannte.

Maxi Böhm hatte das Geschäftsfeld des Conférenciers rechtzeitig erkannt und von der Witwe Armin Bergs – mit dem er mehrmals in der Melodies Bar aufgetreten war – dessen in Jahrzehnten aufgebaute Witzsammlung gekauft, die zur Grundlage seiner Conférencen wurde. Maxi Böhm verfügte auf diese Weise über Tausende Pointen, die – zur jeweiligen Gelegenheit passend – eingesetzt werden konnten.

> *»Meine Frau hat mir neulich ihren Schulatlas gezeigt – da war Amerika noch gar nicht drauf!«*

Drei alte Damen sitzen beisammen und unterhalten sich. Sagt die eine: »Ich bin jetzt achtzig und sehe noch genauso gut wie in meiner Jugend.«

»Wirklich erstaunlich«, meint die zweite, »aber ich kann auch nicht klagen. Ich werde fünfundachtzig, und mein Gehör ist noch so fabelhaft, als wäre ich zwanzig.«

»Ja, ja«, fällt die dritte ein, »vorgestern bin ich neunzig geworden, und immer noch Jungfrau – toi, toi, toi!«

»Der Arzt hat mir etwas zum Schwitzen gegeben.«
»Tabletten oder Tee?«
»Die Rechnung.«

»Sie sind mir ein feiner Charakter! Ihre Frau liegt krank im Bett, und Sie trinken hier einen Whisky nach dem anderen.«
»Aber ich trinke doch ständig auf ihre Gesundheit.«

In einer Schule in Hollywood sollen die Kinder eine Geschichte über eine arme Familie schreiben. Die Tochter eines Filmagenten beginnt ihre Erzählung folgendermaßen: »Es war einmal eine arme Familie. Die Mutter war arm. Der Vater war arm. Die Kinder waren arm. Das Stubenmädchen war arm. Der Kammerdiener war arm. Der Chauffeur war arm. Der Gärtner war arm. Alle waren arm.«

»Trotz eingehender Untersuchung kann ich bei Ihnen nichts feststellen. Vielleicht ist es der Alkohol?«
»Macht nichts, Herr Doktor, dann komme ich wieder, wenn Sie nüchtern sind.«

»Sie haben für 200 000 Schilling ein Auto gekauft?«
   »Natürlich, das bin ich meiner Stellung schuldig.«
   »Und woher nehmen Sie das viele Geld?«
   »Das bin ich meinem Autohändler schuldig.«

»Sie haben mir gesagt, als Sie mir den Kleinwagen verkauften, dass es ein Auto mit allen Schikanen ist«, tobt der Käufer. »Und jetzt funktioniert schon der Anlasser nicht.«
   »Das ist die erste Schikane«, meint der Autoverkäufer höflich.

»Ziemlich beweglich, der Herr Amtsvorstand.«
   »Kunststück, er wird ja auch dauernd geschmiert.«

Manche Beamte nehmen so wenig, dass es schon an Unbestechlichkeit grenzt.

»Ich genieße mein Leben in vollen Zügen.«
   »Ach, Sie sind so vermögend?«
   »Nein, Schaffner im Arlbergexpress.«

Ein Autofahrer beschimpft wütend einen Fußgänger: »Können S' net aufpassen? Sie sind heut schon der Dritte, in den ich hineinfahr'!«

Am Simpl und in den Farkas-Sendungen *Bilanz der Saison* erfreuten sich Maxi Böhms Parodien größter Beliebtheit, wobei Henry Kissinger, Hans Rosenthal, Hildegard Knef, Marlene Dietrich, Gilbert Bécaud und Ivan Rebroff zu seinen »Opfern« zählten. 1970 trat er in der Maske Leonard Bernsteins auf:

Dem Charly Böhm macht Mozart Fun,
Den dirigiert er unübertroffen.
Ich und Herby Karajan,
Wir teilen uns den Beethoven.
Er tut was er kann, und ich kann, was ich tu.
Und Ludwig van gibt uns Gelegenheit dazu.
Selbst die größten Tanzstoff-Fetischisten,
Erkennen an uns Prominenten:
Einst waren die Dirigenten
Die Diener der Komponisten.
Heut sind die Komponisten
Die Lieferanten der Dirigenten.
Ich akzeptier das mit Gewinn,
Weil ich ja beides bin.
Ich komponier, ich dirigier,
Ich spiel die Soli am Klavier.
Von Fidelio bis Broadwayshow
Reicht meine Phantasia.
Von Fest-Night-Glory
Bis Westsidestory,
Maria, Maria, Maria ...

... und bei den letzten Worten zeigte er mit seinen Fingern, dass damit die »Marie« für all seine Aktivitäten gemeint war. Maestro Bernstein hörte von der Parodie und wollte, als er einige Zeit später in Wien war, die Sendung sehen. Im ORF-Zentrum am Küniglberg kam es zum Treffen Maxi Böhm–Leonard Bernstein. Der Dirigent sah sich das Videoband an, lachte Tränen, sagte dann aber einschränkend: »Mr. Böhm, ich springe doch nicht beim Dirigieren!«

»Ich komponier, ich dirigier,
ich spiel die Soli am Klavier«:
Maxi Böhm als Leonard
Bernstein, 1970

Im Anschluss an die Vorführung sah sich Bernstein die Aufzeichnung eines Strawinsky-Konzerts an, das er in der Londoner
Royal Albert Hall dirigiert hatte. Nach einiger Zeit wandte er sich
an Böhm, der immer noch neben ihm saß, und flüsterte ihm ins
Ohr: »Sie haben recht, ich springe wirklich!«

Nach Übernahme der Witze aus Armin Bergs Nachlass sam-
melte Maxi Böhm fleißig weiter und wurde auch von zahlreichen
Fans mit Pointen versorgt, sodass seine Sammlung auf 80 000
Witze geschätzt wurde, die als größte diesbezügliche Sammlung
Europas galt.

»Warum lassen Sie Ihren Kopf so hängen?«

»Es ist etwas Furchtbares passiert. Meine Frau ist eben mit dem
Zug nicht angekommen, mit dem ich sie erwartet habe.«

»Na, und? Ist das so schlimm?«

»Und wie! Ich fürchte nämlich, sie ist bereits seit gestern zu Hause!«

311

»Aber Sie dürfen doch nicht wieder heiraten, gnädige Frau«, sagt der Notar, »Ihr Mann hat ausdrücklich im Testament bestimmt, dass in diesem Falle das ganze Vermögen seinem Bruder zufällt.«

»Ja, das ist richtig«, erwidert die Witwe, »aber ich heirate seinen Bruder!«

ER: Wenn ich mich morgens rasiere, fühle ich mich um zehn Jahre jünger.
SIE: Du solltest dich am Abend rasieren!

In seiner Garderobe wurde Curd Jürgens ein Brief überreicht, der ihn gar nicht erfreute. »Was ist los?«, fragte ihn ein Kollege.

»Da hat mir ein Mann geschrieben, dass er mich erschießt, wenn ich nicht sofort die Beziehung mit seiner Tochter löse«, antwortete der »normannische Kleiderschrank«.

»Da hast du gar keine andere Wahl«, meinte der Kollege, »du musst das Mädchen aufgeben.«

»Das sagst du so leichthin«, erwiderte Curd Jürgens und zeigte ihm den Brief. »Kannst du vielleicht die Unterschrift lesen?«

»Herr Theaterdirektor, Sie behandeln meine Dichtkunst äußerst schlecht. Immer spielen Sie mein Stück, wenn das Theater fast leer ist.«

Der Regisseur kommt erst frühmorgens nach Hause. »Wo warst du denn die ganze Nacht?«, fragt ihn seine Frau.

»Ja, weißt du Liebling, wir hatten noch eine Regiebesprechung mit unserer neuen Hauptdarstellerin, ein reizendes Kind übrigens, dann hab ich sie noch nach Haus gebracht und sie wollte mir unbedingt ihre Wohnung zeigen. Na ja, und dann ist es so gekommen, wie solche Sachen eben passieren ...«

Erzkomödiant und Besitzer
der größten Witzsammlung
Europas: Maxi Böhm

»Lüg mich nicht an«, schreit seine Frau. »Ich kenn dich doch. Sicher bist du mit deinen Freunden zusammen gesessen und hast die ganze Nacht Karten gespielt!«

Hypochonder fühlen sich nur gut, wenn sie sich schlecht fühlen.

Der Arzt macht nach der Untersuchung ein ziemlich besorgtes Gesicht. »Herr Doktor, ist es jetzt aus mit Wein, Weib und Gesang?«, fragt der Patient.
      »Nein, singen können Sie, so viel Sie wollen.«

Ich kenne einen Mann, der hat seiner Freundin so viele Pelze und Juwelen geschenkt, dass er sie zum Schluss, weil sie so eine gute Partie war, geheiratet hat.

Ein Mann rettet ein Mädchen vor dem Ertrinken und bringt die junge Frau zu ihrer Mutter. Die Mutter betrachtet den Mann eingehend und zischt dann wütend: »Schon wieder ein verheirateter Mann!«

Was ist ein Junggeselle? Ein Mensch, dem zum Glück die Frau fehlt.

Maxi Böhm war vierzehn Jahre neben Farkas die unumstrittene Nummer zwei am Simpl gewesen, nach dessen Tod übernahm er das Zepter. Das Experiment mit dem neuen Zugpferd schien zunächst aufzugehen, das Kabarett war wie in besten Farkas-Zeiten jeden Abend ausverkauft. Doch dann wurde der Simpl von einer Unglückssträhne erfasst, mit der niemand hatte rechnen können. Cissy Kraner erkrankte an der heimtückischen Hongkong-Grippe, und Maxi Böhm verfiel zeitgleich in eine schwere Depression.

Böhm hatte sich von seiner Frau Huberta getrennt, war in eine eigene Wohnung gezogen, ohne zu bedenken, dass er für ein Singleleben nicht geschaffen war. Der Mann, über den ganz Österreich lachte, fühlte sich in einer ausweglosen Situation. Er wollte mit seinen drei Kindern und seiner Frau leben und doch – allein sein. Dass die schwersten Schläge seines Lebens noch bevorstanden, konnte er zu diesem Zeitpunkt nicht ahnen.

Jedenfalls zwang ihn die Depression, eine Spielzeit auszusetzen. Nun war der Simpl ohne Farkas, ohne Maxi Böhm und ohne Cissy Kraner – und das konnte nicht gut gehen. Die Zuschauer blieben aus, und Baruch Picker, der Besitzer des Etablissements, geriet in Panik, wollte den Simpl verkaufen. Doch Picker bot sein Kabarett nicht dem inzwischen zurückgekehrten Maxi Böhm als »moralischen Farkas-Nachfolger« an, sondern Martin Flossmann, dem jungen Chef des Kabaretts Der bunte Wagen.

Das Simpl-Ensemble war erbost, immerhin betraf der Verkauf Künstler, die seit Jahrzehnten »dazugehörten« und die jetzt über Nacht auf der Straße standen, da Flossmann sein eigenes Team in den von ihm aufwendig renovierten Wollzeilenkeller mitbrachte.

Entsprechend bissig sah das letzte Programm unter der Ägide Maxi Böhm und Hugo Wiener aus. Der Abend endete mit den Zeilen:

Der alte Simpl geht bald zu Ende,
Und was nach uns kommt, wird man seh'n
Ob es stark ist oder schwach
Es kommt selten Bess'res nach
Wir sagen Ihnen: Danke schön!

Um Maxi Böhm brauchte man sich keine Sorgen zu machen: Ernst Haeusserman und Franz Stoß, die Direktoren des Theaters in der Josefstadt, holten den Erzkomödianten anstelle des schwer erkrankten Ernst Waldbrunn an die Kammerspiele. Und so trat Böhm von nun an sechs Jahre lang praktisch täglich in der Boulevardbühne auf und wurde zum absoluten Publikumsliebling. Legendär sind seine Auftritte in *Pension Schöller* mit Alfred Böhm – mit dem er übrigens nicht verwandt war –, Cissy Kraner, Marianne Schönauer und Hugo Wiener.

Am 5. August 1979 traf Max Böhm, wie er sich jetzt nannte, der erste große Schicksalsschlag seines Lebens. Seine 25-jährige Tochter Christine, eine schöne und talentierte Schauspielerin, rutschte während eines Spaziergangs in ihrem Schweizer Urlaubsort Ponte Tresa auf einem mit Moos bewachsenen Felsen ab, stürzte fünf Meter in die Tiefe und war sofort tot. Zwischen Nachmittags- und Abendvorstellung erfuhr Max Böhm in Wien von dem Unglück.

Und stand eine Stunde später wieder auf der Bühne der Wiener Kammerspiele.

Acht Monate später, am 7. Mai 1980, schlug das Schicksal ein zweites Mal erbarmungslos zu. Sein Sohn Max jun., Student an der Hochschule für Welthandel, nahm sich mit 31 Jahren das Leben.

Mit dem Tod zweier Kinder konnte der große Komödiant nicht fertig werden. Und doch: Er spielte weiter. Kammerspiele, Josefstadt, Fernsehen. Tagsüber Proben, Rollen lernen, Aufzeichnung, abends Vorstellung. Kein Wiener Schauspieler absolvierte in dieser Zeit so viele Auftritte wie Maxi Böhm. Das Theater wurde zur Flucht aus der Realität. Auf ihn traf wohl ein Wort zu, das sich in seiner Witzsammlung findet:

Viele arbeiten so eifrig für den Lebensabend, dass sie ihn gar nicht mehr erleben.

Gerade in diesen letzten, seinen schwersten Jahren, gelang Max Böhm der Übergang vom Komiker zum Charakterschauspieler. Am 22. Dezember 1982 feierte er im Theater in der Josefstadt die letzte Premiere seines Lebens. Er spielte die Rolle, von der er seit Jahren geträumt hatte: den Striese im *Raub der Sabinerinnen*. Aber er ist nur drei Mal aufgetreten, am vierten Tag brach er vor Beginn der Vorstellung in seiner Wohnung, die gegenüber vom Theater in der Josefstadt lag, zusammen. Er ist 66 Jahre alt geworden. Selten hat das Wort so gepasst: Er ist an gebrochenem Herzen gestorben.

»Er, der als Max ein schweres Schicksal gemeistert hat«, erinnerte sich Hugo Wiener nach seinem Tod, »war als Maxi der immer strahlende Sonnyboy, der sich selbst gern als ›Witzepräsident‹ bezeichnete ... Wir haben jahrelang in Freundschaft neben einem Menschen gelebt, ohne ihn zu kennen. Maxi war nicht immer lustig, er war nicht immer zu Scherzen aufgelegt. Er war depressiv. Seine Lustigkeit, wie er sie in den letzten Jahren zur Schau trug, war gemacht, war Tünche. Er versuchte sein schweres Leid zu überspielen, was ihm in den Augen der anderen auch gelang.«

Seine legendäre Witzsammlung konnte übrigens gerettet werden. Im Frühjahr 2003 kaufte die Österreichische Nationalbibliothek den Nachlass des Komödianten auf. Drei große Lieferwagen waren bis oben hin gefüllt, um den unvergleichlichen Schatz ins Literaturarchiv der Nationalbibliothek in der Wiener Hofburg zu schaffen. Der Inhalt der Wagenladungen: Tausende Seiten, gefüllt mit Sketchen, Conférencen, Liedern und mit Europas größter Witzsammlung.

Er blödelte sich durchs Leben
Mehr als ein Komiker: Ernst Waldbrunn

Wie Maxi Böhm hat fast die gesamte Wiener Komikerelite in den Jahren nach 1950 die »Schule Farkas« absolviert. Stars wie Fritz Muliar, Otto Schenk, Heinz Conrads, Alfred Böhm, Ossy Kolmann, Cissy Kraner und Elly Naschold holten sich bei ihm am Simpl den entscheidenden Schliff für das Pointensetzen. Und natürlich auch Ernst Waldbrunn.

Farkas war ein eher verschlossener Mensch und mit nur wenigen seiner Kollegen freundschaftlich verbunden. Einer der wenigen, die das von sich behaupten konnten, war Ernst Waldbrunn, mit dem er sogar – im Gegensatz zu fast allen anderen – per Du war. Waldbrunn war 1907 in Krumau in Böhmen zur Welt gekommen, hatte Jus studiert und 1938 ohne Schauspielausbildung am Stadttheater von Mährisch-Ostrau sein Debüt gefeiert. Dort traf er Karl Farkas zum ersten Mal, als dieser zu einem Gastspiel kam. Die Freude war groß, als sie einander nach dem Krieg am Simpl wieder sahen.

»Der Ernst war ein tiefer Mensch, der diese Tiefe nicht zeigen wollte, weshalb er sich durchs Leben blödelte«, erinnert sich Waldbrunns Ehefrau Elfriede Ott. »Er hatte Schreckliches erlebt – beide Eltern endeten durch Selbstmord. Und er überstand die Nazizeit als Halbjude in der Tschechoslowakei. Über all das hat er kaum je gesprochen.« In einer Doppelconférence – von Hugo Wiener – hörte sich seine »Herkunft« natürlich ganz anders an.

> WALDBRUNN: Ich habe spanisches Blut in den Adern.
> FARKAS: Du hast spanisches Blut in den Adern? Vom Vater?
> WALDBRUNN: Nein.
> FARKAS: Von der Mutter?
> WALDBRUNN: Auch nicht
> FARKAS: Von wem denn?
> WALDBRUNN: Bluttransfusion!

Waldbrunn wurde bald nach Kriegsende Mitglied des Theaters in der Josefstadt und war über Jahrzehnte *das* Zugpferd der Wiener Kammerspiele, seine Auftritte bei Farkas im Simpl konnten also nur einen »Nebenerwerb« darstellen, dem er erst spätabends, wenn die Vorstellungen in den Kammerspielen beendet waren, nachgehen konnte. Als Waldbrunn einmal, abgehetzt wie immer, in die Garderobe des Kabaretts auf der Wollzeile kam, blieb ihm

318

gerade noch so viel Zeit, sich die Hände zu waschen. Dabei spritzte er sich so unglücklich die Hose an, dass man hätte vermuten können, es wäre ihm etwas »passiert«. Waldbrunn schaltete schnell: Er drehte die Wasserleitung voll auf und schüttete zwei Liter Wasser über Gesicht, Sakko und Hose. Dann betrat er die Bühne und begrüßte den staunenden Farkas mit den Worten: »Servus, Karl, stell dir vor, ich bin in einen Regenguss gekommen.«

Das Ganze hatte sich zwar an einem lauen, trockenen Frühlingsabend ereignet. Doch der Auftritt war gerettet.

In seinem 1958 verfassten Buch *Das hat ka Goethe g'schrieben* gewährt Waldbrunn autobiografische Einblicke: »Ich habe früher auch immer Witze über die Ehe gemacht - dann habe ich selber geheiratet und bin draufgekommen: das ist kein Witz! Ich bin gern verheiratet. Ich bin froh, dass meine Frau mich genommen hat. Und vor allem, dass sie mich behält.«

Das Erscheinen des Buches fand natürlich in einer Doppelconférence im Fernsehen seinen Niederschlag:

WALDBRUNN: *Ich bin oft blöd, aber mit dir ist Blödsein am schönsten. Also sind wir ganz normal harmlos blöd miteinander, nach dem literarischen Aufschwung, den ich genommen habe.*
FARKAS: *Du meinst deine schriftstellerische Tätigkeit, du bist ja sehr rührig.*
WALDBRUNN: *Ja, ich feile an meinem Stil herum.*
FARKAS: *Wie willst du eigentlich schreiben können? Wie der Hemingway?*
WALDBRUNN: *Nein.*
FARKAS: *Wie der Karl Kraus?*
WALDBRUNN: *Nein.*
FARKAS: *Wie denn willst du schreiben können?*

WALDBRUNN: *Ich möchte so schreiben können wie du, oh du*
   mein Karl.
FARKAS: *Warum gerade wie ich?*
WALDBRUNN: *Weil ich bin net ehrgeizig.*

Elfriede Ott hat ihn dann doch nicht »behalten«, die Ehe wurde
1964, nach vierzehn Jahren geschieden. »Wir waren sehr glücklich«, erinnert sich die Ott, »aber am meisten liebten wir uns,
wenn wir miteinander Theater spielten. Denn er war Nacht-
mensch, trieb sich nach den Vorstellungen in den Kammerspielen
und im Simpl noch in Bars und Kaffeehäusern herum, während
ich ein Tagmensch bin. Dazu kam sein Alkoholproblem, das ich
vorerst nicht erkannte und dann nicht wahrhaben wollte.«
   Waldbrunn schrieb auch zwei Theaterstücke und eine Reihe
von Soloszenen, in denen er die Figur eines nervösen, stets höfli-
chen Hotelportiers schuf, der die Worte verschluckt oder durch-
einander bringt. Meist führt er in seiner Portierloge Selbstgesprä-
che, oder er hat einen unsichtbaren Telefonpartner am Apparat.
In der Szene *Hier spricht der Portier* erwartet seine Frau ein Kind.

(Portierloge, das Telefon läutet). *»Ja, ich bin selber am Apparat. In ein*
paar Stunden wird es so weit sein? Fräulein Ober, Herr Schwester, Frau
Oberschwester – bitte geben Sie mir gut acht auf meine Frau, sie ist ja
so zart, und es ist das erste Mal. Und sagen Sie dem Herrn Doktor,
wenn sie weint, dann soll er ihr einen neuen Hut versprechen – da
lacht sie dann gleich wieder! Und – bitte – ich weiß ja nicht, ob's nicht
schon zu spät ist: Mein erster Bub soll ein Kind sein! Ich wünsch mir
so einen Buben! Ich weiß nicht, ob Sie mir das noch richten können –
aber ich täte mich revanchieren, wenn Sie einmal ein Doppelzimmer
– und rufen Sie, bitte, gleich an, wenn es da ist. Bitte, danke!«

*»Einmalige
Mischung aus Ernst
und Waldbrunn«:
Ernst Waldbrunn*

»Andere Schauspieler«, meinte Hans Weigel über Waldbrunn, »verwandeln sich in diesen oder jenen, große Komiker gehen den umgekehrten Weg. Sie bemühen sich nicht, zu sein wie Malvolio, Zettel und Tartüff – Malvolio, Zettel und Tartüff müssen sein wie sie ... Nicht jeder Clown wird Chaplin, nicht jeder Komiker Pallenberg oder Szöke Szakall oder Fritz Imhoff oder Ernst Waldbrunn ... Und weil er diese einmalige Mischung aus Ernst und Waldbrunn darstellt, wollen wir getrost und guten Gewissens auch über seine Späße lachen. Denn er ist mehr als ein Komiker, er ist ein Bursche von unendlichem Humor.«

Eine kleine Pointe in der Charakterisierung des Komödianten Waldbrunn durch den Kritiker Weigel findet sich auch darin, dass Weigel der zweite Mann von Waldbrunns Frau Elfriede Ott werden sollte.

Die Ott trat auch nach der Scheidung mit Waldbrunn in den Kammerspielen auf und blieb mit ihm freundschaftlich verbunden. »Komödiant«, sagt sie, »war er nicht nur auf der Bühne, sondern auch privat. Er hat ständig gespielt, spielte auch gerne seinen Tod vor. Ich war zufällig dabei, als er einen Schlaganfall erlitt. Ich dachte auch damals, er würde mir wieder etwas vorspielen.«

Ernst Waldbrunn starb am 22. Dezember 1977 in Wien.

Der Hugo ließ sie nicht verkommen
Hugo Wiener & Cissy Kraner

Sie stand im Scheinwerferlicht, er blieb stets bescheiden im Hintergrund. Sie war laut, er saß am Klavier und blickte regungslos auf seine Tasten. Unterschiedlicher hätte ein Paar nicht sein können. Hugo Wiener war der Kopf der Gemeinschaft, als Texter wie als Komponist, Cissy Kraner die Erzkomödiantin an der Rampe, die mit ihrem Talent und allem, was er sich erdacht hatte, das Publikum zum Lachen, nein: zum Brüllen brachte. Hugo Wieners Chansons, seine Pointen und Wortspiele wurden durch Cissy Kraners Interpretation zu Höhepunkten jedes Kabarettprogramms. Etwa, wenn sie als nicht mehr ganz taufrischer *Vamp von Favoriten* auf bessere Tage zurückblickte:

> *Ich war der Vamp, der Vamp von Favoriten,*
> *Ich war die Frau, die alle Männer konnt verführ'n.*
> *Wenn ich beim Geh'n mich wiegte in der Mitten,*
> *Konnt ich sie alle, wenn ich wollte, glatt ruinier'n.*
> *Die Ferdln, Hansln, Fritzln, Franzln und die Maxeln,*
> *Die macht' ich rasend, schon mit meinem blonden Haar,*
> *Doch ich stand da und zuckte mit den Achseln,*
> *Weil ich der Vamp von Favoriten war.*

322

Hugo Wiener wurde fast neunzig Jahre alt und war in seinem langen Leben überaus produktiv. Er schrieb Musik und Text für vierhundert Chansons, die seine Frau Cissy Kraner vortrug, und eine Vielzahl von Doppelconférencen für Karl Farkas und Ernst Waldbrunn. Darüber hinaus versorgte er die Komikerelite des deutschen Sprachraums jahrzehntelang mit seinen Texten. Er schrieb für Fritz Imhoff, Maxi Böhm, Ernst Waldbrunn, Fritz Muliar, aber auch die Sketche für die TV-Serie *Das verrückte Paar* mit Harald Juhnke waren oft »echte Wiener«.

Hugo Wiener kam am 16. Februar 1904 »in der nach mir benannten Stadt« zur Welt, wo er in sehr musischer Umgebung groß wurde. »Mein Vater war Pianist und hat noch bei den berühmten Soireen von Johann Strauß gespielt«, erzählte er. Nach absolviertem Musikstudium arbeitete er Ende der 1920er Jahre für mehrere Wiener Kabaretts, war Kapellmeister am Apollotheater, steuerte als Hausautor der Hölle und der Femina-Bar auch Texte bei. Seine größten Erfolge feierte er mit seinen Operetten *Der gütige Antonius*, *Gruß und Kuss aus der Wachau* und *Auf der grünen Wiese* sowie dem Wienerlied *Bleib'n ma no a wengerl sitzen*. Er war Librettist von Robert Stolz und verfasste nach dem Krieg Filmdrehbücher, darunter *Ober zahlen!* für Hans Moser und Paul Hörbiger.

Hugo Wiener verdankte es einem Glücksfall, die Nazizeit überlebt zu haben. Im Sommer 1938 fanden in Bogota die Fünfhundert-Jahrfeiern der Metropole statt, zu der er von der kolumbianischen Regierung nebst 23 weiteren Künstlern zu einem Gastspiel eingeladen wurde. Aus dem Gastspiel *Vamos a Colombia*, das sechs Monate dauern sollte, wurden zehn Jahre, da für den jüdischen Musiker Hugo Wiener eine Rückkehr in das mittlerweile von Hitler besetzte Österreich nicht möglich war. Wiener und die mitge-

323

»Viennese Gemuetlich-keit« in der Emigration: Cissy und Hugo

reiste »arische« Soubrette Gisela Kraner, die sich bald »Cissy« nannte, heirateten und eröffneten 1943 in Caracas, Venezuela, Johnny's Music-Box, eine kleine Bar, in der sie bald so populär waren, dass eine Strumpfmarke ihre Erzeugnisse *Cissy* nannte.

Als der Krieg vorbei war, kehrten sie zurück nach Wien und fanden bald im Simpl ihre künstlerische Heimat. 1954 feierte hier *Ich wünsch mir zum Geburtstag einen Vorderzahn* seine Uraufführung.

> *In vierzehn Tagen habe ich Geburtstag,*
> *Und wieder wird es sein wie's immer war.*
> *D' Mutter macht mir einen Braten,*
> *D' Schwester kauft mir was auf Raten,*
> *Und der Vater sagt beim Essen:*
> *»Ich hab' wieder dran vergessen!«*

Eine wünscht sich zum Geburtstag ein Paar Nylon
Oder gar an echten Mantel aus Flanell!
Ich hätt auch ein' Wunsch im Stillen,
Doch der lässt sich nicht erfüllen,
Denn für solche Luxussachen
Müßt' ma'n Tototreffer machen!

Ich wünsch' mir zum Geburtstag einen Vorderzahn,
Den meinen schlug der Ferdinand mir ein!
Ich weiß bis heute nicht, warum er das getan,
Aus Liebe kann es nicht gewesen sein.
Es hat vorher nicht den kleinsten Streit gegeben,
Bis er grausam mich von seiner Seite stieß!
Und in meinem jungen, ihm geweihten Leben
Plötzlich diese große Lücke hinterließ!
Die Krankenkassa sagt mir, das geht sie nichts an,
Denn das ist schließlich meine Schuld allein!
Wenn sie das zahl'n möcht, käme ja ein jeder dann
Und hauert sich die Vorderzähne ein ...

Gisela Kraner, am 13. Jänner 1918 in Wien geboren, spielte bereits mit vierzehn Jahren - unerlaubterweise, denn öffentliche Auftritte waren erst ab fünfzehn erlaubt - als Soubrette am Raimundtheater und an der Wiener Kleinkunstbühne ABC. Ein Jahr später traf sie zum ersten Mal auf Karl Farkas, bei dem sie sich als Darstellerin einer Revue bewarb. Der Vertrag war bereits unterschrieben, als man Fräulein Kraners Daten verlangte - und als Farkas sah, dass sie so jung war, warf er sie wieder hinaus. Auch Hugo Wiener und Karl Farkas hatten einander vor dem Krieg auf nicht sehr erfreuliche Weise kennengelernt - nämlich als Prozessgegner, weil sie sich gegenseitig der Urheberrechtsverletzung beschuldigten. Die Voraussetzungen für eine Zusammenarbeit im Simpl waren also nicht gerade optimal, aber Farkas ging 1950 auf Hugo Wiener zu und sagte: »Schauen Sie, wir haben uns vor dem Krieg immer bekämpft. Wenn wir zusammenarbeiten, kann uns niemand gegeneinander ausspielen.«

Von da an entstanden fünfzehn Jahre lang sämtliche Programme in der Zusammenarbeit Farkas-Wiener, und Cissy Kraner fehlte in keiner Revue. Schon ihr erstes Chanson im Simpl war ein solcher Erfolg, dass sie erkannte: »Das ist unser Kabarett, das ist unser Publikum.« Für dieses erste Chanson mit dem Titel *Eine verzwickte Verwandtschaft* fand Hugo Wiener ein Konstrukt, das die vortragende Künstlerin zu ihrer eigenen Großmama werden ließ: Sie heiratet einen Witwer, der eine Tochter in die Ehe mitbringt, die wiederum ihren Vater heiratet. *Jetzt war Papa mein Schwiegersohn – war so etwas schon da? Und meine Tochter, als sein Weib, war meine Frau Mama.* Damit nicht genug, wurden in diese außergewöhnliche Situation mehrere Kinder hineingeboren, sodass Cissy Kraner am Ende (genealogisch korrekt) vortragen konnte:

Doch da mein Mann der Vater ist von meiner Stiefmama,
So bin ich jetzt verheiratet mit meinem Großpapa,
Und da mein Mann mein Großpapa, bin ich sein Enkelkind.
Doch was daran das Ärgste ist, ich sag's Ihnen geschwind:
Als Frau von meinem Großpapa – der Fall war noch nicht da –
Da bin ich jetzt natürlich meine eig'ne Großmama!

Seinen größten Erfolg feierte das Duo Hugo Wiener-Cissy Kraner mit dem Chanson *Der Nowak lässt mich nicht verkommen*, das 1954 entstand: »Wir waren auf Urlaub am Wörthersee«, erzählte

»Der Nowak« war ihr größter Hit: Hugo Wiener und Cissy Kraner in ihren späten Jahren

Hugo Wiener, »und haben dort eine junge Schauspielerin kennengelernt, die mit einem Fabrikanten namens Nowak verheiratet war. Sie sagte nie ›Mein Mann‹, wenn sie von ihm sprach, sondern immer nur ›Der Nowak‹. Einmal meinte sie: ›Ich hätte ja schon längst in der Gosse geendet, aber der Nowak lässt mich nicht verkommen.‹ Meine Frau und ich schauten uns an und wussten: Das ist eine gute Zeile.«

Ich habe einen Mann, den viele möchten,
Der immer mich bewahrt vor allem Schlechten.
Ein jeder kennt ihn, Nowak ist sein Name,
Ihm dank' ich es, dass heut' ich eine Dame.
Ob angezogen oder als ein Nackter,
Der Nowak hat am ganzen Leib Charakter.
Ich hätte längst ein böses End' genommen,
Aber der Nowak lässt mich nicht verkommen ...

327

Das Lied wurde ein Evergreen, ein Auftritt Cissy Kraners ohne »Nowak« war undenkbar, es gibt eine englische (Mr. *Matico wouldn't understand it*) und eine holländische Version; die schwedische wurde von Zarah Leander interpretiert. Karl Farkas konnte in solchen Fällen eifersüchtig reagieren: »Das hätt' mir einfallen müssen!«

Auch sonst wurden die Probleme zwischen Farkas und Wiener immer größer. Es hatte schon seit Jahren Auseinandersetzungen wegen der ganz auf Farkas zugeschnittenen TV-Serie *Bilanz der Saison* gegeben. Während Hugo Wiener der Meinung war, dass das Fernsehen dem Simpl schaden würde, weil »das Publikum dann nicht mehr zu uns kommen wird«, wollte Farkas keinesfalls auf seine durch das neue Medium gewonnene Popularität verzichten. Aus einer Doppelconférence zum Thema von Hugo Wiener:

WALDBRUNN: *Bist du ein Fernseher, mein Karl?*
FARKAS: *Ja.*
WALDBRUNN *Ich nicht, ich höre nur Radio, weil ich schlank werden will.*
FARKAS: *Vom Radiohören wird man schlank?*
WALDBRUNN: *Rapid.*
FARKAS: *Wer hat dir diesen Unsinn erzählt?*
WALDBRUNN: *In der Zeitung habe ich es gelesen. Da stand: »Seit das Fernsehen eingeführt wurde, haben die Radiohörer rapid abgenommen!«*

Wie in allen seinen Texten, war Hugo Wiener auch in den Chansons seiner Frau stets um Aktualität bemüht. Als sich in den 1950er Jahren die deutschen Kitschfilme immer größerer Beliebtheit erfreuten, schrieb er für Cissy Kraner das Lied *Ich schaue mir nur deutsche Filme an*. »Hugo wollte mit seinen Chansons das Publikum in erster Linie unterhalten«, erzählte Cissy Kraner nach seinem Tod, »er hat sich nie der Illusion hingegeben, im Kabarett die Welt verbessern zu können. Doch er war glücklich, wenn er die Menschen zum Nachdenken anregen konnte. Mit *Ich schaue mir nur deutsche Filme an*, zeigte er auf, wie sehr unsere Sprache durch die damaligen Leinwandstars beeinflusst wurde.«

> *Ich schaue mir nur deutsche Filme an,*
> *Mensch, das ist 'ne Wucht!*
> *Mit der Zie-, mit der Boll-, mit der Kückelmann*,*
> *Die drei sind so verrucht!*
> *Ich schaue mir nur deutsche Filme an,*
> *Das ist's, was uns'reins sucht!*
> *Ich brauch' keine Am'rikaner*
> *Mit Tschinbum und Indianer,*
> *Keine Cowboys und Halodri,*
> *Keine »Kim« und keine »Audrey«*
> *So ein echter deutscher Knüller*
> *Mit dem Giller und der Tiller,*
> *Siehste Mensch, det ist 'ne Wucht!*

Den Ausschlag zur Trennung des Erfolgsteams Farkas–Wiener–Kraner gab dann ein lapidarer Streit: War vor dem Krieg jedes der gemeinsam verfassten Simpl-Programme als *Farkas-Grünbaum-Revue* angekündigt worden, so stand jetzt nur *Die Farkas-Revue* auf dem Plakat. Als Hugo Wiener seinem Co-Autor vorschlug, das neue Programm in Anlehnung an die alten Zeiten

---

* Gemeint sind Sonja Ziemann (*1926), Hannelore Bollmann (*1925) und Gertrud Kückelmann (1929–1979), deutsche Filmstars der Nachkriegszeit

gerechterweise *Farkas-Wiener-Revue* zu nennen, stimmte Farkas zu.

Was aber stand vor der nächsten Premiere auf dem Plakat?

Die Wiener Farkas-Revue!

Womit die Partnerschaft im Jahre 1965 ein für alle Mal zerbrochen war. Hier noch ein »Klassiker«, der Hugo Wieners Feder entstammt:

> WALDBRUNN: *Ich habe einen Kurs für Erste Hilfe absolviert.*
>
> FARKAS: *Du hast einen Kurs für Erste Hilfe absolviert?*
>
> WALDBRUNN: *Ja. Und ich konnte meine Kenntnisse sogar schon einmal anwenden. Heuer im Winter. Glatteis – vor mir ein Mann mit einem Spazierstock – stürzt, bricht sich ein Bein – ich sofort hin – zerbreche ihn –*
>
> FARKAS: *Den Mann?*
>
> WALDBRUNN: *Den Spazierstock. Reiße es in Fetzen –*
>
> FARKAS: *Das Bein?*
>
> WALDBRUNN: *Mein Hemd. Schiene ihn, verbinde ihn und bringe ihn ins Krankenhaus. Der Primarius fragt, wer den Verunglückten so fachgerecht verbunden hat, ich sage: »Ich«, der Primarius sagt: »Wunderbar! Nur leider –«*
>
> FARKAS: *Leider?*
>
> WALDBRUNN: *Das falsche Bein!*

Hugo Wiener und Cissy Kraner verließen das Kabarett auf der Wollzeile und kehrten erst nach Farkas' Tod wieder zurück. In der Zwischenzeit und in ihren letzten gemeinsamen Lebensjahren unternahm das Ehepaar Tourneen, und Hugo Wiener schrieb fünfundzwanzig Satirebücher, in denen er zahlreiche Pointen hinterließ.

Man sagt, die Ehe ist wie ein Lotto. Das stimmt nicht. Beim Lotto gibt es immer einige wenige, die Glück haben.

Das Fernsehen zerstört den Kontakt innerhalb der Familie. Ich hab einen Neffen, der hat bis zu seinem vierten Lebensjahr geglaubt, er heißt »Pssst«!

Es gibt auf der Welt keine Großstadt mehr, in der man sich sicher fühlen könnte. In New York gehen sogar schon die Verbrecher zu zweit, weil sie Angst haben, man könnte sie attackieren.

Hugo Wiener starb am 14. Mai 1993 im Alter von 89 Jahren in Wien, seine Frau und Bühnenpartnerin Cissy Kraner am 1. Februar 2012 im Alter von 94 Jahren in einem Künstlerheim in Baden.

»Vor dem Lesen vernichten«
Das Phänomen Heinz Conrads

Vierzig Jahre lang moderierte er an jedem Sonntagmorgen die Radiosendung *Was gibt es Neues?*, in der er nichts anderes tat, als die Ereignisse der abgelaufenen Woche Revue passieren zu lassen. Sein Geheimnis war, dass die typischen »Conrads-Sager«, in die er die aktuellen Meldungen verpackte, immer mit einer Prise Humor versehen waren.

Eine Umfrage hat ergeben, dass in Österreich kaum einer geneigt wäre, für den Frieden sein Leben zu lassen. Das ist menschlich verständlich. Den Frieden will man ja eigentlich erleben und nicht ersterben (1949).

Vier Prominente aus der
»Schule Farkas«: Maxi
Böhm, Cissy Kraner,
Heinz Conrads und
Fritz Muliar

Heinz Conrads – auch er kam aus der »Schule Farkas« – war ein
Meister des Doppelsinns. »Drahen« heißt im Wienerischen sowohl
»drehen«, als auch »abhauen«. Als er die Hoffnung der ganzen
Nation ausdrücken wollte, dass die vier Besatzungsmächte Österreich bald verlassen mögen, feixte er in den Äther:

*Stand da unlängst im Prater ein alter Wiener vor dem Riesenrad, an
dem erst vier Wagerln hingen. Vier nette, kleine Wagerln. Aber das
ganze Riesenrad stand noch still. Außer Betrieb. Da entrang sich
dem Wiener der Stoßseufzer: »Wann werden sich die viere endlich einmal drahen?« (1951).*

Der Publikumsliebling, der eigentlich Heinrich Hansal hieß und
erst nach der Adoption durch seinen leiblichen Vater den Namen
Conrads erhielt, wurde am 21. Dezember 1913 in Wien geboren,
erlernte den Beruf des Modelltischlers und trat früh in Theater-

vereinen als Laienschauspieler auf. Ab 1933 war er Funker beim Österreichischen Bundesheer und arrangierte nebenbei Kompaniefeste, bei denen er selbst conférierte. Während des Polenfeldzugs im Zweiten Weltkrieg schwer erkrankt, wurde Conrads nach Wien versetzt, wo er Schauspielunterricht nahm und 1942 am Wiener Stadttheater debütierte. Nach Kriegsende war er im Rahmen von Bunten Abenden und Modenschauen als Schauspieler, Chansonnier und Conférencier tätig. Als Karl Farkas ihn fürs Kabarett entdeckte, hatte er bereits seine ersten Erfolge als Gestalter einer regelmäßigen Radiosendung hinter sich, die *Was machen wir am Sonntag, wenn es schön ist?* hieß.

Einige Japaner auf der Insel Guam sollen heute noch nicht wissen, dass der Friede schon seit sieben Jahren ausgebrochen ist. Jetzt frage ich Sie: Sind die Japaner nun gut oder schlecht informiert? (1952).

Im Frühjahr wird mit dem Bau der Autobahn begonnen werden. Eine Nachricht, die uns wirklich freut, erzählt, dass der Autobahnbau jetzt nur noch zwei Milliarden und nicht – wie im ersten Zorn ausgerechnet wurde – vier Milliarden kosten wird. Na ja, also, zwei Milliarden auf oder ab – um die paar Netsch kann man sich schon irren (1954).

Mit Staunen haben wir den Bericht der Statistiker gelesen, nach dem Österreich die geringste Geburtenrate der ganzen Welt aufweist. Ich glaube, hier liegt es an unserer bisherigen Sorglosigkeit mit der Nachkommenschaft. Nun, da nach Unterzeichnung des Staatsvertrags alle ausländischen Hilfstruppen der Liebe abgewandert sind, werden die p. t. Inwohner wieder herzlichst gebeten, sich auf niemand, sondern wieder nur auf sich selbst zu verlassen. Es wäre nämlich schade, wenn dieser liebe Volksstamm aussterben würde (1955).

333

*»Guten Abend die
Madln, servas die Buam«:
Publikumsmagnet Heinz
Conrads*

Mit Einführung des Fernsehens startete Heinz Conrads – mittlerweile auch Mitglied des Theaters in der Josefstadt – seine Bildschirmkarriere. 1957 wurde erstmals die Sendung *Was sieht man Neues?* ausgestrahlt, die später unter dem Titel *Guten Abend am Samstag* legendär wurde. Zu seinem Markenzeichen wurde die stets gleich bleibende Begrüßung des Publikums »Guten Abend meine Damen, guten Abend meine Herrn, guten Abend die Madln, servas die Buam.«

*Ab heute gilt der Sommerfahrplan der Bundesbahnen. Damit ist die
dritte Klasse abgeschafft. Wieder ein Schritt näher zur klassenlosen
Gesellschaft (1957).*

*Das Bundesheer hat neue Geheimhaltungsvorschriften. Die erste Stufe
heißt: Geheim. Die zweite Stufe: Streng geheim! Die dritte: Nach dem
Lesen vernichten. Die vierte: Vor dem Lesen vernichten (1959).*

*Die neue Grünbergstraße ist etwas Feines. In einer Minute bist du
vom Meidlinger Tor oben auf der Anhöhe, und von da sind es nur*

noch ein paar Meter – und du stehst zwanzig Minuten vor zwei
Bahnschranken (1965).

Sehr beliebt waren die von ihm vorgetragenen Mundartgedichte
– insbesondere die von Trude Marzik, die er für eine breite Öffentlichkeit entdeckt hat. Mit ihrer lyrischen Kritik *Regietheater* sprach
sie ihm mit Sicherheit aus der Seele.

Am schönsten wär
sagt der Regisseur
Theater ganz ohne Publikum.
Theater pur.
Weil die Trotteln da unt
störn ja nur.

Heinz Conrads hatte mehrere Dutzend Wienerlieder in seinem
Repertoire, eines der beliebtesten war *Den Wurschtel kann kaner der-*
schlagen, das er wohl auch auf sich und seinen Berufsstand bezog.
Ab 1973 war er Mitglied der Wiener Volksoper, an der er vor allem
als Frosch in der *Fledermaus* auftrat.

An einem Sonntagmorgen im März 1986 verabschiedete sich
Heinz Conrads wie immer mit diesem Lied von seinen Radio-
hörern:

Das war das Neue, das euch erfreue,
Unsere singende, klingende Wochenplauderei.
Auf dieser Welle von Österreich,
Kommen wir wieder –
Am nächsten Sonntag
Ich bin so frei!

335

Doch er kam nicht wieder – zum ersten Mal nach vierzig Jahren. Heinz Conrads hatte einen Herzinfarkt erlitten, er starb am 9. April 1986 im Alter von 72 Jahren in Wien.

Vom Kabarett ans Burgtheater
Der Volksschauspieler Fritz Muliar

Fritz Muliar, dessen Karriere im literarischen Kabarett der Zwischenkriegszeit begann, war am 12. Dezember 1919 unter dem Namen Friedrich Ludwig Stand in Wien unehelich zur Welt gekommen. Sein Vater, ein ehemaliger k. u. k. Offizier, kümmerte sich nicht um ihn, Muliars Mutter lernte 1924 den russisch-jüdischen Juwelier Mischa Muliar kennen und wurde seine Frau. Fritz Muliar debütierte 1937 in Stella Kadmons Der liebe Augustin und spielte nach dem »Anschluss« eine Zeitlang kleine Rollen am Simpl, ehe er zur Deutschen Wehrmacht eingezogen wurde. Nach Ende des Krieges trat er an der Kleinkunstbühne Der Igel in Graz auf.

Nach drei Jahren in Graz kehrte Muliar zurück nach Wien und spielte an verschiedenen Theatern und Nachtkabaretts. 1952 holte ihn Karl Farkas an den Simpl, wo er bis 1965 blieb. Daneben trat er im Volkstheater und im Theater in der Josefstadt auf, ab 1974 war er Mitglied des Burgtheaters.

Außerdem drehte Muliar mehr als hundert Kino- und Fernsehfilme, seine bekannteste Rolle war der Schwejk in Jaroslav Hašeks Die Abenteuer des braven Soldaten Schwejk. In einer Szene begegnet Schwejk im Schützengraben einem feindlichen russischen Soldaten. Doch statt aufeinander zu schießen, kommen die beiden ins Gespräch. Die Szene zeigt die Absurdität des Krieges.

RUSSISCHER SOLDAT: *Nicht schießen, ich Vater von zehn Kinder.*

SCHWEJK: *Sie sind also der Herr Feind?*

RUSSISCHER SOLDAT: *Bitte nicht schießen, ich Vater von zehn ...*

SCHWEJK: *Ja, um die eigenen Kinder zittern, das kannst du, aber unsere spießt du auf, du Bestie.*

RUSSISCHER SOLDAT: *Nicht aufspießen, kleine Kinder ich.*

SCHWEJK: *Lüg nicht, ich hab's mit eigenen Augen gelesen, im Prager Tagblatt.*

RUSSISCHER SOLDAT: *Das ist Lüge, Lügenpropaganda!*

(Beide werfen ihre Waffen weg.)

SCHWEJK: *Hast du auch schon genug von Krieg? Aber ich werde weiterkämpfen wie ein Löwe. Bis Krieg ist zu Ende. Bis du zu Hause und ich zu Hause.*

(Der Russe zeigt Schwejk eine Fotografie seiner Familie.)

SCHEWJK: *Wo sind die anderen?*

RUSSISCHER SOLDAT: *Was für anderen?*

SCHWEJK: *No, die anderen sieben Kinder.*

RUSSISCHER SOLDAT: *Ich hab nur drei, aber ich hab gesagt zehn, weil auf ein Vater von zehn Kinder man schießt nicht so leicht wie auf ein Vater von drei Kinder. (Beide lachen.) Du, wir nix Feinde, wir Brieder! Ich heiße Boris.*

SCHWEJK: *Ich bin der Schwejk Josef. Du bist aber bled Boris.*

RUSSISCHER SOLDAT: *Warum?*

SCHWEJK: *Jedes Kind kann doch an unseren Uniformen erkennen, dass wir blutige Feinde sind.*

RUSSISCHER SOLDAT: *Ja, aber nur an Uniform. Schwejk Josef, komm, zieh aus. (Sie tauschen ihre Uniformen.) Na, was is, bin ich noch Feind?*

SCHWEJK: *Du bist nicht, aber du kenntest sein.*

*»Siehst du denn nicht,
dass wir schon wieder
Feinde sind«: Fritz Muliar
als Schwejk*

RUSSISCHER SOLDAT: *Nix, Feind, komm charascho.* (Sie fallen
   einander in die Arme, küssen sich, ehe sie sich nachdenklich
   anschauen.)
SCHWEJK: *Du bist ein Rindvieh, Boris. Siehst du denn nicht, dass
   wir schon wieder Feinde sind. Umgekehrte Feinde!*

Fritz Muliar war zwei Mal verheiratet, seine zweite Frau war Österreichs erste Fernsehsprecherin Franziska Kalmar. 1994 kehrte der
Volksschauspieler, nach einem Zerwürfnis mit Burgtheaterdirek-
tor Claus Peymann, an die Josefstadt zurück, an der er noch am
letzten Tag seines Lebens auftrat. Fritz Muliar starb in der Nacht
zum 4. Mai 2009 im Alter von 89 Jahren.

Hat der Humor Zukunft?

Von Steinhauer bis Grissemann

»*Verlernen Sie das Lachen nicht.*
Sie werden es noch brauchen«

Als Helmut Qualtinger 1961 das Theater am Kärntnertor verließ, um mit dem *Herrn Karl* von der Kleinkunst zur Satire
und zum Theater überzuwechseln, suchte Bronner einen neuen
»Dicken« und fand Felix Dvorak, der ein Jahr lang in dessen
Ensemble blieb, dann aber in das von Kuno Knöbl gegründete
Kabarett Der Würfel ging. Dvorak, 1936 in Wien geboren, sattelte
nach einigen Jahren Kabarett ebenfalls zum Schauspiel um, trat
auf fast allen Wiener Bühnen auf, war für den ORF als Autor und
Moderator tätig. Für die Fernsehsendung *Flohmarkt Company*
erhielt er die Goldene Rose des TV-Festivals in Montreux, und
mit seinen Sprachparodien gastierte er im Crazy Horse in Paris
und im MGM-Hotel in Las Vegas. Vierzehn Jahre moderierte er
auch die Radiosendung *Humor kennt keine Grenzen*.

> *Lange nach Mitternacht finden zwei Polizisten an der Mauer vom*
> *Schloss Belvedere einen Toten. Als sie Zeit und Ort notieren wollen,*
> *kommen dem einen Bedenken:* »*Waßt du, wia ma Belvedere schreibt?*«
> »*Na.*«
> »*I a net. Komm, tragen wir ihn lieber vor die Post.*«

Nachzutragen ist noch Otto Grünmandl mit seinen *Alpenländi-*
schen Interviews. Weiters Hans Peter Heinzl, der sein K&K Theater
am Naschmarkt von 1984 bis zu seinem frühen Tod im September
1996 mit Erfolg führte, und Heinz Holecek, der neben seiner

Tätigkeit als Staats- und Volksopernsänger viele Jahre mit seinen Fernsehparodien Furore machte. Seine Persiflagen auf Bruno Kreisky, Marcel Prawy, Hugo Portisch, »Schneckerl« Prohaska, Frank Sinatra und Marcel Reich-Ranicki – als der er das Amtliche Wiener Telefonbuch rezensierte – sind unübertroffen. Holecek starb an seinem 74. Geburtstag, am 13. April 2012.

Dabei war man bereits nach Karl Farkas' Tod zu der Ansicht gelangt, dass es in Österreich nie wieder erfolgreiches Kabarett geben würde. »Er war der unwiderruflich Letzte«, schrieb Friedrich Torberg in seinem Nachruf im Jahre 1971. Doch es sollte anders kommen, neue, kämpferische Generationen eroberten auf unterschiedlichste Weise Kleinkunstbühnen und den Bildschirm. Werner Schneyder etwa, 1937 in Graz zur Welt gekommen, war ursprünglich Journalist und Dramaturg, ehe er als Partner von Dieter Hildebrandt in der Münchner Lach- und Schießgesellschaft bekannt wurde. Die beiden bildeten acht Jahre ein Kabarett-Duo, dann trat Schneyder mit Soloprogrammen auf und verließ 1996 die Kabarettbühne »für immer«. 2008 feierte er mit dem Programm *Ich bin konservativ* sein Comeback.

Die Österreicher sind die Erbauer des sichersten Kernkraftwerks der Welt.

Die Tage kommen und gehen. Letzteres immer häufiger.

In Österreich ist es gar nicht nötig, dass die beiden Großparteien koalieren, denn Österreich ist seinem Wesen nach eine Koalition. Hier koaliert alles mit allem. Der Amtsmissbrauch mit der Beamtenkorrektheit, die Industrie mit der Gewerkschaft, der Bestattungsverein mit dem Automobilclub, die Wahrheit mit der Lüge, die kleine List mit der großen Idee, die Vergangenheit mit der Zukunft. Alles besteht nebeneinander und stört einander nicht.

Ich besitze ein gutes Gewissen. Nur finde ich es nicht mehr.

Künstler legen in ihrer Kleidung großen Wert auf ihr Inneres.

Sie hatten einander nichts mehr zu sagen. Darüber entstand ein langes Gespräch.

Ich glaube an Gott. Umgekehrt bin ich mir da nicht so sicher.

Es gibt heute wahrscheinlich mehr erfolgreiche Kabarettisten als je zuvor, ich kann hier nur einige nennen: Erwin Steinhauer, Josef Hader, Michael Niavarani, Viktor Gernot, Joesi Prokopetz, Lukas und Willi Resetarits, Dolores Schmidinger, Wolfgang Böck, Alfred Dorfer, Roland Düringer, Stermann und Grissemann, Cornelius Obonya, Sigrid Hauser, Rupert Henning, Mercedes Echerer, Christoph Fälbl, Andrea Händler, Dieter Chmelar, Bela Koreny, Karl Ferdinand Kratzl, Eva Maria Marold, Thomas Maurer, Reinhard Novak, Günther Paal, Alfons Haider, Martin Puntigam, Gerold Rudle, I Stangl, Robert Palfrader, Heinz Marecek, Karlheinz Hackl, Herbert Steinböck, Andreas Vitásek, Gerald Votava und die Hektiker mit Mini Bydlinski, Wolfgang Pissecker, Florian Scheuba und Werner Sobotka ...

Nicht nur Torberg, sondern auch zwei Große der Kleinkunst hatten sich getäuscht, als sie dem Kabarett keine Zukunft gaben. »Ich glaube, dass es schön langsam sterben wird«, sagte Peter Wehle 1976. »Das Publikum braucht das Kabarett nicht unbedingt, es kann, wie sich herausstellte, kaum die Gesellschaft verändern. Es blüht ja auch nur in besonders schlechten Zeiten. Sollten wieder einmal, was Gott verhindern möge, besonders schlechte Zeiten kommen, dann wird auch das Kabarett wieder kommen.«

Auch Gerhard Bronner war eher pessimistisch, als er mit dem Lied *Es wird net lang mehr dauern* das Ende des Lachens zum Thema machte.

> *Es wird net lang mehr dauern, und der Mensch ist a Maschin'*
> *Bei Einzelteilen kommt das ja schon vor.*
> *Durch Austausch von Organen kriegt man beinah alles hin,*
> *Nur eins kann man net ändern: den Humor!*
> *Durch einen Laserstrahl entsteht vielleicht ein Blitz,*
> *Den kann man dann am Fernsehschirm auch seh'n.*
> *Doch keine Technik bringt zustande einen Witz,*
> *Drum wird uns das Lachen auch vergeh'n …*

Bronner nahm die Finger von den Tasten, schloss den Klavierdeckel und beendete die Nummer mit den Worten:

> *Ein weiser Mann hat einmal gesagt: »Wenn ein Tier einen tiefen Schmerz fühlt, dann schreit es. Der Mensch als einziges Lebewesen hat noch eine zweite Möglichkeit: Er kann lachen.« Und in diesem Sinn, verehrtes Publikum, verlernen Sie das Lachen nicht. Ich fürchte, Sie werden es noch brauchen!*

QUELLENVERZEICHNIS

Herbert Arlt, Fabrizio Cambi (Hrsg.), *Lachen und Jura Soyfer*, St. Ingbert 1995.

Marie-Theres Arnbom, Christoph Wagner-Trenkwitz (Hrsg.): *Grüß mich Gott! Fritz Grünbaum. Eine Biographie 1880–1941*, Wien 2005.

Edgar Beier, *Egon Friedell, der Multimedia-Kommunikator als dialektisch-synthetischer Kulturpublizist*, Diplomarbeit Universität Wien 1995.

Armin Berg, *Sie müssen lachen. Das lustige Armin Berg Repertoire. Selbsterlebtes, Szenen, heitere Gedichte, Witze*, Wien 1935.

Maxi Böhm, *Böhm's Lachendes Lexikon, Die besten Witze von A bis Z aus der größten Sammlung Europas*, mit einem Vorwort von Hugo Wiener, Wien 1983.

Maxi Böhm, *Bei uns in Reichenberg, Erinnerungen*, fertig erzählt von Georg Markus, Wien-München 1983.

Gerhard Bronner, *Die goldene Zeit des Wiener Kabaretts*, St. Andrä-Wördern 1995.

Gerhard Bronner, *Kein Hackl vor'm Mund*, Wien 1992.

Gerhard Bronner, *Spiegel vor'm Gesicht*, Erinnerungen, München 2004.

Klaus Budzinski, *Hermes Handlexikon. Das Kabarett, Zeitkritik – gesprochen, gesungen, gespielt – von der Jahrhundertwende bis heute*, Düsseldorf 1985.

Vinzenz Chiavacci, *Der Herr von Adabei*, Wien 1994.

Manfred Chobot und Gerald Jatzek (Hrsg.), *Schmähohne, Satire und Humor aus 100 Jahren*, Wien-München 1987.

Heinz Conrads, *Vergessene Neuigkeiten*, Melk-Wien-München 1959.

Felix Dvorak, *Sternstunden des Humors*, Wien 2010.

Brigitte Erbacher (Hrsg.), *Qualtingers beste Satiren. Vom Travnicek zum Herrn Karl*, München-Wien 1973.

Egon Friedell, Alfred Polgar, *Goethe und die Journalisten*, Wien 1986.

Friedell-Brevier, Aus Schriften und Nachlass, ausgewählt von Walther Schneider, Wien 1947.

Hans-Jochen Gamm, *Der Flüsterwitz im Dritten Reich,* München–Zürich 1993.

Sylvia Gleitsmann, *Carl Merz,* Dissertation Universität Wien 1987.

Gitta Graf-Khittel (Hrsg.), *Humor aus Österreich von Abraham a Santa Clara bis Waggerl,* Frankfurt am Main 1967.

Monika Griensteidl, *Peter Hammerschlag und das Wiener Kabarett der Dreißiger Jahre,* Diplomarbeit Universität Wien 1994.

Sebastian Grill, *Graf Bobby und Baron Mucki, Geschichten aus dem alten Wien,* München 1940.

Hermann Hakel, *Wienärrische Welt, Witz, Satire, Parodie einst und jetzt,* Wien–Hannover–Bern 1961.

Herman Hakel, *Wigl Wogl, Kabarett und Varieté in Wien,* Wien–Hannover–Bern 1962.

Miguel Herz-Kestranek, *Die Frau von Pollak oder Wie mein Vater jüdische Witze erzählte,* Wien 2011.

Friedrich von Herzmanovsky-Orlando, *Sämtliche Werke. Bd. 10, Sinfonietta Canzonetta Austriaca,* Salzburg–Wien 1994.

Fritz von Herzmanovsky-Orlando, *Das Gesamtwerk,* herausgegeben und bearbeitet von Friedrich Torberg, München–Wien 1957.

Peter Hofbauer, *Das Glück ist ein Vogerl, Der Schlüssel zur Wiener Seele,* Wien 2011.

Wolfram Huber, *Das Phänomen Heinz Conrads,* Wien–Klosterneuburg 1996.

Cissy Kraner, *Aber der Hugo ließ mich nicht verkommen, Lieder und Erinnerungen,* aufgezeichnet von Georg Markus, Wien–München 1994.

Karl Kraus, *Ich bin der Vogel, den sein Nest beschmutzt, Aphorismen, Sprüche und Widersprüche,* Wiesbaden 2007.

Jonas Kreppel, *Wie der Jude lacht,* Wien 1933.

Traugott Krischke (Hrsg.), *Helmut Qualtinger. Der Herr Karl und andere Texte fürs Theater,* Wien 1995.

Lachendes Österreich, Land und Leute im Spiegel des Humors, Wien 1978.

Salcia Landmann, *Der jüdische Witz,* Düsseldorf 1960.

Ulrike Leitner (Hrsg.) *Schau'n Sie sich das an, Höhepunkte des österreichischen Kabaretts*, Wien–München 2009.

Ronald Leopoldi (Hrsg.) *Leopoldiana, Gesammelte Werke von Hermann Leopoldi*, Wien 2011.

Georg Markus, *Das große Karl Farkas Buch*, Wien–München 1993.

Georg Markus, *Das heitere Lexikon der Österreicher. Die besten Anekdoten von Altenberg bis Zilk*, Wien–München 2003.

Georg Markus, *Wie die Zeit vergeht. Neues, Heiteres und Spannendes aus Österreichs Geschichte*, Wien–München 2009.

Trude Marzik, *Meine Lieblingsgedichte*, Wien 2008.

Franz Mittler, *Gesammelte Schüttelreime*, herausgegeben von Friedrich Torberg, Wien 1991.

Paul Morgan, *Promin-Ententeich, ausgewählte Texte*, herausgegeben von Marie-Theres Arnbom, Wien 2005.

Fritz Muliar, *Damit ich nicht vergesse Ihnen zu erzählen ... Jiddische Geschichterln und Lozelachs*, Hamburg 1967.

Kurt Ockermüller, *Ein echter Wiener geht nicht unter. Das Mundl Buch*, Wien 2010.

Nestroy-Brevier, Die Wahrheit is' die wahre Schul, Salzburg 1986.

Marcus G. Patka, *Wege des Lachens. Jüdischer Witz und Humor aus Wien*, Weitra 2010.

Raimund-Brevier, Reine Liebe ist des Herzens Poesie, Salzburg 1986.

Helmut Reinberger, Hermann Bochdansky, *Das Wien der 3 Spitzbuben*, mit einem Vorwort von Roman Schliesser, Wien 2008.

Roda Roda, 500 Schwänke, Berlin–Leipzig 1912.

Walter Rösler (Hrsg.), *Gehn ma halt a bisserl unter, Kabarett in Wien von den Anfängen bis heute*, Berlin 1991.

Nicole Schenk, *Ironie und Satire bei Alfred Polgar*, Diplomarbeit an der Geisteswissenschaftlichen Fakultät der Universität Wien, Wien 1997.

Werner Schneyder, *Ich, Werner Schneyder. Meine zwölf Leben*, Wien 2006.

Herta Singer, Humor & Hamur, Wien–München 1962.

Hans-Horst Skupy (Hrsg.), *Österreich-Brevier, Aphorismen und Zitate von Altenberg bis Zweig*, Wien–München 1983.

Rainer Stollmann, *Groteske Aufklärung, Studien zu Natur und Kultur des Lachens*, Stuttgart 1997.

Josef Strelka (Hrsg.), *Der Weg war schon das Ziel, Festschrift für Friedrich Torberg zum 70. Geburtstag*, München–Wien 1978.

Friedrich Torberg, *Die Tante Jolesch und ihre Erben*, München–Wien 1986.

Reinhard Urbach, *Nestroy Stich- und Schlagworte*, Wien 1976.

Simon Usaty, *Ich glaub ich bin nicht ganz normal, Das Leben von Armin Berg*, Wien 2009.

Hans Veigl (Hrsg.) *Wir sind so frei, Texte aus Kabarett und Kleinkunst zwischen Wiederaufbau und Wirtschaftswunder*, St. Pölten 2005.

Hans Veigl, Armin Berg, *Der Mann mit dem Überzieher*, Wien 1990.

Hans Veigl, *G'scheite & Blöde, Doppelconférencen*, Wien 1993.

Renate Wagner, *Die Löwinger-Bühne, Das Burgtheater des kleinen Mannes*, Wien 1996.

Ernst Waldbrunn, *Das hat ka Goethe g'schrieben, aber Ironimus gezeichnet*, Wien 1958.

Ilse Walter (Hrsg.), *Passende Wüste für Fata Morgana gesucht. Sehr trockener Humor aus Österreich*, Wien–München 1999.

Peter Wehle, *Der lachende Zweite*, Wien–Heidelberg 1983.

Hans Weigel, *Gerichtstag vor 49 Leuten. Rückblick auf das Wiener Kabarett der dreißiger Jahre*, Graz–Wien–Köln 1981.

Hans Weigel, *Man derf schon. Kaleidoskop jüdischer und anderer Witze*. Graz–Wien–Köln 1987.

Hans Weiss und Ronald Leopoldi, *Hermann Leopoldi und Helly Möslein. In einem kleinen Café in Hernals*, Wien o. J.

Rudolf Weys, *Wien bleibt Wien und das geschieht ihm ganz recht, Cabaret Album 1930–1945*, Wien 1974.

Hugo Wiener *Der Blöde und der Gscheite. Die besten Doppelconferencen*, Wien–München 2006.

Wilhelm Zentner (Hrsg.), *Johann Strauß, Die Fledermaus, Operette in drei Aufzügen*, Stuttgart 1959.

PERSONENREGISTER

348